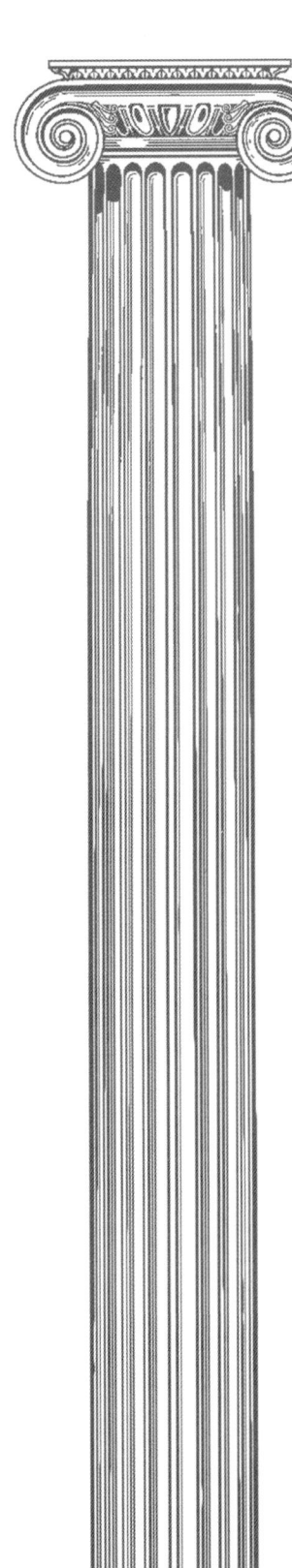

宏观经济政策
国际协调导论
理论发展与现实挑战

孙杰 ◎ 著

Introduction to
International Coordination of
Macroeconomic Policies

Theoretical Development and Practical Challenges

中国社会科学出版社

图书在版编目（CIP）数据

宏观经济政策国际协调导论：理论发展与现实挑战／孙杰著 . —北京：中国社会科学出版社，2021.10
ISBN 978 – 7 – 5203 – 9358 – 4

Ⅰ.①宏… Ⅱ.①孙… Ⅲ.①宏观经济—经济政策—研究—世界
Ⅳ.①F11 – 0

中国版本图书馆 CIP 数据核字（2021）第 243289 号

出 版 人	赵剑英
责任编辑	张　林
特约编辑	宋英杰
责任校对	季　静
责任印制	戴　宽

出　　版	中国社会科学出版社
社　　址	北京鼓楼西大街甲 158 号
邮　　编	100720
网　　址	http：//www.csspw.cn
发 行 部	010 – 84083685
门 市 部	010 – 84029450
经　　销	新华书店及其他书店
印刷装订	三河弘翰印务有限公司
版　　次	2021 年 10 月第 1 版
印　　次	2021 年 10 月第 1 次印刷
开　　本	710×1000　1/16
印　　张	21
插　　页	2
字　　数	293 千字
定　　价	118.00 元

凡购买中国社会科学出版社图书，如有质量问题请与本社营销中心联系调换
电话：010 – 84083683
版权所有　侵权必究

自 序

每次完成一项研究，看着打印好的稿子，总有一些感触。这次因为是在职期间的最后一部书稿，所以感触尤其强烈。在职业生涯将尽的时候，梳理本书的研究背景和学术脉络，不禁回首个人的学术历程。

早在上大学的时候，读孙冶方的文章就产生了对理论研究，特别是追求理论体系的冲动。但是，在接触到规范的当代经济学体系以后，才发现自己的学术功底单薄，无奈放弃了这个妄念。不过从那时起，在研究中非论著不足以说明和论证的感觉就一直萦绕于心。或许这是因为选题偏大的原因，或许是因为分析和叙事不得要领的原因，现在看来，偏爱容量更大的专著其实说明了自己对问题和观点的提炼能力不够，有过分追求完整性和详尽性的习惯。尽管后来逐渐意识到了这个问题，也逐渐明确自己的观点，从2008年开始尝试写了几篇自认为命题和结论具有明确指向的论文，但是，写书的偏好还是保留了下来。以著作的形式娓娓道来，从容地说明一个问题，一直是我研究的最大乐趣。

1995年出版的第一本专著《货币机制中的金融过程》，标题就体现出过于追求新意而对已有理论理解不足，因而严格说来并不符合学术规范的问题。这本书的核心观点是认为单纯依靠货币发行数量的调整并不能起到完美调节经济波动的作用。所谓货币机制，其实指的就是货币乘数问题，而所谓货币机制中的金融过程，实际上说的就是货币发行以后的银行信贷融资能不能使实际货币乘数达到理论货币乘数极限的问题。在经济不景气的情况下，企业的融资需求下降，央行增加货币发行数量以后，由于实际货币乘数很低，并不会起到预期的效果。相反，在经济高涨的时候，即使央行收缩货币，但是，只要乘数没有达到理论上的极限，实际货币供给还是上升，推动经济持续过热。这种现象实际就是内生货币理论所描述的机制，并且就是美联储在2008年应对国际金融危机中面临的挑战：在 M_0 大幅度增加的同时货币乘数却大幅度下降，结果 M_1 和 M_2 的增速远不及预期，增发的货币无法实现扩张效应，因此最终引出了量化宽松的措施。对已有的学术概念作出自己的理解没有问题，但是把它当成一本专著的命题显然就不太合适了。不过令我欣慰的是，即使在多年以后遇到一些曾经认真看过这本书的各行朋友，对书中的观点理解和认同也算是对我最大的肯定和鼓励。当然，也有一些挚友明确指出了我的问题，让我意识到问题的所在。

我的第二本和第三本书是国际金融和公司融资教材，实际体现了想通过编写教材来规范自己的学术基础框架的努力，并且通过不断地授课来加深自己的系统性理解。这两本教材也力图体现出自己对学科理解上所侧重的视角。

国际金融是我给自己确立的专业方向，但是，作为金融学的分支，公司金融又是金融学的微观基础，是把握包括国际金融在内的金融学乃是基础的基础。因此，后来在重新修订第一本专著时增加了公司金融的内容以充实微观基础。2006年出版的第四本专著《资本结构、治理结构和代理成本：理论、经验和启示》则是力图补齐这一短板的努力。那时研究公司金融的另一个动力还来自在公司参与实际运作的亲身经历和深刻感受，因此更多地体现了一种在理论上比较直白、浅显而在实践中又至关重要的一个理念，即公司的资本结构决定公司的治理结构和代理成本。这个视角虽然与通过研究公司融资行为来加深对金融理解的初衷略远，但是却为后来在纯经济分析之外加入权力竞争因素的研究打下了基础。

如果说前面的这四本专著主要是为了夯实自己的学术基础，那么第五本专著就开始研究现实问题了。这个选题是我在1997年亚洲金融危机以后就开始思考的问题，并且有幸参与了一个有关亚洲货币合作的国际研究项目。按照课题的分工，我重点研究的是债券市场，因此2013年出版的第五本专著《区域经济一体化：基于区域债券市场的研究》就是研究区域债券市场整合问题。亚洲货币合作对标的是欧元区，但是，通过研究我却发现，不论是从贸易还是从债券市场的发展看，东亚与欧元区都有明显的差异。结果，该书研究结论并没有证明亚洲已经具备了开展货币合作的条件。事实上，欧洲危机爆发以后，欧元区本身也受到不少质疑，这也从反面说明亚洲开展货币合作更不能操之过急。当然，这显然不是意味着亚洲各经济体之间不应该开展货币合作，相反应该从亚洲区域生产网络、经济合作和区域金融市场整合来切实推进区域贸易和区域金融合作的基础。

在此前后，我还发表了一些研究国内和国外现实问题的论文。这些论文涉及面较广，包括欧元区一体化、亚洲货币合作、人民币汇率改革、人民币国际化等，都努力明确研究的命题并给出指向性的结论。对这些问题的研究都属于我给自己预定的国际金融领域，但是随着年龄增长以及对国际和社会问题认识的深化，越发感到需要对一些重大的一般性问题，特别是有关合作理念的问题进行研究。因为从根本上说，除了国际经济的交流、借鉴和学习之外，国际经济学和世界经济学的核心问题就是如何看待和处理国际经济交往中的冲突与政策协调等合作与全球治理问题。这最终体现为2016年出版的第六本专著《合作与不对称合作：理解国际经济与国际关系》的研究内容。此时我逐渐认识到，与一般论文集中研究一个具体问题不同，专著需要做的是对理念进行论证，更需要从一个具有思辨性的命题出发作为切入点来阐述一种理念。对于这本书来说，切入点就是不对称合作。如果说第五本专著在开始写作的时候还没有明确的命题，只是随着研究的深入才逐渐明确了最终的结论，那么在第六本专著写作时最大的变化则是在动笔前就开始思考全书的命题，或者说力图明确想要表达的核心论点和理念。这标志着我的研究开始从论据导向转变为论点导向，从问题导向转变为理念导向。这种转变看似主观色彩更强了，但事实上却是对此前20多年的学习、研究和思考，甚至对社会和生活感悟的提炼、归纳和总结。这是一个非常关键的转变，也使得我的研究更加具有挑战性。

现实世界总是不可避免地充满了矛盾和冲突，但是，对抗和冲突显然不是首选，而合作恰恰是管理冲突的一种手段。一般来说，合作应该是平等互利的，但是，在现实中由于合作双方的差异，合作在事实上不可能是平等的，弱势一方在合作剩余的分配上常常也处于不利的一方。那么在这种情况下，弱势的一方还有没有必要与强势的一方展开合作？还能不能从合作中受益并提升自身的相对实力？那本书的基本观点是，尽管弱势一方在单次合作中的相对收益较低，但是他们与多方多次的合作收益的累加就不仅可以在总量上也超过某一个强势的合作方，而且可以改变自己的弱势地位。

在撰写这本专著的同时，正好承接了一个国际经济政策协调的课题，而这个课题恰恰又正好可以作为我对合作研究的实际应用，因此就有了写作本书的冲动。正巧那时入选了中宣部文化名家暨"四个一批"人才工程，也就以此为题申报了自主选题资助项目。

尽管从定义上看，协调与合作还有一些区别，但是作为一种广义的合作，宏观经济政策的国际协调也面临很多类似的问题，例如，协调目标的确定、如何看待得自协调的绝对收益与相对收益以及在不对称情况下的协调策略，等等。本来，作为一种广义的合作，宏观经济政策的国际协调对世界经济，并且对双方都应该是有益的，在现实中也应该是屡见不鲜的。但是，在现实世界中，正如布兰查德所指出的那样，宏观经济政策的国际协调却是谈论的多而见到的少！无疑这就成了一个吸引我展开研究的冲动，也是对我在前一本书中提出的合作一般理念的挑战。从已有相关文献看，宏观经济政策的国际协调虽然是必要的，但是也的确面临着不少现实困境。这种理论与现实的差异就是一个值得深入研究并需要认真理解的挑战性问题。

这些研究历程及其最终指向可能是一些平淡的常识，对我个人来说却是做了一辈子研究才找到的一点感觉和体会，才开始觉得渐入佳境。这个历程也许反映了天生的愚笨，但是扪心自问，却无愧于自己在一生职业生涯中的不断探索。

还需要指出的是，对宏观经济政策国际协调的研究和思考，虽然在几年前就开始了，但那时还只是一些粗略的想法，或者还局限于对文献的理解，自己明确的思路还没有闭合起来，因而与同行们交流不多。书稿真正开始落实在文字上，或者说真正开始自己的研究还是从新冠肺炎疫情最肆虐的时候开始的。那时正好辞去编辑部的工作，可以宅在家中，难得的清静可以专心地阅读，独立地思考，小心地求证。在疫情缓解以后，重新享受一个人在办公室研究和写作的幸福时光，以及后来每一个忙碌工作日和安静的周末。我要感谢谢申祥、张斌、王曦和张成思等教授，在与他们的讨论中我受益匪浅。也要感谢曹永福通读了本书的核心章节并提出了一些建议。不过，需要明确的是，对于本书的观点和可能的错误，责任全都在我，与他们无关。

孙 杰
2021 年 4 月 18 日于建国门办公室

目　录

引论 ·· (1)

第一章　宏观经济政策国际协调的一般逻辑：联系、溢出、冲突与协调 ······························ (9)

　第一节　世界经济就是相互依赖的经济：发展、演变
　　　　　和挑战 ·· (11)

　第二节　国际经济联系的强化：产品内贸易与
　　　　　一体化 ·· (14)

　第三节　负溢出：协调问题的提出 ···················· (17)

　第四节　宏观经济政策的国际协调：世界经济的核心
　　　　　问题 ·· (19)

　第五节　对宏观经济政策溢出效应的度量：
　　　　　文献回顾 ·· (21)

　第六节　协调的起点：溢出与协调的博弈 ········ (24)

　第七节　宏观经济政策国际协调的收益：
　　　　　文献回顾 ·· (29)

　　一　早期的分析框架 ·· (30)

　　二　NOEM 的分析框架 ··································· (33)

　第八节　宏观经济政策国际协调的含义 ············ (38)

　第九节　全球价值链与国际协调 ······················· (40)

第二章 对国际经济政策溢出、隔离与协调的最初研究 …… (43)

第一节 从一国模型到两国模型：基于开放经济模型的第一代政策协调模型 ……………………………… (44)

一 基准蒙代尔—弗莱明模型中的隔离 ……………… (45)

二 对蒙代尔—弗莱明模型的扩展：隔离的失效 …… (46)

三 两国 MF 模型条件下的溢出和协调 ……………… (51)

第二节 蒙代尔—弗莱明模型的发展和向第二代模型的转变 ………………………………………… (56)

一 DD - AA 模型：汇率取决于资本流动和利率平价 …………………………………………… (57)

二 开放经济下的 AD - AS 模型：引入价格变动 …… (59)

三 NOEM 与宏观经济政策国际协调的第二代模型：引入福利最大化和微观基础 ……………………… (60)

第三节 收入弹性对浮动汇率隔离效应的挑战 …………… (62)

第四节 对浮动汇率隔离效应的反思：从三难选择到两难选择 ………………………………………… (65)

第三章 宏观经济政策国际协调理论回顾 ………………… (69)

第一节 宏观经济政策国际协调的理论回顾 ……………… (69)

一 宏观经济政策国际协调的原理：必要性和可能性 …………………………………………… (70)

二 宏观经济政策国际协调的前提和条件 …………… (76)

三 宏观经济政策国际协调的原理和传导机制 ……… (79)

四 国际宏观经济政策协调的难点：福利效果及其不对称性 …………………………………………… (83)

第二节 宏观经济政策国际协调的 Hamada 模型 ………… (86)

一 国家货币政策之间的互动（interplay） ………… (90)

二 不同规模和不同偏好的国家之间货币相互影响的说明 ……………………………………………… (99)

三　长期启示和储备国家的作用：协调的作用……………（101）
　第三节　承上启下：从 Hamada 模型看宏观经济政策
　　　　　国际协调理论的发展……………………………………（105）

第四章　国际经济政策协调的 NOEM 模型：几项代表性研究的演进和问题……………………………………（109）
　第一节　冲击风险的分担：模拟完全弹性市场与全球
　　　　　福利之和的最大化………………………………………（111）
　　一　最初的两国模型…………………………………………（113）
　　二　工资和价格的设定以及封闭经济解……………………（116）
　　三　政策协调：事前承诺货币规则情景的全球效率………（119）
　　四　政策规则的非合作选择…………………………………（125）
　第二节　汇率传递：在稳定产出和汇率间权衡以实现国内
　　　　　福利最大化………………………………………………（130）
　　一　基准模型…………………………………………………（132）
　　二　在开放经济条件分析货币政策的一个框架……………（137）
　　三　扩展：引入汇率传递和价格加成………………………（142）
　第三节　生产率冲击的不对称性与政策协调的收益…………（148）
　　一　基准模型（两国三部门模型）…………………………（151）
　　二　在基准模型中的宏观经济依存…………………………（155）
　　三　基准模型中政策协调……………………………………（157）
　　四　对基准模型的校准………………………………………（162）

第五章　宏观经济政策国际协调的历史与启示……………（165）
　第一节　对宏观经济政策国际协调历史发展脉络的回顾
　　　　　和启示……………………………………………………（165）
　　一　国际金本位时代的政策协调：遵守游戏
　　　　规则………………………………………………………（166）

二　两次世界大战之间的政策协调：浮动汇率
　　无锚协调的失败与无体系时代的终结……………（168）
三　布雷顿森林体系下的协调：制度性国际合作的启程
　　与对汇率稳定基本面的关注………………………（171）
四　后布雷顿森林时代的协调：从宏观经济政策到
　　结构改革……………………………………………（173）

第二节　美日贸易摩擦与政策协调的启示：生产率冲击
　　　　和妥协…………………………………………（176）
一　生产率冲击：日美贸易摩擦再现了理论模型
　　中的假设……………………………………………（177）
二　日本顺势将焦点转向汇率是《广场协议》能够顺利
　　达成的重要原因……………………………………（178）
三　政治决策是《广场协议》能够迅速达成的原因……（179）
四　《广场协议》旨在管理冲突，回避了更深
　　层次的调整…………………………………………（181）
五　《广场协议》后体现出的政策协调难点：经济基本面
　　调整和政策独立性问题……………………………（185）
六　作为《广场协议》2.0版的卢浮宫协议：协调范围的
　　扩大和协调的失败…………………………………（188）
七　日美结构调整协议……………………………………（192）
八　从日美贸易摩擦看国际经济政策协调的教训
　　和启示………………………………………………（194）

第三节　一体化条件下政策协调的问题：异质性的
　　　　不对称合作……………………………………（197）
一　统一货币政策由于传导机制不同，可能造成趋同
　　也可能导致趋异……………………………………（198）
二　不能对最优货币区内生性抱有太高的期望…………（201）
三　欧元区内部的不对称性和异质性……………………（204）

第六章 宏观经济政策国际协调的扩展：基于一个极简模型的模拟 …………………………………………… (215)

第一节 一个基准模型 ……………………………………… (216)
一 作为分析基础的宏观运行：两国三部门基准模型 …………………………………………… (217)
二 两国宏观经济依存与汇率 ……………………… (219)
三 政策协调：被动规则、纳什规则与合作规则 …… (220)

第二节 不对称博弈下的宏观经济政策国际协调 ………… (240)
一 大国和小国 ……………………………………… (241)
二 从两国模型到多国模型 ………………………… (247)

第三节 现实条件下的宏观经济政策国际协调 …………… (250)
一 GVC条件下的宏观经济政策国际协调 ………… (250)
二 结构性政策协调：抑或是纳什政策的协调结果 … (252)
三 其他几种特殊溢出传导情景 …………………… (253)

第七章 宏观经济政策国际协调的挑战：一些尚未纳入模型的问题 ……………………………………………… (256)

第一节 为什么宏观经济政策协调谈的多而见的少 ……… (256)
第二节 宏观经济政策国际协调的障碍究竟是什么？…… (261)
第三节 协调概念的界定和对协调的理解：究竟什么是协调，协调的本质特征 ……………………… (265)
一 将宏观经济政策国际协调的目标当作公共产品的难度 ……………………………………… (265)
二 协调的含义究竟是什么？……………………… (266)
三 协调作为经济学理念的形成 …………………… (270)

第四节 超越模型：协调的前提和需要解决的一些具体问题 ………………………………………… (273)
一 不确定性、协调与协调终止 …………………… (273)

二　规则协调还是相机抉择？单目标协调还是
　　多目标协调？还是汇率！……………………………（276）
三　协调的规模、深度和时机……………………………（281）
四　协调的一些技术性障碍和解决方案…………………（284）
五　风险、时变因素与不确定性的影响…………………（285）
第五节　不对称协调：对宏观经济政策国际协调的
　　　　再认识……………………………………………（287）
一　宏观经济政策协调的不对称性………………………（287）
二　不对称条件下的抉择…………………………………（289）
三　不对称协调中的效用转移与利益调整………………（293）
四　小国的现实选择：为什么真正的协调是
　　尼斯湖怪物………………………………………（294）

参考文献………………………………………………………（297）

引　　论

　　按照经济学的基本逻辑，世界市场是为提高生产率而深化专业分工的结果，这也意味着经济学不可避免地会从国民经济学走向世界经济学。世界经济的发展有利于国民福利水平的提高就成了一种逻辑上的推论，并且最终发展为经济全球化的一系列理论。但是，国民经济和世界经济这对概念的共存本身也说明了它们之间的差异甚至对立。

　　世界经济发展有利于各国经济发展通常是指引致各国福利绝对水平的提高，但是在国际层面上，特别是在国际竞争中，相对福利的考量却是非常重要的。市场经济活动当然要保证双方绝对福利水平都得到提升才是可行的，但是这并不意味着双方永远无视相对福利的变化。凯恩斯说：在长期内我们都死了。这意味着人们在决策中，当涉及长期和短期的权衡时，常常会低估长期效应而高估短期效应。这不仅是因为要对未来收益进行折现，也是因为在长期内不确定性的上升使得长期收益会被进一步低估。从世界经济发展传导到各国经济发展，不仅需要时间，也面临很大的不确定性，世界经济发展有利于各国经济是一个理想化的分析视角。宏观经济政策国际协调的主体是国家，能够产生政策协调的收益剩余只是一个必要条件，帕累托最优只是从全球视角进行政策评估的底线。除了得自协调的直接收益和绝对收益，福利相对水平的变化更是决策考量的重要内容。

　　因此，在世界经济中既存在正和博弈，也存在零和博弈。结果，成功的宏观经济政策国际协调案例就不那么常见了。

但是，仅仅从国别角度进行纳什决策，在历史上又有太多的警示：贸易战、汇率战和关税战常常会带来双输的结局，给世界经济乃至各国经济都带来了不利的影响。早在20世纪30年代，美国的斯姆特—霍利关税法案就是一个最典型的案例。这样，宏观经济政策的国际协调又成了一种政策理想和值得不懈追求的目标。

在现实中，尽管我们可以看到很多宏观经济政策国际协调的努力，但除了1985年的广场协议和2008年全球金融危机以后的G20行动之外，成功的案例乏善可陈。这使得布兰查德发出了这样的感慨：国际政策协调就像尼斯湖的怪物，听说的多而见到的少！(Like the Loch Ness monster, international macro policy coordination may continue to be heard about more often than it is seen.)

从经济学的逻辑看，学者们一度坚信浮动汇率对外部冲击的隔离作用，也就是相信市场调节可以隔离国外政策的负溢出。然而在布雷顿森林体系崩溃以后，当汇率浮动真的变得合法以后，人们却意外地发现汇率浮动远没有预期的那么有效。虽然那时并没有因此在理论上推翻三难选择或者提出两难选择，但是却开始了对溢出效应的理论研究和对宏观经济政策国际协调的分析。此后，尽管研究的热度有所起伏却一直没有中断，不仅体现着学者对协调理念的追求，也意味着来自实践的政策需求。

宏观经济政策国际协调的命题在20世纪50年代提出以后，直到80年代中期，伴随着宏观经济分析技术的发展，侧重理论逻辑的基础文献才开始不断涌现，到了世纪之交更变得丰富起来。然而需要看到的是，这些文献都满足于在基准模型上加入一个新因素或拓展一个新视角而做出一些小贡献，迄今尚缺乏整体框架的统一规范和一致认知。在政策协调博弈以及博弈过程中需要纳入的因素固然很多，可以拓展的选择和增加的视角也很多，因而每篇文献似乎都能做出一些的创新和突破，或者说弥补了此前分析中的各种小缺憾，丰富了一些研究内容，但是对于这样一个持续得到学者关注并且具有重要现实意义的研究而言，距离建立一个公认的和系统的理论框架还依然是比较遥远的事情，对国际协调更具有现实意义的策略分析甚至还没有起步！在这种巨大的遗憾背后，当然也必然有其深刻的原因。而且更有意思的是，目前已有的协调策略依然是以货币政策和汇率调整为基础，而之所以提出政策国际协调命题的原因就在于实践已经证明汇率浮动不能隔离外部冲击！

向 NOEM 模型的演变虽然弥补了此前缺乏微观基础的不足，强调了福利最大化的经济学理念，充实了分析细节，使得研究更加丰满，结论也更加可信，但是我们必须明白的是，这些结论仅仅是在严格的假设下才能够成立。已有的文献证明，放松部分假定就可以得到不同的结论。因此，当我们提及这些研究对宏观经济政策国际协调的建议时，就必须明确其适用的一系列假定条件，而不能当成一般性的结论和理念。

从研究的核心命题看，宏观经济政策国际协调文献的发展更值得回味。一方面，这些文献一直要确认宏观经济政策国际协调的收益是值得追求的！这实际意味着对国际协调必要性的否定性认知是一直存在的，或者说对得自协调的收益是不是值得各国去追求还一直无定论！另一方面，不论是从一般的理念还是从历史经验出发，学者们又都难以接受否定宏观经济政策国际协调的结论。更有些尴尬的是，主要相关经典文献，如 Obstfeld 和 Rogoff（2002），Devereux 和 Engel（2003），Coresti 和 Pesenti（2005）等，得出的结论一直是政策协调的收益很小，或者只有当风险偏好非常之大的时候协调的收益才是值得关注的。直到 Canzoneri，Cumby 和 Diba（2005）调整了模型中外生冲击的假设条件，在模型中设定生产率扩散的部门结构是不对称的，生产率进步至少在贸易品部门和非贸易品部门之间不是完美相关时，才勉强得到政策协调的收益虽然不是很大，但却也是不容忽视的结论。

在这个过程中，我们可以体会到研究者在面对这样的结论时是多么心有不甘，进而持续不断地进行艰难的探索，靠信念的支撑，从各种技术细节上进行调整和试错,以期得到与心中理念相符的结论,但是最后的结果却始终不能令人完全满意!

一个看上去符合常识的公理性命题为什么在理论上论证起来竟然是如此的困难?这究竟是研究技术不足造成的?还是这本身就客观地反映了现实中政策协调的困境?在经济学已经发展到 21 世纪并且大有在经济学帝国主义旗帜下进行跨学科扩张,因而充满了对经济学理念和技术优势充分自信的背景下,这样的结果也许更多的是一种理论研究对现实世界的真实反映!

首先是直接效应和间接效应的问题。国际协调,协调的是各国国内的经济政策,而各国政策的国内效应都是直接的和一阶的,而国外效应都是间接的和二阶的。这就意味着如果政策决策以国际协调为目标,那么从国外效应中获得的协调收益一定小于国内政策效应的收益,或者说得自间接效应的收益一定小于得自直接效应的收益。这就决定了基于国际协调的政策收益一定小于基于纳什规则的政策收益。但是国际协调的需求之所以会出现,又恰恰是因为纳什规则的政策可能具有负外部性,或者说在客观上是以邻为壑的。在现实中,如果遵循纳什规则的政策本身就具有正的外部性,因而也是有利于国外经济增长,那么就根本不存在协调问题。按照新古典经济学的观点,各国做好自己的事情就能实现世界经济的最优,但却往往出现以邻为壑的政策负外部性。解决负溢出需要协调,而协调的收益又天然地没有纳什规则的收益高。结果自然是谈论的政策协调多而实施的政策协调少。

其次,绝大多数研究政策协调文献假设的外部冲击都是生产率冲击,虽然这的确反映了很多外部冲击的本质特征。因为如果政策协调的需求不是由于生产率冲击引致的,而是有意为之的以邻为壑政策的负外部性,实际就已经不是协调问题而是针锋相对的报复行动了。而对于因为生产率冲击引起的政策协调,问题性质可能就发生了变化:如果一个国家通过长时间努力实现的技术创新和生产率提升被政策协调所抵消,不能带来产品的竞争优势、产出扩张和实际的经济收益，就会扼杀争取技术进步的动力，生产率的提升乃至人类文明的进步也就无从谈起。在市场规模一定的情况下，实现技术进步的收益就必然是以其他国家在价格竞争中的劣势、产出的萎缩和实际的经济损失为代价。也就是说，这种生产率冲击本身就是一种零和博弈。尽管在这个过程中其他国家居民的福利可能也得到了提升，而且这些还都是市场机制自发作用的结果，但是面临产出下降、经常项目逆差和国内失业加剧等不利局面，受到生产率冲击的国家就常常会从纳什规则出发，试图采取各种应对政策，甚至不惜以邻为壑地去对冲这种冲击的影响。生产率的竞争是符合市场规则的竞争。如果受到冲击的国家试图采取各种外生政策去扭转这种不利局面，这种干预就已经不是单纯矫正市场失灵的政府干预，而是干预了正常的市场运行，使得政策协调本身就难以在理论上保持逻辑一致性。在实践中，当受到生产率冲击的一方常常处于弱势状态时，宏观经济政策的国际协调的难度也会更高。广场协议能够达成的根本原因是日本认同日元升值。

与此相对应的是，在全球经济危机中，各国都面临系统性的衰退风险，因而此时各国的政策反应都是扩张性的，也就都是具有正外部性的，此时即使没有政策协调，各国的政策也的确是彼此相容的，或者说此时的协调并不需要某些国家改变它们的政策目标并为协调付出代价，而是处于一种政策的和谐状态。尽管在这个时候相对收益的竞争可能依然存在，但是相比绝对福利和产出水平下降的衰退，政策协调的相对收益考量已经不再显得那么重要了。因此，危机协调是唯一一种常见的政策协调，从1987年股灾以后发达国家的联合降息到2008年全球金融危机以后各国同步实施的扩张性货币和财政政策都证明了这一点。除此之外，成功的宏观经济政策国际协调案例就鲜有所见了。

尽管宏观经济政策的国际协调面临这样的困境，但是当面对来自国外的负溢出时，协调的需求也不会消失。本书认为，宏观经济政策的国际协调至少应该明确如下四点原则：第一，容忍经济竞争。要区分外国经济冲击的性质，面对技术进步造成的生产率冲击，就要接受萨缪尔森自由贸易悖论带来的挑战，重新寻找、重塑并发挥贸易优势，进行经济结构的调整和改革以应对挑战。更进一步讲，虽然政策协调主要是一个如何应对外部冲击的短期问题，但是这个短期的含义仅仅应该是为经济结构的调整赢得时间，最终提高抵御外部冲击的能力。在这一点上，国际货币基金组织反对竞争性贬值，但是不会一味否定基于基本面变化出现的汇率波动，同时，强调加快结构改革的态度与我们的看法殊途同归。换言之，应对国外基于生产率提升冲击的最终策略是提升本国的竞争力，从而扭转不利的竞争局面，而不是仅仅依靠政策来化解冲击。第二，面对外国单边的纳什政策规则，则应该积极展开协商，探索协调的途径。第三，面对外国赤裸裸的保护政策或指向性极强的敌意政策，就没有协调的余地，只能以牙还牙。第四，在进行政策协调的研究中应该对协调的最终目的进行适当的调整，应该关注福利标准，但是更应该关注物价和产出的稳定，平衡国际收支的目标，以提高经济增长的可持续性。

本书共分七章，具体章节内容安排如下：

第一章论述了国际经济协调的一般逻辑起点，包括各国之间的经济结构差异与联系、政策溢出、协调与冲突等。只要各国经济结构存在差异，各国政府依据本国的经济形势制定经济政策，那么各国经济政策的需求、工具、目标和力度就一定不同。而只要各国经济之间存在相互影响，那么就一定会出现溢出效应。如果呈现出负溢出，即使一个国家是出于自身的需要而在有意无意中采取了以邻为壑的政策，那么在这两个国家之间就会产生矛盾和冲突。此时，就会面临宏观经济政策的国际协调问题。

第二章从单纯的政策溢出入手，从国际收支的两国模型描述外部冲击对两国经济的影响。以蒙代尔—弗莱明模型为代表的传统凯恩斯开放经济学虽然从理论上认定浮动汇率的隔离作用，并且将国际经济政策协调看成是一种政府干预，但是此后发展出 NOEM 模型以及两难选择的命题则奠定了宏观经济政策国际协调的理论基础。

第三章从溢出研究转入协调分析。宏观经济政策的效应在不同国家具有异质性，在国际间的扩散速度也是不同的；不仅时滞和力度不同，各国宏观经济管理的目标是有差异的，因此需要从一般的溢出研究转入专项研究，深入探讨经济政策国际协调的原理、国际协调的前提和条件、传导机制以及不对称性。本章重点回顾了基于货币主义的 Hamada 模型。

第四章集中分析了基于 NOEM 模型的宏观经济政策国际协调三篇代表性的经典文献：Obstfeld 和 Rogoff（2002）、Corsettti 和 Pesenti（2005）以及 Canzoneri，Cumby 和 Diba（2005）。在对这些文献的详细回顾的基础上，对它们研究的核心命题、重点关注、关键假设、主要逻辑以及结论进行了分析、比较和评价，为本书的研究确立了基本的理论假设和分析框架。

第五章试图从历史的发展中把握宏观经济政策国际协调的核心内涵，更是为了从国际宏观经济政策协调的历史中寻找实践中值得关注的问题、现实约束和决策考量。从我们回顾的政策协调案例看，从国际金本位崩溃后的协调直到欧元区的政策协调，包括广场协议在内，都与理论模型中假设的政策协调情景具有较大的差距，而这某种强度上也恰恰证明了有关政策协调的复杂性质。在最乐观的意义上说，政策协调可能更多的体现了一些国家在开放条件下主动权衡利弊的政策考量。也就是说，真正的协调可能更多的是一种单方面的主动行为和政策目标的和谐化。而当协调变成了谈判桌上的讨价还价，它可能已经更多的变成了一种不对称的博弈，一种不得不面对，但又被尽量推诿、拖延和规避的行为，从而很难被视为一种真正的协调。

第六章通过对宏观经济政策国际协调模型的进一步简化，分别分析了在面临外部生产率冲击时货币政策被动规则、纳什规则与合作规则对本国和外国价格水平、产出、经常项目平衡和福利的影响，并且区分贸易品之间不存在和存在替代弹性的不同情景进行对比。分析结果表明，在面临外国生产率冲击的情况下，外国出现经常项目顺差而本国出现经常项目逆差，外国产量增长而本国产量下降的情况。这种情况不仅使得本国对外国产品依赖度上升，对本国经济的稳定运行提出了严峻的挑战，而且由于本国相对衰落且处于逆差而难以为继的状态，亟须采取宏观经济政策的国际协调。但是在这种情况下本国，显然没有太多的实力和谈判筹码与国外进行协调谈判。即使两国都采取了政策协调措施，同时通过货币扩张来稳定物价，很快恢复到原有的均衡状态，冲击就可能是短暂的。但是潜在的问题不会自行消失的：本国中央银行的扩张会因此抵消掉外国厂商的创新努力；货币扩张的效果不一定是如同预期的那样具有完全的部门（产品）指向性，因而政策效果未必如意。最后，我们探讨了改变对称的两国模型假定，将两国模型扩展到多国模型后结论可能出现的变化，还探讨了 GVC 的影响和协调政策中的结构调整问题。

第七章则提出了一些在宏观经济政策国际协调理论中棘手的问题：究竟为什么宏观经济政策协调谈论的多而见到的少？可能的障碍究竟是什么？协调的前提和需要解决的一些具体问题等。最后，试图对宏观经济政策国际协调进行再认识：对于小国和弱国而言，国际经济政策协调主要是在不对称的情况下不得已的跟进。在这个意义上，协调主要是小国和弱国自身如何适应大国和强国政策变化的问题。因此，宏观经济政策的国际协调在本质上是大国关系的一部分。协调是一个国家将另一个国家经济政策的国际溢出外部性内部化的过程；这意味着各国政府追求彼此相容的政策目标，并且为避免冲突而调整本国经济政策工具、政策实施的力度和采取政策选择时机；或者是指国内政策需要对外部冲击作出反应的情况。

总之，宏观经济政策的国际协调固然面临不少困境，也不能完全依靠协调来恢复原来的均衡，结构调整依然至关重要，但是作为一种短期的缓冲政策，国际协调依然是必要的。

第一章

宏观经济政策国际协调的一般逻辑：
联系、溢出、冲突与协调

> 宏观经济政策协调当然不容易，也许是不可能的。但是如果没有政策协调，我怀疑国家层面的解决方案就将是贸易壁垒、资本管制和双重汇率制度。各国以这些政策为武器进行战争是相互摧毁性的。最终，这些又将引发国际协调。
>
> ——詹姆斯·托宾[1]

只要各国经济基本面的结构存在差异，只要各国政府依据本国的经济形势制定经济政策，各国的经济政策就一定会彼此不同。而只要各国经济之间存在贸易联系或市场预期的相互影响，那么就一定会出现一国政策对另一国经济的影响，也就是所谓的溢出效应。如果这种影响呈现出负溢出，也就是说，如果一个国家宏观经济政策的溢出给另一个国家的经济形势带来了不利的影响，即使这个国家是出于自身的需要而在有意无意中采取了以邻为壑的政策，那么

---

[1] Tobin, James (1987). Agenda for international coordination of macroeconomic policies. In P. B. Kenen, ed., International monetary cooperation: Essays in honor of Henry C. Wallich. Essays in International Finance No. 169 (December): 61–69. Princeton: International Finance Section, Princeton University. 转引自 William H. Branson, Jacob A. Frenkel, and Morris Goldstein (1990), International Policy Coordination and Exchange Rate Fluctuations, University of Chicago Press.

在这两个国家之间也会产生矛盾和冲突。此时，就会面临是以牙还牙还是相互协调的不同应对选项。

如果判断对方的政策具有主观故意性，表现出明确的指向和惩罚特征，比如，经济制裁或惩罚性措施，那么采取以牙还牙的反制裁和报复政策的概率就会很高。这不仅是因为负溢出，更是因为对方释放出的是放弃了合作的对立态度，彻底堵塞了进行政策协调的可能性。相反，即使存在负溢出，但是如果对方的政策决策主要是依据国内经济形势制定的，并没有表现出强烈的指向性和鲜明的惩罚性，那么各国之间开展沟通、协调与合作，至少是朝着这个方向进行努力，谅解、容忍和妥协的概率就比较高。

作为一个基本原则，沟通、协调与合作比冲突好，报复、反制和冲突措施只能是一种不得已而为之的最后选项。尽管协调与合作不会消弭矛盾和冲突，但至少是一种可以控制和管理冲突的文明方式。正如在处理国际关系问题时，外交解决是根本，战争仅仅是在外交解决失败之后的最后选项，而且常常最终还只是为外交解决创造条件和争取优势的手段。也正是在这个意义上，宏观经济政策的国际协调也应该是处理国际经济矛盾、冲突和负溢出首选的或最终的解决办法。托宾（1987）还曾经点出冲突与合作另一个重要的逻辑，即随着冲突的升级，往往又会引发再次协调与合作的可能。

本书所要研究的就是与国际经济政策协调相关的一系列问题。

从宏观经济政策国际协调的原理来说，涉及很多潜在的挑战和必须要面对和回答的理论和现实问题，并且会逐渐深入到财政政策和结构性改革的协调问题。如果我们对这些问题缺乏认识和理解，那么我们就无法认识到宏观经济政策的国际协调究竟是什么，应该包含哪些方面的内容，以及应该如何进行协调。在本书中，我们重点研究货币政策的协调，同时也引入财政政策和结构性改革的协调问题。

第一章 宏观经济政策国际协调的一般逻辑:联系、溢出、冲突与协调

第一节 世界经济就是相互依赖的经济: 发展、演变和挑战

按照马克思在《资本论》中的研究逻辑,世界经济是世界市场发展的结果,而世界市场本身又意味着相互联系和相互依赖。

特里芬(1960)在《黄金与美元危机》中曾经指出:现代国际货币和国际收支问题在很大程度上是由于在法律上相互独立,拥有主权,而实际上又相互依赖的各国采取的政策不同,目标优先次序不同引起的不协调和分歧造成的。除了相互依赖,国际经济政策协调的一个前提是各国必须在政治上相互独立,并且彼此尊重主权。显然,在殖民地与宗主国之间是谈不上政策协调的,有的只是依赖和跟随。货币局制度下的货币政策就是这样一种关系的典型表现。这样的看法可以当作研究国际经济政策协调的基础和起点。由于各国实力的差别,在政治上的彼此独立也不能保证各国在政策协调中的平等地位。各国之间的实力差距越大,这种不对称的相互依赖就越明显。世界经济中的强国一般处于引领国际经济政策的地位。

亚当·斯密在《国富论》中强调的一个基本观点就是:经济增长源于生产率的提高,生产率的提高源于专业化,专业化又是以分工为基础的,而深化分工就要求市场的扩大。因此,分工和专业化引致交易与贸易,并且产生出不断扩大市场规模的冲动,最终跨出国界,国际贸易和国际经济联系由此产生。

只要贸易是平等的和自愿的,就能够给双方带来贸易利益。康德强调了贸易与相互依赖对实现和平的作用。经济相互依赖会在贸易双方之间形成一种利益纽带,因而使得交易双方更倾向于进行协调而不是冲突。李嘉图也指出:"自由贸易增加了各国的生产总额,使人们都得到了好处,并以利益和相互交往的共同纽带把文明世界

的各民族结合成一个统一的社会。"① 由于每一方都能从贸易中获利，而战争则会给双方带来损失。即使是战争中的胜利者也不过是损失比失败者小些而已，所以依靠战争实现增长只是一种幻想。相反，国际贸易才是正确的政策，通过国际贸易就能得到靠征服或占领所获得的同样的收益。一些早期的自由主义经济学家也都发展并延续了这个逻辑和结论②。

第二次世界大战以后，即使到了美苏冷战时代，Rosecrance（1986）对商业和平论依旧作了进一步的深化和完善。他认为依赖度较高或开放程度较大的国家如果贸然割断对外经济联系，其所遭受的损失也将很大，还必须支付重新建立完整经济体系所面临的巨大"调整成本"。调整成本则意味着原有的贸易关系停止后，不论是建立新的贸易关系还是建设国内供应链，都不得不调整经济结构而必须付出的成本。所以，对外依赖程度高的国家一般不倾向于挑起破坏经济联系的战争或冲突。这意味着不断深化的国际分工和贸易联系将趋向加强合作而不是主动挑起冲突。国际经济政策的协调正是这样一种维持或深化合作的形式。

经济上的相互依赖可以促进和平的原因可能还包括：①与相对比较封闭的国家比，贸易往来比较多的国家之间常常还拥有更多的交流方式，民间交流也更加频繁，因而更加了解对方的情况。所有这些都将有利于避免由于信息不对称而引起冲突；②国家之间的相互依赖也是一种可置信的威胁信号。当发生利益冲突时，任何一方都可以通过切断彼此的经济联系、实施经济制裁或者冻结财产来威

---

① 李嘉图：《李嘉图著作和通信集（第一卷）：政治经济学及赋税原理》，郭大力、王亚南译，商务印书馆1962年版，第113页。

② 参见 Mark W. Zacher and Richard A. Matthew, "Liberal International Theory: Common Threads, Divergent Strands," in Charles W. Kegley, ed., *Controversies in International Relations Theory: Realism and the Neoliberal Challenge*, New York: St. Martin's, 1995, pp. 107 – 150。比较典型的还有 Richard Cobden, *The Political Writings of Richard Cobden*, London: T. Fischer Unwin, 1903, p. 225. 转引自 Dale C. Copeland, "Economic Interdependence and War," *International Security*, Vol. 20, No. 4, 1996, pp. 5 – 41.

胁对方，使对方做出让步或者妥协，从而及时化解冲突，或者防止冲突的升级。

不过，Beth Simmons（2003）指出，尽管贸易活动通过专业化分工提高效率并能创造出更多的财富，使消费者有更多的选择机会最大限度地满足他们的偏好。但是国内的政治博弈绝不仅限于在生产者和消费者两种利益集团之间的斗争与冲突，还会涉及如政府各部门之间以及国内各产业之间的分歧和冲突。当国内支持自由贸易和经济开放的力量占上风时，国家则倾向于尽量避免冲突升级，强调政策协调，和平解决分歧、负溢出甚至冲突。而当国内支持保护主义政策的力量占上风时，一般就更不愿意做出让步。Schneider 和 Schulze（2003）从贸易部门与军事部门之间的力量对比出发得出的结论是：当贸易部门的力量占上风时，国家会倾向于和平解决军事冲突。这也许就是约瑟夫·奈所强调的国际—国内问题（intermestic）：即国内事务和对外事务之间的界限不甚清楚。

自 2008 年金融危机爆发以来，世界上的发达国家与新兴市场国家尝试通过国际政策协调的方式来提升全球经济治理水平，对现有的国际经济体系进行改革，建立新的国际机制。其中，G20 被定义为"成员国间商讨关于国际经济协调与决策的最高级论坛"（G20，2011），包括协调国家经济刺激计划、外汇政策、国际收支失衡以及国家债务等议程。尽管 G20 在危机最严重时取得了一定的成效，在联合各国应对金融危机方面发挥了一定的作用，但在危机冲击减弱后，逐渐开始难以达成富于成效的协调成果。一般认为，在危机期间协调得很好的各国，在相对"和平"的时代，一旦彼此协调共渡难关的压力减弱，协调就变得难以为继了。

对于欧盟而言，2000 年设立的里斯本战略目标需要各成员国协调一致的结构改革政策来实现，他们在结构改革协调方面有着共同的兴趣和目标，但是结构改革涉及经济基本面因素的调整，不仅难以立即见效，而且需要在诸如效率和公平、就业和失业保障、长期和短期等影响中进行权衡，另外，由于结构改革的溢出效应不明显，主要是一国基于本国国情做出的选择很难上升到国际层面成为各国协调一致的行动，并且一国的经验也无法直接成为另一国的选择，因而对政策协调的需求也不高。所以开展有效协调所面临的挑战是前所未有的。相较于危机时期以需求政策为主的协调，对长期增长目标的协调更多涉及的是以结构改革为内容，再依靠一场全球金融危机来激活宏观经济政策的国际协调，既不是一个常态解，也不是协调的应有之意。

第二节　国际经济联系的强化：产品内贸易与一体化

如果说基于比较优势、资源禀赋以及规模经济的国际贸易具有提高生产率和福利水平的作用，并且能够消弭冲突，促进国际经济政策的协调，那么国际贸易就没有理由不在广度和深度两方面得到迅速的发展。

由于运输成本的影响，在历史上率先获得发展的贸易形式一定是互通有无的产业间贸易，而此时资源禀赋是决定贸易关系的关键因素。正是由于贸易品本身的替代弹性很低，所以即使运输成本很高，贸易也依然是有利可图的。但是在这个意义上，我们就已经可以预见到相互依赖的贸易关系可能走向反面的可能性，即可能从贸易合作走向冲突。如果建立在资源禀赋互补基础上互通有无的贸易关系影响一个经济体经济活动的续存，这种贸易关系的刚性就要远远大于出于单纯追求贸易利益的贸易关系，那么价格的考虑可能倒是次要的，对运输成本的考虑排位更加靠后。正如彭慕兰在《贸易打造的世界》一书中所说的那样，建立在这种贸易关系之上的刚性依赖可能是如此重要以至于可能常常不得不依靠暴力去维持。这样，贸易就可能会带来冲突。

李嘉图的贸易优势理论强调的主要是成本优势。这是由于这种贸易是以实现贸易优势为目的，那么其所能承担的贸易成本就将以贸易优势为限，一旦贸易成本超过了贸易优势，贸易关系就会自然中止。在给定运输技术的情况下，区域贸易更容易显示出其成本优势。所以建立在贸易优势基础上的互利贸易可能促进了区域合作的兴起。在李嘉图的经典案例中，实际上也是以英格兰生产的罗纱与葡萄牙葡萄酒为例的欧洲区域内贸易。而在另一个例子中，李嘉图则假定，由于波兰仅生产谷物、家畜和粗布，为了换取金币，波兰必须参与贸易，即使此时由于"从远道运输像谷物那样大容积的货品，即需大宗费用，从远道运输金币，又需大宗费用"，导致金币在波兰的价格比较高也不得不为之。这就是区域贸易的成本优势与互通有无的产业间贸易之间的区别。单方面刚性需求的产业间贸易与追求贸易优势的区域贸易相比，对运输成本并不是那么敏感。

由于所追求的利润边际更精细，产品内贸易对空间距离更敏感。在这个特性上，产品内贸易又比基于贸易优势的贸易表现得更明显。但是，与禀赋贸易的刚性依赖不同，产品内贸易（或中间品贸易）导致贸易各方的相互依赖程度更高。当一个国家的生产取决于另一个国家的产出的时候，或者说，当本国的生产仅仅处于国际生产网络的一个环节时，各国之间的产出互为中间投入品时，这种经济上的相互依赖程度是历史上从未有过的。也就是说，产品内贸易和中间品贸易更能推动区域经济合作的深度，所以这两种贸易在近年研究区域经济合作中受到重视。

在贸易各方的相互依赖程度不断提高和深化的情况下，一旦面临各种可能的冲击，对各方经济体系稳定性的影响也就更大。此时，再依靠暴力来维持这种刚性依赖可能得不偿失，因而也不再是首选的政策了。结果，对区域经济合作的探讨就逐渐转向区域经济一体化和区域经济政策协调的研究了。

应该承认，不论是在对贸易合作的刚性需求还是对这种需求刚性的对称程度上，也不论是在合作的广度还是合作的深度上，区域经济一体化都要比区域经济政策协调走得更远，大大超越了对政策协调收益的简单追求①，所以常常需要在这种政策协调中加入制度一体化的因素加以保障。在这个意义上，制度一体化的协调是政策协调的最高阶段，也是政策协调的最后阶段。这是因为制度的强制已经使得政策协调开始脱离了协调中自发、自主和自愿的特征，所以向制度协调迈出的每一步都会逐渐偏离协调的原意。也正是在强力保证客观协调的意义上，制度协调才可以被称为经济政策协调的最高阶段。

另外，尽管从逻辑上看，区域性政策协调是全球性政策协调的起点，但是相比全球化合作，区域性政策协调的内容常常更具有实质性的含义并充满了行动主义的色彩。这主要是因为参与区域性政策协调的集团成员相对较少，因此政策协调中的不对称性也表现地更明显。而按照奥尔森集体行动的逻辑，每个成员对合作剩余的边际贡献就更明显，所以收益分配中的不对称性，或者选择性激励和授权惩罚更容易得到认可和实施。这样，区域性政策协调比全球行政策协调也更接近实质性的合作，更富于实效。因此在第五章第三节我们将以欧元区为例分析制度化的宏观经济政策协调的效果。

相比之下，由于全球化的参与者比较多，搭便车的问题就会变得更加突出。所以，从国际经济政策协调的深度上看，全球层面上的经济政策协调就没有区域经济合作那样进展显著。但也正是由于这个原因，全球化合作更多的是集中体现在全球治理合作和全球公共产品供给，例如，在国际货币制度、全球排放公约、贸易争端机制等问题上的合作，并且主要表现为一个形式上平等的治理过程和一个国际规则的制定过程。在这个过程中，协调的具体内容要比区域化合作更务虚一些，但是在合作的广度上却又更全面一些。也就是说，与区域经济政策的协调相比，全球性经济政策协调的广度要大一些，但是深度要浅一些。这也许就是全球性政策协调、区域性

---

① 我们在第四章将对宏观经济政策国际协调的收益进行分析，在第五章则要进一步说明在区域经济一体化最有利条件下，宏观经济政策国际协调可能需要的前提、面临的挑战以及可能达到的最好效果等问题。

政策协调与区域一体化之间的联系与区别。例如，G20 的协调与欧元区的一体化就形成了鲜明的对照。

第三节 负溢出：协调问题的提出

只要世界经济中的各个经济体之间存在相互联系，那么就一定存在经济政策的溢出效应。只要存在政策的溢出效应，那么就需要评估溢出效应的影响。这种影响可能偏离也可能趋向原有的政策目标，也有可能在短期内呈现偏离政策目标而长期内呈现趋向政策目标或相反的情况。凡此种种，不一而足。

我们在此关注的溢出效应一般是特指那些造成政策冲突，具有负外部性的溢出效应。

Frankel（1988）指出，溢出效应带来了货币政策协调的需要，而溢出效应来源于国内经济与世界经济连接的两条纽带——国际贸易和国际资本流动。国际贸易的变化会影响出口部门，进而影响国民收入和就业水平；国际资本流动通过利率平价，将利差和汇率变动联系在一起。各国经济的这些相互依存意味着相比封闭经济环境而言，一个国家要实现自己的政策目标可能要付出额外的代价。当然，这也意味着当一个国家在进行经济决策时必须考虑其他国家经济政策的影响。一个国家要实现自己的政策目标，进行国际协调就是必需的。

如何评估溢出效应的影响是进行宏观经济政策国际协调决策的基础。宏观经济政策的国际协调就是要在各国政府之间实现一种集体行动，相互协调以达到一个共识目标。一方面，对溢出效应的评估，特别是外国经济政策对本国经济影响程度的判断构成了国际宏观经济政策协调的第一个难点。当两个国家面对第三国相同的政策冲击时，可能由于它们的经济规模对相同外部冲击的抵御能力不同，因而所受到的影响，进而对于政策协调的态度可能也不同。另一方面，各国政府所追求的政策目标的差异，或者说能否确立一个共同目标则构成了国际宏观经济政策协调需要克服的第二个难点。例如，一个国家更关注经济增长，而另一个国家更关注物价和汇率的稳定，因而他们对第三国货币宽松的态度和应对政策也是不同的。最后，国际宏观经济政策协调作为一种集体行动，必须建立在一个统一的理论分析框架和经济计量模型之上。但是这种统一的理论分析框架和经济计量模型又可能不符合各国自身的特点。换言之，各国的经济运行和政策传导机制是不同的，不同国家对同一个外部冲击的应对政策也是不同的，加之各国的政策目标本身又有差异，这造成了国际宏观经济政策协调所面临的第三个难点。例如，一个国家是全球大宗商品的进口国，而另一个国家的经济增长对大宗商品价格的波动却不那么敏感，因此当主导货币国家实行宽松货币政策时，两国经济所受到的影响，进而对待宏观经济政策国家协调的态度也都是不同的。

  协调意味着存在共识，而溢出对各国经济的影响、各国政策目标和经济结构的差异会影响共识的形成，进而给政策协调增加了难度，不仅实际的协调策略可能是千差万别的，对一个国家来说是政策协调的问题而对另一个国家则是可以接受或可以容忍的问题，甚至此时协调措施在彼此那可能就变成了加剧冲突的措施①。这就难怪 Blanchard、Ostry 和 Ghosh（2013）曾形容说，国际政策协调就像尼斯湖的怪物，谈论的多而见到的少。因此，国际经济政策协调不是要不要的问题，而是要解决如何协调的问题。

---

① 在这里我们要特别指出的是，1985 年的广场协议常常被看成一次重要的国际经济政策协调，但是按照我们的定义，这种协调可能更多的是从美国的立场要求日本在政策方面作出妥协的过程。因此很难说是一次标准的政策协调。因为协调的本质应该是一种各方为了尽量维持自身利益和目标的讨价还价过程，而不是一种迫于压力的接受过程。当然，如果要为广场协议寻一个合理的理由也是可能的。对于广场协议来说，日本可以是出于自身国际收支平衡的考虑同意实现日元升值，而美国也可以因此平衡对日本的赤字，也就是双方都有与对方协商的需要。在这个意义上，将广场协调看成国际经济政策协调也未尝不可。

第四节　宏观经济政策的国际协调：
　　　　世界经济的核心问题

世界经济学与国际经济学的一个主要差异是后者研究的是国家间的问题而前者研究的则是全球性的问题。如何形成各国的集体行动以共同应对全球性经济问题，就是一个最典型的全球经济治理问题。在这个意义上说，世界经济学，或者说全球经济治理就是要实现全球经济的最优化。这也决定了世界经济学研究的难度。全球经济最优化的成本和收益在各国之间的分布可能是不对称的。如何协调这种不对称的成本与收益，是全球治理不可回避的一个课题。

从理论上说，在全球范围内合作剩余的存在一定能够保证总收益大于总成本，否则合作就不会出现，但是在没有世界政府的情况下，谁来进行具有公信力的估算？又如何确保并实现这种不对称收益的转移支付呢？

从技术上说，国际经济政策协调可能比执行欧元区的货币政策更复杂，这是因为各国经济的反应函数不同，政策的目标和顺序也不同，所以各国进行政策协调的具体行动是不同的，而且没有制度的强制和保证。

按照国际关系理论的基本假定，国家间的关系本来就是一种权力竞争关系，都努力在国际经济交往中取得超出对手的相对优势。即使国际经济政策协调能够带来合作剩余，只要有的国家从合作中所获得的相对收益在下降，那么国际经济政策协调本身就必然面临困难重重的局面。

面对这样的现实困境，我们只能将国际经济政策协调局限在一个相当有限的意义上，局限在一定的范围内和一定的共识中。具体来说：

第一，由于不存在具有绝对权威性、公信力和执行力的世界政府，所以仅仅就国际经济政策协调的方案而言，也常常需要基于各方的一致同意。这就意味着真正的国际经济政策协调可能只会出现在危机中。因为只有在危机中,同舟共济、共渡难关才常常成为现实的必要。或者说在这个时候,各方不再需要对绝对合作剩余的分配或相对合作剩余进行计算和考量,合作的必要性已经是如此清晰以至于不合作将遭遇无法承受的重大损失。

第二,由于在现实中不存在具有绝对权威性、公信力和执行力的全球协调机构,所以国际经济政策协调一定是各方基于自身成本与收益的考量,而不会在主观上以世界经济最优增长为目的。这就意味着各国和全球的协调策略实际是各国政府根据自身形势进行的相机抉择,甚至协调的目标在各个时期也不尽相同,很可能没有一定的规则。

第三,考虑到现实中各国经济相互依赖在程度、敏感性与脆弱性方面的差距,各国经济政策的国际协调最初常常是因为某个大国政策变化造成的外溢效应引起的,其他国家为了应对这种外溢效应而被动进行的政策调节。在最理想状况下,政策协调首先应该体现在具有政策溢出效应的大国在制定政策时就自律地将自身政策的负外部性降低到最低,而其他受到溢出效应影响的大国为了避免出现冲突的局面(如贸易战或货币战),在制定应对他国溢出效应政策的时候,也自律地将这种应对政策可能的溢出效应通过各种措施局限在国内,或者通过谈判和沟通取得外国的谅解和容忍,或者受到溢出效应影响的国家自律地不再采取应对溢出的政策措施或者通过各种措施将应对溢出政策的负外部性局限在国内。在这个意义上,国际经济政策协调意味着不是采取可能产生溢出效应的政策,也不是不对自身遭遇的负外部性溢出作出应对,而是尽量控制这种政策溢出,或受此影响的国家主动容忍或经过沟通和补偿后加以容忍。在国际经济联系日益密切,因而溢出效应越来越明显的情况下,这种情形可能变得越来越普遍。制裁与反制裁,惩罚与报复虽然也时有所闻,但是一般与政策的负外部性关系不大,而是具有极强指向性并有意为之的政策,所以不在政策协调范畴之内。

第四,更常见的国际经济政策协调形式可能是政策交流。信息交流可以加深各方的相互理解,避免冲突,从非合作博弈走向合作博弈。而在没有信息交流的情况下,博弈常常是非合作性的。在政策交流过程中,国际组织也发挥了越来越大的作用,还可以进行相对公正的第三方政策效果模拟,以警示冲突损失,彰显协调合作的必要性。在这方面,Eichengreen(2011)曾经进行过非常具体的历史案例研究,并提出一些很有启示性的结论。

第五节 对宏观经济政策溢出效应的度量:文献回顾

正是由于存在宏观经济政策的溢出效应才引出了宏观经济政策的国际协调问题,所以,估算外溢效应的方向和大小就成了研究国际经济政策协调的基础[①]。宏观经济政策外溢效应主要有国际贸易和国际资本投资两种渠道。不同时期的不同学者采用不同的计量经济学模型,估计了货币政策的外溢效应,得到的结论各不相同。

早期的研究结果显示,财政政策具有正向的溢出效应,而货币政策的溢出效应则比较模糊。其中以 Taylor(1993)模拟的两国模型最为典型。他认为,预期外的货币扩张对国外的影响在多种渠道下会互相抵消,因此货币政策的外溢效应很小。在固定价格和静态预期的蒙代尔—弗莱明模型下,本国预期外的货币扩张对国外产出和价格水平的影响,大约只占国内影响的 1/10。

随着联立方程模型和计算机模拟技术的进步,越来越多的研究开始使用多国联立模型模拟货币政策的外溢效应。Taylor 和 Wieland

---

① 从全球的角度看,进行各国宏观经济政策的国际协调之前应该涉及的先期工作包括:评估溢出效应,计算可能的协调收益,分析协调收益和成本的分担,然后商议、权衡并最终选定协调目标,再根据各国经济模型确定全球连接模型,模拟全球的协调效果,最后确定平衡各国收益和成本分担的方案。而从各国的角度看,除了同样首先评估溢出效应,计算可能的协调收益,分析协调收益和成本的分担状况,权衡协调目标之外,还要评估全球方案与本国选择方案的差异。

(2012)建立了包括 G7 集团的 TMCM 模型，模拟了美国的货币冲击对其他各国的影响，结果与 Christiano、Eichenbaum 和 Evans（2005）、Smets 和 Wouters（2007）的新凯恩斯模型类似。他们的模拟显示，在当时的情况下，美国利率下调 1 个百分点，美国的产出最多上升 0.5%，美元贬值大约 1.2%。而与此同时，日本的产出仅仅增加 0.02%，大约为美国产出增加的 1/20，日本价格水平的上升，也仅仅为美国的 1/25，甚至小于 Tylor（1993）两国模型的模拟结果。另外，美国的货币扩张对东亚和拉丁美洲等新兴市场国家的产出影响则是负面的。具体来说，在美国货币扩张以后，美国的产出每增加 1%，拉丁美洲的产出将降低 0.25%，东亚国家的产出将降低 0.13%。Tylor 认为，这是因为美国对东亚国家和拉丁美洲货币政策传导的汇率渠道强于产出渠道。虽然美国的产出增加提高了美国对外国出口的需求，从而增加国外产出，但美元的贬值降低了这些国家的出口竞争力，从而抑制了它们的产出。因此从总体上看，美国的货币扩张降低了这些国家的产出。Carabenciov 等（2013）建立的 IMF 全球模型（GPM6），除了 G7 还囊括了亚洲和拉丁美洲等新兴市场国家。这些研究得到的结论也类似。

虽然这些研究都认为货币政策的溢出效应很小，但是 Blanchard（2013）认为虽然有的模型显示为正，而另一些计量模型显示为负，互相矛盾的结果抵消了外溢效应的显著性，但是从绝对值而言，货币政策的溢出效应就可以达到国内效应的 1/3 到 1/2。例如，IMF（2013a）年的估计表明，美国财政政策的溢出效应大约是其国内效应的 60%。Ilzetzki 和 Jin（2021）以及 Romer 和 Romer（2010）的研究则显示，美国财政政策溢出效应在拉丁美洲和欧洲更大，在亚洲则略小。随着国际贸易和投资的发展，国家间一体化程度的加深，特别是 GVC 的影响，溢出效应还应该有所增加。也就是说，在经济联系更紧密的国家间溢出乘数更大。另外，主要经济体之间，特别是对于货币盯住美元的国家而言，货币冲击的溢出效应都很明显。至于不同国家间货币政策溢出效应的差异，则可以用它们全球经济一体化程度的差异来解释。

IMF（2013a）还发现，不仅经济和金融一体化会增加货币政策的溢出效应，货币政策的溢出效应在危机期间，或者说在经济下行期间的溢出效应更大。这部分解释了危机期间由于各国产出间更高的相关性所导致的危机协调特征[①]。货币政策的溢出效应可能是正的也可能是负的。例如，美国的量化宽松政策，倾向于降低国外债券的收益率，国外资产价格上升和外币相对美元的升值。对日本央行量化宽松政策的研究却显示，外国资产价格倾向于下降，外币相对于日元倾向于升值。另外，货币政策对资本流动的影响也不明确，早期的研究发现美国的量化宽松，导致新兴经济体资本流出；而最新的研究则认为，美国的量化宽松增加了新兴经济体的资本流入。

Heathcote 和 Perri（2004），Stock 和 Watson（2003）等从跨国产出的角度，测算溢出效应的大小。尽管一个国家产出的增加通过进口需求会增加外国的产出，但是并非所有的产出波动都源于货币扩张的直接效应，也包括了资本流动和汇率波动的影响（可以使用简单的统计技术进行识别）。Heathcote 和 Perri（2004）研究了 29 个发达经济体和 53 个发展中国家的 1980—2011 年产出对贸易伙伴国滞后产出的回归结果。结果显示，考虑到滞后因素，发达国家和发展中国家的产出彼此相关。例如，发达国家 1% 的经济增长率，倾向于使得发展中国家下一期增长 0.492%；而发展中国家 1% 的增长，倾向于增加发达国家 0.241%。对于在贸易领域和金融领域联系紧密的两个国家，产出的相关性甚至更大。

IMF（2013b）研究了美国退出超常规货币政策的溢出效应，但是这个结果会因外国经济在周期的位置而具有不确定性。在国内增长态势良好的情况下，美国退出量宽时的产出效应超过金融紧缩效应，结果溢出效应为正。对于贸易渠道占主导地位的国家

[①] 这实际涉及了协调的内涵与外延，本书已经有所讨论。

这个结果尤其明显。相反，如果国内经济态势不利，美国退出量化宽松政策将增加外国对金融稳定性风险的担忧，可能会造成产出的下降。此外，系统性重要国家政策环境的变化也可能成为溢出效应的重要来源。比如，如果日本主权债务的收益率上升200个基点，全球经济的损失会大体相当；而美国主权债务的重新评级带来的损失会更大。除了宏观经济政策外，模拟结果还发现，日本、欧元区和美国结构性改革的失败也会带来可观的溢出效应。

总之，随着研究的不断深化和全球经济联系的不断紧密，越来越多的实证研究显示宏观经济政策的溢出乘数不容忽视。在经济下行或金融危机期间，货币政策的溢出效应还倾向于增大。而且除了传统的贸易渠道和汇率渠道外，各国自身状态和预期渠道也都是影响溢出效应的重要因素。因此，通过宏观经济政策的国际协调来消除溢出效应的负向影响正在变得越来越重要。

第六节　协调的起点：溢出与协调的博弈

在这里，我们之所以要强调是一个起点，主要是为了简化分析。假设仅仅是因为各国经济存在联系和溢出，说明协调与不协调之间的差异。然后再加入现实中广泛存在的不对称状况对国际协调进行具体的分析。

协调至少意味着一种避免冲突的状态，而各方避免冲突的努力也可以看成是一种合作。阿克塞尔罗德就明确断言："双方克制是一种相互间的合作。"宏观经济政策的国际协调也类似。以邻为壑的政策可能是损人利己的，但是会招致对方同样的报复，得到的最终还会失去。重复博弈就会使各方都认识到这样的背叛策略在长期内不是占优的策略。在现实中，国家与国家之间的关系不是壕堑战中对峙双方的关系，不存在沟通的障碍，也没有可能破坏这种合作状态的外部压力。在这个意义上说，各国国内的宏观经济政策的国际协调又是可能的。

1. 博弈的基准情景

在宏观经济政策国际协调的情景下,我们可以将囚徒困境进行适当调整并重新表述①。假定面临国际金融危机的冲击,两个国家都面临经济规模下降的挑战。在没有国际仲裁和惩罚的情况下,需要做出政策反应,都力图维持自己的经济增长。

我们在这里可以假设本国和外国(用星号表示)相互依赖,本国政策的结果 y 不仅取决于本国的政策 x,也取决于外国的政策 x^*,即存在:

$$y=f(x, x^*) \text{ 和 } y^*=f(x^*, x)$$

如果两个国家都采取协调的态度,稳定币值,那么它们的经济规模都将下降 2 个百分点。相反,如果两个国家同时采取货币贬值的政策,结果分别造成两个国家的通货膨胀,经济秩序受到冲击,实际经济活动进一步萎缩,因此经济规模就将下降 5 个百分点。但是,如果 A 国率先实行货币贬值,虽然依然要承受国内通货膨胀的痛苦,痛苦指数本应达到 -5,但是只要 B 国家按兵不动,听任自己的货币相对升值,那么 A 国出口增加,进口减少,最终经济规模维持不变,痛苦指数反而减少了 5。与此同时,B 国未实行货币贬值,从而国内没有通货膨胀,痛苦指数在 -2 的基础上额外多下降 5,达到 -7。反之 A 国不贬值而 B 国贬值的情况类似(见表 1—1)。

表1—1　　　　　不存在第三国情况下的两国模型(基准情景)

国家 A	国家 B	
	不贬值(合作)	贬值(不合作)
不贬值(合作)	-2, -2	-7, 0
贬值(不合作)	0, -7	-5, -5

---

① 尽管宏观经济政策的国际协调在形式上可以是一种存在信息流动的合作博弈,但是形式上的信息沟通并不一定等于承诺会被不折不扣的执行,甚至如果没有执行承诺还可以找到很多为自己开脱的借口,使得即使存在多次博弈也无法形成对背叛的制裁。因此事实上的博弈,非合作博弈依然是存在的。

对于国家 A 来说，应该依据 B 国可能的选择决定自己的最优策略。如果 B 国选择合作性不贬值，那么 A 国就应该选择背叛性贬值（因为 0 大于 -2）；如果 B 国选择不合作性贬值，那么 A 国也应该选择不合作性贬值（因为 -5 大于 -7）。对于 B 国来说，情况也一样。总之，在没有信息沟通与合谋的情况下，每个国家的最优策略都应该是不合作性贬值，各国的收益都是 -5。显然，这是一种非合作均衡，或者说是纳什均衡。

这种纳什均衡状态显然不是最优的，因为如果他们相互协调，都不贬值，可能仅承受危机带来的 2 个百分点的损失。也就是说，合作均衡的结果要优于非合作均衡的结果，没有政策沟通和信任承诺的理性博弈结果并不是最优结果。换言之，协调，至少进行政策沟通且采取合作性的行为是有利可图的。但是，即使大家都预测到了这个最优结果，但是彼此缺乏信任，要实现政策协调也是很困难的。因为一旦一方确认对方将采取合作性的不贬值政策，那么在单次博弈假定下就获得了背叛的激励，而一旦出现背叛，在现实的多次博弈情景下，就必然招致对方的报复，结果还会回到非合作均衡的状态。

但只要存在多次博弈，只要彼此存在信任，合作就是可能的，而且会达到最优结果。

阿克塞尔罗德在《合作的进化》中研究了一战壕堑战中各方没有友谊和预见的合作形式：你活也让别人活（live and let live）。尽管对峙双方不会有直接的口头约定，但只要双方不频繁换防，重复的囚徒困境博弈就能使他们不用语言就能协调他们的行动，并使得背叛不再是最优选择。如果一方背叛，那么另一方的反击将使对方遭受同样的损失。"让人家不舒服最终反过来使自己不舒服"，这就会使背叛不再是占优的策略。反过来，当双方都认识到这一点以后，如果一方采取克制，那么另一方就应该给予回报，而且要让双方都明白,对方不会采取无条件背叛的策略①。

只要两国的博弈关系长期存续,即使当政者更换但只要存在政府声誉,就一定会有多次博弈出现,那么就会因为报复威慑(以牙还牙的策略)而达到稳定的合作均衡,从而使双方达到最优:如果一方背叛协调的承诺,那么在接下来的博弈中另一方就会以牙还牙。

2. 存在第三国情景下的博弈:协调的范围

对于世界经济中的政策博弈而言,我们不能仅仅局限在两国模型的情景还需要在两国博弈的同时引入第三国。这样,博弈的收益考量可能就会发生变化②。

在宏观经济政策国际协调的情景下,我们可以将囚徒困境进行适当调整并重新表述。面临国际金融危机的冲击,两个国家都面临经济规模下降2个百分点的挑战。在没有国际仲裁和惩罚的情况下,需要做出政策反应,都力图维持自己的经济增长。如果两个国家都采取协调的态度,稳定币值,那么他们的经济规模就都将下降2个百分点。相反,如果两个国家同时采取幅度相同的货币贬值政策,与壕堑战中一方背叛偷袭会招致另一方背叛偷袭,从而得到的与失去的相等这种情况类似,两国货币的比价没有变,但是由于对世界其他国家出口增加、进口减少,经济规模都只下降1个百分点。但是,如果A国率先实行货币贬值,而B国家按兵不动,听任

---

① 壕堑战的这种合作考量是基于对峙双方战士的利益,而从国家的角度看,因为协约国实力更强大,双方人员的消耗相等就意味着协约国的胜利,因此消耗战是占优策略。这近乎零和博弈,一方的损失就是一方的所得。最终破坏这种合作状态的是一种司令部对进攻的检查方式:己方的伤亡或对方的俘虏。因为对峙双方的合作不可能是以这种方式来进行,即将己方士兵作为俘虏或用对方士兵尸体相互交换以应付检查。

② 在这里可能存在一个逻辑问题,即如果引入第三国,那么为什么依然是两国博弈对局而不是三国博弈对局呢?对此,我们的解释是在国际经济政策的协调中,并不是所有国家都能够参与其中。事实上只有其政策外部性比较大的国家才可能参与进来,只会受到别国政策外溢效应的影响而本国政策对别国外溢效应不显著的国家一般是不会参与到国际经济政策的协调中来的。因此严格地说,这里的第三国可以看成是一个小国集团。他们总体的市场在全球中占有一定比重,但是由于没有形成集体行动,他们又是彼此在政策上是独立的。

自己的货币相对升值，那么 A 国出口增加、进口减少，且由于在第三国的出口竞争力也上升，最终经济规模甚至上升了 2 个百分点，而 B 国则额外多下降 2 个百分点。反之，A 国不贬值而 B 国贬值的情况类似（见表1—2）。

表1—2　　　　　　　　存在第三国情况下的两国模型

国家 A	国家 B	
	不贬值（合作）	贬值（不合作）
不贬值（合作）	-2, -2	-4, 2
贬值（不合作）	2, -4	-1, -1

从理论上说，政策协调应该包括两种情景：协调的不贬值和协调的贬值。只要两个国家采取一样的政策，从而维持了原有的秩序，一个国家的政策对另一个国家没有产生负的外部性[①]，那么就都是一种协调，避免了冲突。但问题是应该选择哪种协调呢？在存在第三国的情况下，答案当然是简单的，也就是选择共同贬值的政策协调，因为这样两国遭受的损失最小。在不协调的情况下虽然贬值国采取了以邻为壑的政策可以将损失降到更低，但可能不是一个均衡状态，因为一个国家的率先贬值可能被另一个国家视为敌意，结果就可能遭到报复，在第二期承担损失，而且两期的损失之和会超过协调贬值情景的两期收益之和。

如果我们进一步追问，为什么协调贬值的损失更小呢？或者说降低损失的收益来自何处呢？如果我们假定这个两国模型就是全球模型，或者说没有模型之外的第三国，那么两国协调的贬值或不贬

---

① 在这里我们还可以发现在政策协调情况下的另一种不协调，或者说可能造成相对实力变化而带来冲突的可能性，在后面即将提到的不对称状况下，即使两个国家采取的政策都避免了负的外部性，甚至一个国家的政策对另一个国家来说具有正的外部性，但是由于两个国家之间存在的不对称性，大国获得的收益可能高于小国。在这种情况下，政策协调依然会带来冲突。不过这种协调状态下的冲突一般是可以被各国所接受的。

值的损失程序是一样的，因为协调贬值并不会改变两国货币的比价关系，因此不会对双方的进出口产生影响，他们经济规模都将下降5个百分点。但是我们在这里却假定存在模型之外的第三国，这样，我们实际上就涉及了一个有关宏观经济政策协调的重要问题，即政策协调的范围与收益的关系。在这种情景下，政策协调的收益能够保持参与协调的国家相对实力不会发生变化，但是这两个国家的货币却相对第三国贬值了[①]。这样，政策协调的收益实际来自未参与政策协调国的损失[②]。

第七节 宏观经济政策国际协调的收益：文献回顾

与各国货币政策协调的实践相比，从理论上展开对国际货币政策协调有效性和必要性这个基本问题的研究却一直未能形成统一观点。尽管对国际宏观经济政策协调收益的分析框架经历了从旧凯恩斯主义向新凯恩斯主义，从蒙代尔—弗莱明模型框架到 NOEM 框架的转变并大体形成了两代国际宏观经济政策协调模型[③]，倾向性的结论也逐渐显露出来，但是并没有取得足以服人的和明确的结论。这种情况与开放宏观经济学发展的制约是存在一定关联的。

如何评估政策协调的收益水平，不论是绝对收益还是相对收

[①] 当然，这两个国家将作为一个共同体再展开与第三国的另一局博弈。而只要是存在信息交流的合作博弈，那么最终的结果将是所有国家都参与到或者说加入到政策协调的行列中，而最终依然会存在协调的选择问题：协调贬值还是协调不贬值？而最终结果一般是协调贬值，原因就在于为了应对危机，各国不可避免地采取宽松货币政策导致利率水平下降，而且这种政策一定是由危机国率先发起，受传递国被迫跟进的结果。

[②] 这就可以解释为什么在 2008 年全球金融危机发生以后，几乎世界所有国家，不论它们受到波及程度的影响有多大，都或多或少地跟随美国执行了经济刺激政策。因为只要存在传导渠道，如果不执行协调型政策的话，都将遭到损失。

[③] 尽管 Hamada 最早开创了对宏观经济政策国际协调的理论模型，但是由于他是依据货币主义的分析框架，而且后来跟进文献不多，所以我们只将文献的分析框架归为凯恩斯主义和新开放宏观两种。

益，直到目前的研究文献也没有达成一致结论。但是这个问题是宏观经济政策国际协调的基础性重大问题。我们几乎可以认为对宏观经济政策国际协调的研究，特别是模型发展的几个阶段，都是以这个问题为核心的。我们对于政策协调的收益文献的回顾几乎就可以当成对宏观经济政策国际协调研究的文献综述。

在研究的角度上主要可以分为两种研究方法：第一种方法是单纯从理论上比较各国在福利函数独立状况下的最大福利与联立状况下的最大福利之差；第二种方法是假定当协调不足，从而将当前政策或相关变量的历史水平作为基准与理论上测算出的协调值（如引入汇率目标区）进行比较，以便显示宏观经济政策国际协调的收益效应。应该说明的是，不论采取哪种方法，由于受到分析技术限制，大部分对政策协调效果的量化研究都假定结构变量与政策无关，也就是加入政策国际协调的考量以后，原有模型结构所代表的经济结构和传导机制不变。但是正如时变分析所强调的那样，在现实中，政策的变化本身常常会引起经济结构和传导机制的变化。

从研究所依据的理论范式来看，主要有凯恩斯主义模型和新开放宏观经济学两种。

一　早期的分析框架

第一代货币政策协调模型主要依托 IS-LM 模型框架，其中最著名的是由蒙代尔和弗莱明提出的 IS-LM-BP 模型，后经多恩布什改进的 M-F-D 模型。超调模型是对货币主义与凯恩斯主义的一种综合，在蒙代尔—弗莱明模型的基础上，放弃了弹性价格的假设，当市场受到外部冲击时，商品市场价格的调整速度较慢，称之为黏性价格，因此短期内购买力平价不成立。由于黏性价格假说更接近现实，所以多恩布什模型自提出以后，成为开放宏观经济学下汇率分析的基准模型。从 20 世纪 60 年代到 90 年代，几乎所有的货币政策协调模型，均采用多恩布什模型。

对国际政策协调理论的最早研究可以追溯到日本经济学家Hamada（1974，1976和1985）。他将博弈论引入国际宏观经济政策协调，设计出基于货币主义一般均衡模型分析政策选择对福利的影响，为国际宏观经济政策协调提供了很好的分析框架。为了确定国际货币政策协调的潜在收益，需要将有货币政策协调的情形和没有货币政策协调的情形进行对比。Hamada将无协调的情形分为纳什均衡和斯塔伯格领导均衡两种情况。对于领导者而言，斯塔伯格均衡明显优于纳什均衡；但对于追随者而言，斯塔伯格均衡是否优于纳什均衡是不确定的。但是，这两种非合作式的均衡都不在契约曲线上，因此都不是帕累托最优。在理论上，两个国家可以通过政策协调获得优于纳什均衡和斯塔克伯格均衡的结果。由此，Hamada证实，与没有国际政策协调的情形相比，国际货币政策协调肯定可以提高有关国家的福利水平，进而提高整个世界的福利水平。

Taylor（1985）在蒙代尔—弗莱明框架下建立了一个包含理性预期、完全资本流动、浮动汇率和黏性工资的两国模型。名义货币需求取决于名义利率和产出，本国产出由实际利率、实际汇率和外国产出联合决定，国内的价格指数受国内工资和外国价格指数影响。模型假设中央银行遵守简单的货币规则，按照价格水平偏离目标水平的程度调整利率。唯一的冲击来源于对实际工资方程的冲击，而且国内外的冲击不相关，政策需要在价格稳定性和产出稳定性之间进行替代取舍。在他的政策模拟中，当本国货币政策允许更大价格和产出波动时，国外的价格水平和产出标准差的上升非常有限。但本国货币政策对外国产出和价格水平波动性的影响也仅仅是对本国产出和价格水平影响的非常小的一部分。因此，进行国际货币政策协调的潜在收益可以忽略不计。Canzoneri和Gray（1985）使用斯塔博格模型进行博弈分析，刻画了政策制定者的社会福利函数并衡量了各国货币政策对产出的影响，结果发现协调的收益也比较小。Canzoneri和Minford（1988）后来认为，这是因为受到凯恩斯模型理论结构的影响。

Taylor（1985）的分析还表明，即使国际货币政策协调的潜在收益很小，进行国际货币政策协调最坏的可能性也不过等于各国不参与协调的情形。但 Rogoff（1985）的研究表明，存在以下三种情况，两个或两个以上的国家的政策协调甚至可能会恶化其经济处境而非改善其处境。第一种情况，私营部门对各国政府间的政策协调产生了负面反应；第二种情况，第三国对参与国间的政策协调产生了负面反应；第三种情况，由于参与国基于错误的经济模型而实施相关经济政策，政策协调反而恶化了参与国的处境。他认为政策协调对私营部门的行为并非毫无影响，私营部门可能会对政府当局间的合作协议产生负面反应，进而使得情况变糟而非变好。例如，如果各国央行达成协议共同实施扩张性的货币政策来提高就业率，各国就不必担心汇率贬值。结果各国货币当局就更容易产生通货膨胀的动机。这样，理性的劳动者在签订劳动合同时，就会预期到这些额外的通胀风险并要求提高工资。最终，国际货币政策协调就会带来更高的通胀率而没有提高产出和福利。

Oudiz 和 Sachs（1984）最初在传统的凯恩斯主义的范式下，使用政策乘数测算了美日德三国政策协调的收益。在 20 世纪 70 年代的情景下，他们发现，即使美国、日本、德国的财政政策和货币政策实现了完美的协调，其收益也仅相当于乌拉圭回合贸易自由化的预期收益规模。对此，他们给出的解释是：虽然两个或多个国家的合作通常会增进他们的共同福利，但是这可能会引发第三方国家的负面反应。如果这些反应对参与协调的国家产生显著的负面影响，那么其处境可能比无协调时更糟糕。例如，欧洲和美国可能会为了共同利益决定联合实施紧缩性的货币政策，但这不利于日本的商品出口，为保护本国出口，日本政府可能也实施紧缩性的货币政策，从而加剧欧洲和美国的经济衰退，结果其经济衰退程度高于欧洲和美国的预期，导致欧美的经济状况比它们不进行协调时更糟糕。

Frankel 和 Rockett（1988）也认为，由于无法确切地知道正确的经济模型,政策协调可能导致比不进行政策协调更差的结果。在充满不确定性的世界里,由于无法确切地了解经济运行的结构参数,各经济体之间的联系程度、政策工具和政策目标之间的关系。因此,如果相关国家同意基于特定经济模型进行财政政策和货币政策的协调,而这个模型最后被发现是错误的,那么各方协调后所采取的政策可能存在严重缺陷,从而导致参与政策协调的一方或所有各方的处境比不协调时还要糟糕。

McKibbin(1997)总结第一代货币政策协调模型,认为国际货币政策协调低效甚至逆效的观点在第一代模型中是普遍共识(folk theorem)。总体来说,M-F-D模型的优点在于,形式简洁而经济含义直观,富含政策意义,而这又可以归功于模型简单易处理的特点,只要借助于二维坐标平面,通过曲线的移动就可以直观地说明货币冲击、利率、汇率和产出的变化情况。但是M-F-D模型的缺点在于缺乏微观基础,以曲线分析为出发点,而不是从最基础的偏好出发去推演出经济行为之间的联系,研究最优化行为和市场结构,所以只有有限的预测和解释能力。更重要的是,M-F-D模型基本沿袭了凯恩斯主义的传统,以需求不足作为研究的基本假定,因而忽略了供给面。需求面是决定经济运行的主要机制,但在开放条件中,实际上有两个因素决定了经济运行,其一是开放经济所带来的需求扩张效应,其二是技术进步从供给面对经济增长做出的贡献。这两方面的研究不仅需要以福利最大化为基础,更需要引入居民和企业的微观决策机制。

二 NOEM 的分析框架

博弈论的发展和数理经济学方法的应用使得对国际宏观经济政策协调收益的研究更加完善,而新开放经济宏观经济学(NOEM)的成熟也为国际宏观经济政策协调提供了新的研究范式,并逐渐成为主流趋势。随着博弈论的发展和数理经济学方法的大量应用,国际宏观经济政策协调收益的研究进入新阶段,NOEM 的发展为国际宏观经济政策协调提供了新的研究范式。Obstfeld 和 Rogoff 于 1995 年提出了 Redux 模型,建立了黏性价格和动态分析的框架,开创了新开放宏观的经济理论,迅速成为分析国际宏观问题的基准模型。Obstfeld 和 Rogoff(1995)最先使用了这个新的分析框架,并在跨期最优化基础上,将名义黏性、不完全竞争和随机冲击纳入到具有丰富微观经济逻辑的动态一般均衡模型中。此后,Coresetti 和 Pesenti(2001a)、Obstfeld 和 Rogoff(2000a)等文献将这一框架用于国际宏观经济政策协调领域,并在 NOEM 的框架内进行了福利分析和政策评估,也因此充实了相关的微观经济机制。

NOEM 模型在明确建立了微观基础的动态随机一般均衡模型中引入了名义刚性和不完全竞争。模型的基本框架结构给出了居民部门的效用函数和企业生产函数微观基础的描述,可以由此求解最优化福利效用,从而得到均衡状态和短期冲击反应。名义刚性和不完全竞争的引入则改变了外在冲击的传导机制并成为社会福利损失的原因,由此可以展开对货币政策和财政政策的国际溢出效应的福利分析。因此,与传统的蒙代尔—弗莱明模型相比,NOEM 模型在分析国际货币政策协调时体现出如下优势:

首先,NOEM 模型能够进行严格意义上的福利分析。尽管这两个模型都承认外国的货币政策扩张可以直接提高外国的产出,同时也会导致贬值并通过贸易渠道吸引国际需求,以邻为壑的政策效应明显。但这也是一把双刃剑,即通过国内需求上升和出口的增加会提高外国的产出,同时也产生支出转换效应。因此货币政策的扩张的最终影响取决于二者的相对大小。NOEM 模型可以分析支出转换效应和贸易条件改变的影响,外国货币扩张在增加外国居民福利的同时也会增加本国的福利水平。这个与传统蒙代尔—弗莱明分析不同的结论正是基于 NOEM 模型引入居民部门福利分析的结果,而不是单纯从产出和国际收支平衡进行分析。

其次,NOEM 模型可以引入市场定价的影响。市场定价原则归根结底取决于微观主体的厂商的行为,并且取决于厂商的市场势力。但是，由于在 PCP 情况下购买力平价成立，而在 LCP 情况下购买力平价不成立，所以 NOEM 模型适用于不同的情况。

值得一提的是，Obstfeld 和 Rogoff（2002）将不确定性和非贸易品引入到他们在 1995 年建立的两国一般均衡模型，在假定出现生产率冲击的情况下，分析了各国在设计国内货币政策时采取哪种形式的国际合作是否会提高全球福利。结果他们发现，当所有生产部门受到相同的生产率冲击时，虽然在理论上国际货币合作是有利的，但经验结果显示，国际货币合作收益通常是不存在的或可以忽略的。也就是说，他们给出的答案是否定的，来自政策协调的收益是很小的。这是因为，货币政策稳定经济的收益是一阶的，协调的收益是二阶的，因此货币当局在进行货币政策决策时没必要考虑国际协调，只需要根据国内的经济形势，应对实际冲击的影响，独立求得最优解即可。

Friedman（1953）代表的传统观点认为，浮动汇率制通过汇率变动灵活地调整国内外价格，能够有效隔离特定国家的生产率冲击和需求冲击，因此是开放经济下最好的汇率制度。但是 Devereux 和 Engel（2003）发现，在不同的定价方式下（PCP 和 LCP），最优的货币政策和汇率政策大相径庭。他们沿用 Obstfeld 和 Rogoff（2002）模型的基本架构，首先从厂商利润最大化推导出了在 PCP 和 LCP 厂商的定价策略下，建立了 13 个联立方程组的一般均衡模型。其次将代表性个人的期望效用表示为汇率波动，生产率冲击和消费的波动率及协方差的线性函数，进而通过效用最大化得出最优的货币政策。结果表明，当出口厂商采用 PCP 定价方式，因而汇率完全传导时，最优货币政策是保证浮动汇率制，与 Friedman（1953）对浮动汇率制的观点一致，而且 PCP 下最优货币政策可以完全消除价格刚性扭曲，达到弹性价格均衡。而当出口厂商采用 LCP 定价方式时，汇率完全不传导，因为国内外相对价格无变化，生产部门无法进行调整以适应生产率的变化，此时经济无法达到弹性价格均衡，结果，对比弹性价格均衡存在福利损失。

Coresetti 和 Pesenti（2000，2001a）在 NOEM 的框架下研究了汇率不完全传导下国际货币政策协调的收益。他们采用了名义价格刚性，拥有市场力量的垄断厂商提前一期制定价格并不能在期中调整的假定。同时本国生产的商品既可出口，也可在国内消费，国内厂商分别制定同一种商品的国内价格和国外价格，因此一价定理不成立。另外，冲击来源于两国的生产部门的生产率冲击。最后他们发现：①货币政策协调的收益取决于汇率的传导程度（pass-through）。当汇率不完全传导时（介于 PCP 定价和 LCP 定价之间的情形），各国独立制定的货币政策（inward-looking monetary policy）并非最优，因为企业的收益暴露在汇率波动的风险下，风险厌恶的企业倾向于提前制定更高的价格，因此导致了福利损失。值得注意的是，当汇率完全传导（PCP 定价）和完全不传导时（LCP 定价），产品的价格加成独立于汇率的波动，此时合作均衡等同于纳什均衡，国际货币政策协调没有收益。②即使货币当局没有通胀偏见，规则的货币政策仍然优于相机抉择的货币政策，因为相机决策的货币政策制定者在事后有动机使用货币政策改变贸易条件来支持本国企业，但外国出口企业将会制定更高的价格作为回应，最终本国的福利水平反倒下降了。③相比于纳什均衡，合作均衡降低了汇率的波动性。汇率的传导（pass-through）程度越低，企业收益受汇率波动的影响也就越低，均衡下名义利率和实际汇率的波动性也就越低。④当国内和国外的生产率完全相关时，或者汇率完全不传导时，浮动汇率制下最优均衡等同于固定汇率制度下的解，否则浮动汇率下的解更优。

这些结论随后又受到一些质疑。Tchakarov（2002）的研究发现，如果放松 Obstfeld 等人的假设，国际政策协调的收益可能是不容忽视的。Bergin 和 Corsetti（2013）则通过构建一个存在名义刚性、垄断竞争和生产者定价的两国动态一般均衡模型，发现在存在扭曲且商品生产和金融市场完全开放的条件下，当面对冲击的时候，政策制定者可以从政策协调中获得收益。Zheng Liu 和 Evi Pap-

Pa（2005）强调国家之间产品结构的不对称在国际货币政策协调中的作用。如果不存在产品结构的不对称性，协调所得的福利收益较小。随着不对称性程度的扩大，福利收益也随之产生。当不同国家拥有不对称的产品和贸易结构时，政策协调将产生巨大收益。Coenen 等（2008）运用动态随机一般均衡模型分析认为，协调的收益对国际经济一体化的程度非常敏感。通过分解来自不同渠道和面对不同冲击（如本国和外国的偏好冲击、投资冲击、货币政策冲击等）时产生的协调收益，他们认为"加价冲击"是国际货币政策协调收益的最主要来源。这些冲击可能是经济中通货膨胀易变性最主要的原因，也是货币当局在进行政策权衡时考虑的最重要问题。当国内中间商品生产部门的价格黏性较低时，协调收益很大。另外，如果国际金融市场不完善，或冲击在部门之间不完全相互关联，协调也可能产生福利效应。

在关于宏观经济政策国际协调收益的问题上，Canzoneri、Cumby 和 Diba（2005）以及 Corsetti 和 Pesenti（2005）也是宏观经济政策国际协调研究的重要文献。对此，我们将在第四章进行详细的回顾和分析。

基于 NOEM 理论对国际货币政策协调收益进行分析所得到的结论并不明确。但是一般来说，在市场完备的假定下，一国货币政策向外国经济变量传导渠道畅通，货币政策协调不仅无利可图，还会由于协调过程中的政策博弈带来福利减少；而一旦市场存在扭曲，开放经济下一国货币政策无法达到预期的效果，货币政策协调就能平衡一国货币政策对两国的不对称冲击，从而提高两国整体福利水平。即使偏向承认协调的收益，但由于模型对假设条件，如名义刚性的来源、部门的划分、生产率冲击的相关性以及参数值的设置等非常敏感，所以得到的结论也不能令人信服。

在 NOEM 的框架下对国际货币政策协调的效果、收益与成本来源以及增强协调效果的途径等问题的研究呈现以下趋势：一是研究焦点从货币政策协调有效性的争论转向通过分析影响协调收益的来源探讨增强货币政策协调效果的途径，从而指导政策协调的实践；二是研究方法更加注重模型推导与实证相结合，逐步放松 NOEM 模型的各项假定以接近现实经济情况，通过实际经济数据校准增强理论的说服力；三是研究结论上早期研究普遍认为货币政策协调收益甚微甚至逆效，而近期的模型和实证结论都认为货币政策协调在一定的条件下有可观的收益。这也与当前国际货币政策协调程度日益加深的现实趋势吻合。

总之，国际宏观经济政策协调是一个非常重要的话题，很多著名的经济学家都开展了对这个问题的研究，而得到的结论也是不同的。尽管对有关国际协调的研究产生了矛盾的结论，但是总体上还是倾向于协调。

第八节　宏观经济政策国际协调的含义

虽然国际经济政策协调的问题可以追溯到金本位时代的物价—金币流动机制，但是这个问题真正引起学术界的广泛兴趣则是在 1985 年的广场协议以后。1988 年 Branson、Frankel 和 Goldstein 出版的《国际经济政策协调和汇率浮动》一书可以被看成是系统研究国际经济政策协调问题的第一本专著。当前，在全球范围内生产链分工深化、国际金融市场高度整合、新兴经济体逐渐发挥全球影响的基本经济现实使得宏观经济政策协调成为一种现实需求，G20 也成为国际经济政策协调的主要平台。

如果从语义学的角度来分析"协调"，我们也会得到一些有意思的启示。中文的协调的含义看上去很简单，也很直接，就是和谐配合。从英文词源上看，协调的词源有些复杂，但是在操作含义上却比较简单。coordination 源自 order，即顺序、安排或命令。ordinate 则源于拉丁语 ordinare，词源同 order，也是安排、布置和指定的意思，后来用于表示几何学中的纵坐标。因此 coordination 在原意上就是共同的顺序、安排或命令，动词用法 coordinate 就自然成了"使……协调一致"的意思，反过来，coordination 也变成了协调的名词用法。在这个意义上，我们不难发现英文的协调在本意上是要在顺序、安排和秩序上实现一致。宏观经济政策的国际协调本身可能就是当一个国家政策发生变化以后，其他国家的政策如何跟进，如何安排，以达到一种有序状态。

这样，协调就应该有两层意思：被动一些或简单一些的含义是统一的安排和目标，更主动一些的含义则是强调为了适应变动，在安排和目标方面调整到一致。如果再深究一步，还应该包括领导和跟随的不对称地位，也就是说跟随一方要适应领导一方的变动，要与之进行和谐的配合。也就是说，协调本身是不对称的。

学术界对于国际经济政策协调的一般看法是，在各国经济的相互依存程度不断提高时，一个国家的宏观经济政策会影响其他国家的福利函数，因此需要对宏观经济政策进行修正或共同调整，以便克服政策的负外部性，在保证各国都能够接受的情况下保证参与国的经济福利趋于最大化。在这里，宏观经济政策主要是指货币政策以及相关的汇率政策。后来还进行了一些扩展，将财政政策也纳入到研究框架中，同时力图考虑到结构性改革政策的重要性。

就国际经济政策协调来说，我们常常看到，大国的政策变动之所以受到各国的关注，不仅是因为大国的政策变动具有很强的外部性，而且大国在相互依赖的敏感性和脆弱性方面也比小国具有明显的优势，因此大国政策的变动常常是自主的，一般不会担心小国的报复，因而常常是领导性的。反过来，在对相互依赖的敏感性和脆弱性不占优的情况下，小国的政策变动就常常是跟随性的。这样，国际经济政策协调也就常常变成了小国的经济政策跟随大国经济政策的变化而变化！也正是由于这些，宏观经济政策协调成为了开放条件下宏观经济学理论以及政策实践中的重要问题。

第九节　全球价值链与国际协调

从产品内贸易到全球价值链的发展，使得我们对政策溢出效应和传统经济政策协调分析框架需要重新认识并加以修正，包括在全球价值链和增加值贸易背后所反映的外需变动及其对国内福利的影响与传统理论分析的差异，需要对原有的模型进行修正，重新分析宏观经济政策溢出效应及各国宏观经济政策的协调收益。

对于全球价值链问题，学者们在20世纪90年代就关注到了并展开了分析，只不过那时的称谓还不统一。例如，Bhagwati 和 Dehejia（1994）使用"万花筒式比较优势"（kaleidoscope comparative advantage），而 Leamer（1996）则称为"非本土化"，直到 Antweiler 和 Trefler（1997）才引入了"中间品贸易"（intra-mediate trade）的概念（Feenstra，1998）。Krugman（1995）提出的"分割价值链"（slice up the value chain）是其中一个重要的节点。尽管统计证据尚不明确，但是从那时开始人们相信制造业的价值链被分割到多个阶段和不同区域，而且这种分割能够极大提升国际贸易的潜在规模。

Hummels 等人（2001）率先测算出一国从国际生产链中获得的增加值，并定义了衡量垂直分工（vertical specialization）的指标。Koopman 等人（2008，2011，2012a，2012b）提出了 KPWW 方法，以完整地衡量增加值贸易。他们的模型基于国家间投入产出表，增加值贸易的测算来自列昂惕夫逆矩阵乘以总出口和增加值的份额。虽然 Lejour 等人（2011）对这一方法提出了批评，认为如果最终的目标是"全面核算增加值贸易"，那么最终总需求是比总贸易更好的指标。但是 Koopman 等人的思路还是成为主流方向。Timmer 等人（2012a，2012b，2012c，2014）将一国的最终需求分解至国际生产分工中，每个国家的全球价值链收入被定义为它们从别国的最终需求中直接或间接获得的增加值收入。在这一框架下，全球 GDP

可以被分解为各个国家的全球价值链收入。

Johnson（2014）认为，利用增加值贸易数据替代传统贸易数据可能在三个方面使得对相关问题的研究出现变化：第一，外部最终需求对本国经济活动的溢出效应需要重新分析；第二，国际价格水平（如汇率变动）对一国竞争力的影响需要重新测算；第三，贸易失衡需要多少汇率调整需要重新计算。这些都对研究国际经济政策协调基准模型的分析框架极具启发意义，并且迫切需要进行调整。

具体来说，在全球价值链和增加值贸易的情况下，一单位的出口并不对应着一单位增加值的产生，出口占 GDP 的比重会高估外需下降所导致的出口下降对 GDP 的冲击，反之亦然。贸易依存度的增加可以提高得自贸易的福利，但是并不一定意味着净出口对 GDP 贡献等比例的增加，因为此时的贸易依存度甚至可以超过 100%。另外，双边贸易规模增加并不能准确衡量本国从外国所获得的增加值，从而使得外国需求对本国 GDP 的冲击可能被高估也可能被低估。这取决于增加值贸易中最终产品的目标市场。例如，美国将中间产品出口至加拿大进行组装，产品完成后又回到美国市场进行销售。在这一情形下，使用美国对加拿大的一般出口贸易规模会高估加拿大需求对美国的重要性，因为加拿大的需求实际是建立在美国国内需求基础上的。但是，如果美国将中间产品出口至德国，而德国将包含美国中间产品的最终产品出口至意大利，在这种情形下，如果再仅仅使用美国对意大利的一般出口贸易规模会低估意大利需求对美国出口和 GDP 的贡献。

对研究国际经济政策协调基准模型的分析框架而言，因为使用的是一般贸易规模作为一国面临的外部需求的估算，在增加值贸易背景下，这一估算方法必然会出现问题，需要根据增加值贸易的特点进行重新测算。在加总情形下，所有国家以传统出口规模衡量的外需都是被高估的，但是高估的程度各不相同。越是深入参与全球价值链的国家，特别是在全球价值链中贡献增加值大的国家，或者说中间品贸易在总贸易中占比越大的国家，受到外部需求影响的高估幅度也就越大。反之，最终品贸易在总贸易中占比越高的国家，受到外部需求影响的高估幅度可能就相对较低。当然，我们也不能一概而论，只要一个国家参与到全球价值链中，外部需求冲击就一定存在高估倾向。对一个国家而言，对外部需求影响是高估还是低估，还取决于第三方市场在其参与的全球价值链增加值贸易中最终产品的销售情况。

总之，全球价值链的出现使得各国之间的经济联系和影响变得更加复杂。尽管这些变化可以通过对基准模型的折算进行适当的调整，但却是必须考虑的因素。

第二章

对国际经济政策溢出、隔离与协调的最初研究

对国际经济政策协调的专门研究是建立在溢出效应的基础上，否则就难以评估协调收益这样一个基本问题，而对溢出效应的研究也是国际经济学一个无法绕过的问题。

随着国际贸易的发展，在世界市场出现以后，各国经济的相互联系和相互依存越来越明显。但是在金本位条件下，那时的国际协调主要是依靠市场的自发力量，比如休谟的物价—金币流动机制背后的自由黄金流动来完成的。尽管市场化的国际协调，或者更准确地说是国际经济的再平衡过程本身可能是痛苦的调整过程，但却是富有成效的，可以大体维持国际收支的平衡与国际经济关系的稳定。到第一次世界大战前，面对紧张的国际形势，各国政府开始执行封闭的黄金政策，市场化的协调和再平衡机制失灵了，国际收支和国际贸易持续动荡。到第二次世界大战后，以布雷顿森林体系为代表的国际经济政策协调将重点再次集中在国际货币制度的设计与汇率稳定问题上，可惜仅仅维持了不到30年。然而，与理论预期不同的是，牙买加协议以后合法的浮动汇率与20世纪20年代事实上的汇率浮动一样，并没有使得各国经济有效隔离外部冲击和政策溢出。对宏观经济政策国际协调的研究开始兴起。

应该看到，溢出效应是世界经济之所以成为世界经济，各国经济相互联系与相互依赖的一种必然表现，所以在各种开放经济模型

中都不可避免地涉及联系和溢出。只是由于研究的角度不同，或侧重于说明对本国经济的冲击和影响，或当成一种不同于封闭经济条件下的市场均衡机制加以研究。事实上，对宏观经济政策国际协调的研究恰恰是从否定浮动汇率隔离外部冲击的假说开始的。当然，如果只涉及溢出和隔离问题，就可以在一国模型中引入冲击。实际上，在国际收支的吸收模型和收入模型中，就已经开始使用两国模型来描述冲击对两国经济的影响了，比较典型的有国际收支的弹性模型、货币分析模型等。

第一节　从一国模型到两国模型：基于开放经济模型的第一代政策协调模型

蒙代尔—弗莱明模型（MF 模型）在凯恩斯宏观经济分析的 IS – LM 模型基础上，引入国际收支均衡，从而纳入国内外利差、资本流动、汇率、进出口和国民收入等变量，研究不同汇率制度下一国宏观经济的内外均衡。它结合了对产品市场和货币市场均衡的分析，研究了决定经常项目均衡的条件，同时又给出了货币市场的均衡条件。

MF 模型的分析假定了一个短期价格水平固定而资本完全流动的小国开放经济。在这里，经常项目的平衡由实际收入决定，并且经常项目同实际收入负相关，同实际汇率正相关，利率影响资本流动。因而要实现平衡就要调整国内经济，或者反过来说国内经济政策的变化就会影响经常项目的平衡。

从这一点来看，MF 模型比后来单纯强调通过货币政策和汇率来进行宏观经济政策的国际协调更强调政策背后的基本面因素。尽管政策协调试图解决的是当期负溢出的问题，但是国内基本面情况是决定负溢出效果的根本因素，只是这些基本面因素的调整时滞太长，可能无法及时应对负溢出的紧迫挑战。无疑，MF 模型比后来的 NOEM 在视角和解决方案上无疑触及到了更深层次的问题。

一 基准蒙代尔—弗莱明模型中的隔离

在开放经济条件下，MF 模型设定了在产品市场均衡时 IS 曲线以及在货币市场均衡时 LM 曲线以及国际收支均衡的 BP 曲线后，在 IS – LM – BP 框架内分析了小型开放型经济的状况。

按照 MF 基准模型的推理，如果仅考虑国内宏观经济政策的变化在开放经济条件下对国内经济的影响，浮动汇率可以维持国内货币政策的有效性。但是我们现在关心的问题是浮动汇率制能够在多大的程度上免受外国经济政策溢出效应的影响？这就需要分别分析国外利率水平变化和出口变化这两种外部冲击对国内经济的影响，以说明浮动汇率的隔离特征。

简单地说，如果外国利率水平上升，就会出现国内资本流出，在浮动汇率下就会导致本币贬值，本币贬值导致出口增加，IS 曲线右移。而只有当国内利率水平达到新的世界利率水平的时候，资本外流停止，货币贬值对出口的刺激也停止，IS 曲线不再移动，收入就实现了增长。这样，在资本自由流动条件下，浮动汇率并不能保证小型开放经济能够隔离外国利率冲击，只不过在此时这种变动是有利的，因而不会受到关注。

反过来，如果世界性经济衰退导致世界利率水平下降（类似于外国货币紧缩），则资本流入，在浮动汇率条件下出现本币升值，导致出口和国内产出下降，就无法隔离世界性经济衰退的影响，呈现出明显负溢出而更容易受到关注。

更常见的一种情况是，如果出现世界性经济衰退导致外国对本国出口产品的需求下降（类似于外国财政紧缩），在同期国内进口不变时，国际收支出现逆差。这样，在浮动汇率下就将引起本币贬值，但货币贬值会刺激出口并抑制进口，直到恢复国际收支平衡，贬值也才停止，那么浮动汇率就可以隔离外国衰退的冲击。反过来，如果外国经济增长带动了对本国出口的需求，在同期国内进口不变时，国际收支出现顺差，在浮动汇率的条件下引起本币升值，从而抑制了本国出口产品的竞争力，出口降低，直到回到原来外国对本国出口需求上升前的水平，恢复国际收支平衡，升值也才停止，浮动汇率也隔离了外国衰退的冲击①。

事实上，在浮动汇率制度下，本国货币当局不用干预外汇市场，从而能够自主控制货币供给量，抵御外部的需求冲击。因此，从控制货币供应量，从达到预期货币政策调控目标的意义上来说，浮动汇率制度相比固定汇率制度更能维护一国的货币政策独立性。这也应该是MF模型的本意。但是，浮动汇率制度并不能隔绝外部利率变动对国内经济的影响。在面临外部利率冲击的情况下，资本流动本身也会削弱货币政策的效能，使得货币政策并不能完全实现独立。更重要的是，当国外利率的变化形成国内外的利差以后，资本流动带来的汇率变动已经造成了出口竞争力的变化并且最终体现为产出的变化，也必然会要求国内的货币供给作出相应的变化以便维持物价稳定。在这个意义上，MF模型忽视了对汇率变化影响国内经济方面的分析②。

二 对蒙代尔—弗莱明模型的扩展：隔离的失效

即使我们按照基准的MF模型的框架来分析国外政策溢出对本国经济的影响，由于一系列隐含的假定，也会背离现实情况。但是毫无疑问，MF模型为我们提供了一个很好的思维框架。因此，有必要在遵循MF模型原有的分析框架的基础上，仅仅通过放松原有假定来进行扩展研究。

1. 大国分析

MF模型的分析对象是小型开放经济，如果换成大国，情况就

---

① 显然，在这两种情况下，正反两方面因素的作用正好彼此抵消应该是一种较少出现的特例，涉及诸多系数的配合。不过在这里我们暂且不展开具体的研究，但是有必要指出的是，所谓浮动汇率的隔离效应可能只是一种偶然的情形而远非经常出现的必然结果。

② 后来研究宏观经济政策国际协调的NOEM模型恰恰是由汇率传导切入的，引入了PCP和LCP定价的概念，这也使得它们的分析从短期进入到长期，至少出现了时间迭代。

会发生变化。因为大国货币供给的增加虽然会降低本国的利率水平，但是由于经济规模大，也将导致包括这个大国在内的世界利率水平进一步发生变动。

具体来说，当面临国外利率上升（下降）的冲击时，大国的调整本身会降低（拉高）世界利率。这样就会降低最终产出均衡水平的偏离程度，也就是大国所受到的冲击程度变小，隔离部分失效。这也意味着国际协调的潜在收益下降。

例如，当面临国外的需求上升（下降）冲击时——相比大国的原有的产出水平来说，这种上升（下降）的相对幅度更小，由此造成顺差（逆差）和升值（贬值）幅度也会下降。虽然最终汇率浮动依然可以隔离外部冲击，但是在回到原来的均衡水平过程中出现的偏离幅度，或者说所受到的冲击就会减缓，隔离同样会部分失效。这反过来也降低了进行国际协调的动力。

总之，与小型开放经济模型相比，由于大国参与到世界经济中的价格制定过程，因此新的均衡点就会出现变化，在一定程度上改变面对外部冲击时浮动汇率的隔离结果，或者使得在回归原有均衡中承受的调整压力变小，或者使得偏离原有均衡的幅度变小。不论怎样，都会降低进行政策协调的迫切性和收益。

2. 不完全资本流动和资本完全不流动条件下的 MF 模型

在浮动汇率条件下，完全资本流动对 MF 模型的均衡发挥了重要的中介作用，通过汇率的变化来影响进出口和 IS 曲线的移动（但是此时 LM 曲线的移动则依据的是纳什规则）。

如果实行资本管制造成资本完全不流动，在面临利率冲击时，资本流动和汇率浮动的机制大大受到了限制，不会出现资本流动和汇率变动，IS 曲线就不会移动，国际收支也不会出现变化。也就是说在这种情况下，在国内就不会出现由于利率冲击引起的溢出效应，也就依然可以保持原有的均衡。但是，如果面临外部需求上升（下降）的冲击，在国内需求不变的情况下，还是会使得 IS 曲线右移（左移），而国际收支的顺差（逆差）则使得外国（本国）的外汇储备不断耗尽，引起国内货币供给的上升（下降），造成 LM 曲线向右（左）移动。但此时，经常项目就不是通过利率影响资本流动进而影响汇率来恢复均衡，而是通过货币供给扩张（收缩）和 LM 曲线右（左）移造成国内收入的上升（下降）来体现失衡。

相比资本完全不流动的情况，在资本不完全流动的情况下，BP 曲线就会从水平线变成斜线。面对外部的利率冲击时，资本流动和汇率变动就都会受到限制，这导致 IS 曲线移动不充分。这样，最终的均衡点也会发生移动而表现出隔离失效。具体来说，如果面临外部需求上升（下降）的冲击，在国内需求不变的情况下，也会使得 IS 曲线右移（左移）。但是由于资本不完全流动，国际收支的顺差（逆差）通过资本流动引起的本币升值（贬值）幅度就不足以完全恢复国际收支的平衡。而与此同时，国际收支的顺差（逆差）就还会引起外汇储备和国内货币供给的上升（下降），造成 LM 曲线向右（左）移动。此时，经常项目的再平衡就不仅仅是直接通过顺差（逆差）造成的资本流动和汇率变化，还需要部分的借助货币供给扩张（收缩）和 LM 曲线右（左）移造成国内收入的上升（下降）来实现新的均衡。由于 IS 曲线不会完全回到初始的位置，因而就需要 LM 曲线的配合移动。所以在资本不完全流动的情况下，浮动汇率也不能完全隔离外部冲击。

换言之，资本完全不流动就没有溢出和协调，而资本不完全流动又比资本完全流动情况下的溢出和协调压力小。

3. 汇率预期和 MF 模型

在前面的分析中，我们实际假定人们将每一天的汇率水平看成是稳定的，没有对汇率变动的预期，更没有对政策变动及其可能效应的预期。而如果考虑到汇率预期以后，浮动汇率条件下的短期隔离特征也会有所变化。

在外国需求冲击、出口增加和静态汇率预期的条件下，本币升值就可以恢复国际收支均衡。但是，如果本币升值引起了人们对未来货币贬值的回归性预期，在货币供给不变的情况下，就会导致实际货币余额增加。结果在这个模型的分析框架内，就只有通过实际收入的增长来平衡，也就是需要将短期分析长期化。

在出现外国利率水平上升冲击的情况下，如果不存在汇率预期，将直接造成资本流出和本币贬值，从而带动出口和 IS 曲线的右移来恢复均衡。但是，在存在回归性预期的条件下，又会引起货币升值的预期，因此，贬值的幅度就会减小。结果长期增长效应也有助于更快并且以调整幅度更小的方式恢复均衡。

总之，在存在回归性预期的条件下，就像存在资本不完全流动的情况那样，国内利率水平并不是与国外利率水平时刻紧密地联系在一起，长期因素抑制部分短期因素的作用。尽管在长期内原有的结论依然成立，但是在短期内却可以部分地改变原有的结论，至少在短期内隔离就不再成立了。

从对溢出的分析看，当存在预期时溢出的效应就会下降。

4. J 曲线效应

我们已经看到，在 MF 模型中，各种政策和外部冲击的效应取决于一系列假定条件。但是在这其中还有一个隐含的重要假定，就是除了马歇尔—勒纳条件，还不能存在 J 曲线效应。这样，在整个调整过程中，不仅进出口具有完全的价格弹性，而且不存在调整的时间差，汇率的变动可以导致经常项目的瞬时改善。否则，在蒙代尔—弗莱明模型的分析中，有关扩张性货币政策通过经常项目顺差来发挥作用的结论在短期内就有可能受到削弱。当然，在长期内，J 曲线效应不会永远存在，扩张性货币政策最后还是会按照蒙代尔—弗莱明模型的逻辑发生预期的效应。

但是我们由此提出的问题是在短期内（宏观经济政策的国际调节在很大程度上也是一个短期问题，因而更多的涉及货币政策而鲜有谈及结构问题），经常项目和资本项目同时存在赤字的情况下，外汇市场如何出清？多恩布什（1976）基于 MF 模型，将理性预期、黏性价格以及汇率和价格变动的不一致性等假设纳入模型，并用非抛补的利率平价关系取代了国际收支平衡条件，得出了浮动汇率制度下货币政策调整将导致汇率超调的结论。在短期内，汇率水平就可能上升到高于不存在 J 曲线效应的水平，即汇率超调，越过均衡值，也超过维持货币市场均衡的水平。当然，汇率超调将可能造成资源配置失当以及外汇市场上的过度投机，因此货币当局应当干预外汇市场以避免汇率过度大幅波动。

从本书所关心的主题看，刚刚下降一些的宏观经济政策国际协调需求又再度上升，而且在短期内变得尤为迫切了。

5. 财富效应

在基本的蒙代尔—弗莱明模型中还有一个重要的假定，即不考虑财富效应的作用，特别是不考虑财富效应对货币政策和财政政策效力的影响。

事实上，由于货币贬值导致经常项目盈余，本国居民积累外国财富，使财富水平上升。又由于对货币的需求和支出函数具有正的财富效应，就会使得货币需求上升，引起国内利率水平上升，货币升值。通过经常项目，这又会带动 IS 曲线左移，整个经济体系偏离均衡位置，隔离效应也受到削弱。

6. 总供给，实际余额效应和汇率水平

MF 模型的一个重要假定是国内产出价格不变。但是很显然，国内产出的价格与国内企业的经营相关，本国企业也是按照国内市场上的商品价格进行决策的。但是在开放经济中，价格指数应该能够随着本国汇率水平的变化和外国价格水平的变化而变化，从而对实际货币余额、供给和需求以及政策有效性都会产生影响。

MF 模型还隐含的假定是工人关心的只是名义工资，存在货币幻觉而不关心实际工资。当然，在价格不变的条件下，这两种工资区别不大。但是，如果汇率的变动所引起的价格水平变化导致实际工资的相应变动，而企业还是根据名义工资来决定雇佣政策，就会对供给产生影响。这样，MF 模型就会变得更加复杂。

事实上，我们在这里考虑到的这些问题在后来 NOEM 的研究中都得到了说明。

三　两国 MF 模型条件下的溢出和协调

宏观经济政策的国际协调实际上涉及的问题包括各国经济的相互依赖、隔离与溢出和各国政府通过协调经济政策可能获得的潜在收益等。前面我们已经通过变换基准 MF 模型的视角从外部冲击给本国经济造成的溢出和隔离效应进行基本说明。

对于各国经济之间的相互依赖，特别是多期重复博弈条件下的溢出和政策博弈等问题，仅仅依靠在一国模型中引入外部冲击很难进行清晰的说明，必须引入两国模型来说明这种相互依赖关系。这不仅是因为，如果我们认为国际经济政策协调的收益应该以全球产出最大化来衡量的话，一国模型显然就力不从心了，而且还因为一国模型也无法反映在协调收益分配中可能存在的问题，即什么时候协调是共赢的，而在什么情况下一个国家的政策可能是以邻为壑的。

1. 两国 MF 模型和各国经济的相互依赖、隔离与溢出

我们利用 MF 模型的框架来分析各国经济的相互依赖，特别是说明当一个国家改变宏观经济政策时所出现的溢出效应。在一国模型中，由于国际因素只表现为外部因素对本国经济的影响而没有分析本国政策对外国的影响，只能说明外部冲击对一国经济的影响。而在两国模型中，本国（外国）政策对外国（本国）经济的影响就得到了显现，在分析一国政策在开放经济条件下对本国经济的影响同时也可以包括对外国经济的影响。

一个两国的 MF 模型大致是由五对方程以及全球的均衡条件构成的系统。第一对方程反映了货币市场的均衡条件，第二对方程表示总需求关系，第三对方程则显示了资本完全流动和静态汇率预期，第四对方程说明了工资与价格的关系，第五对方程描述了价格关系。最后是均衡条件，国内利率等于国际利率水平。而且两个国家是对称的：每一个国家都只生产一种贸易品，并且这种贸易品是外国产品的不完全替代物。另外，每个国家都面对资本完全流动的

国际环境。但由于是两国模型，而且规模是对称的，所以任何一个国家利率的变动都会影响国际利率水平的同方向变动。这与基准的MF模型中小型开放经济只能作为世界利率水平接收者的情况完全不同。

另外，还存在三种国际传递机制：①通过经常项目传递的收入—支出渠道，且一个国家的对外依存度越高，这种效应就越明显；②通过利率水平和资本项目渠道实现货币冲击的国际传递，这种效应的大小主要取决于一个国家实际部门和货币部门的关联程度和资本管制情况；③通过贸易条件实现相对价格调整的国际传递机制，其调整和传递速度取决于价格黏性和一个国家价格与工资的关系，即货币幻觉问题。

为了避免复述一般性内容并贴近现实情况，我们重点说明浮动汇率条件下的情景，固定汇率的情况仅作为对比分析。并只分析基准情景，不放松前述假定。

（1）浮动汇率条件下货币政策：利率冲击

扩张性货币政策首先将 LM 曲线向右移动，对本国的利率水平产生一种向下的压力，进而导致国内收入增加。通过边际进口倾向，本国收入的增加引起外国收入的增加，并且在外国货币供给不变的情况下，引起外国利率水平上升，IS^* 曲线也向右移动。这是本国货币扩张造成本国收入上升并引致外国出口上升的初步影响。但是两国的利率水平不相等，没有实现最终均衡。

毫无疑问，本国利率水平下降引起的资本流出使本国存在国际收支赤字的倾向，引起本币贬值。结果本国货币贬值刺激了出口，造成收入进一步扩张，IS 曲线向右移动。同时外币升值则使得外国出口下降，$IS^{*\prime}$ 向左移动。由于本国货币贬值出口上升造成的利率上升，而在外国货币升值出口下降导致利率下降，这样均衡利率不会高于初始的利率水平。从最终的结果看，浮动汇率下的货币扩张是一种以邻为壑的政策，即本国收入的增加是以外国收入的下降为代价的。

(2) 浮动汇率下财政政策：需求冲击

本国财政扩张表现为 IS 曲线向右移动，导致收入增加和利率水平上升。本国收入的增加通过边际进口效应也引起国外收入增加和利率水平的上涨。与此同时，国内财政扩张引起的利率水平上升引起本国资本净流入和外国资本净流出，在浮动汇率条件下，这引起了本国国际收支盈余和外国国际收支赤字的倾向，导致本币升值和外币贬值。汇率变动增加了外国的出口，同时减少了本国的出口。这又使得本国的 IS′ 曲线回移（但显然不会回到初始位置），外国的 IS*′ 曲线进一步移动。最终使两国的收入都得到净增长。

(3) 固定汇率条件下的货币政策和财政政策

在固定汇率条件下，国内货币扩张给利率水平带来的影响引起了资本外流和本币贬值的压力。为了防止汇率波动，中央银行必须干预外汇市场，卖出外币买入本币，结果使得外汇储备的减少正好等于货币扩张的幅度，货币供给又回到原来的水平。此时货币政策就是无效的。但是如果固定汇率是通过外国钉住本国货币来维持的，那么外国中央银行为了防止升值就需要买入外币。结果，本国扩张性货币政策也同时引起了外国货币供给的增加。我们下面的分析采取折中的方式，说明两国同时干预的情况。

本国扩张性货币政策使得 LM 曲线向右移动，导致本国利率水平下降，并刺激了收入的增加。而本国收入的增加，通过边际进口倾向的作用，使外国出口增加，收入提高，IS* 曲线向右移动到 IS*′，同时引起外国利率水平的提高。本国利率水平的下降造成了资本外流和外国货币供给的增加，如果两国同时干预，外国中央银行干预使得 LM* 向右移动。但是由于此时本国存在国际收支赤字，贬值压力和干预导致外汇储备减少，国内货币供给下降，又会使得 LM 回移（但是同样不会回到初始位置）。与此同时，LM 的回移意味着本国货币贬值压力下降，对外国产品的进口需求逐渐上升，所以会推动 IS* 继续右移。最后，扩张性货币政策会在固定汇率条件下引起全球性货币扩张和价格和产出上涨。

本国的扩张性财政政策会引起国内收入和利率水平的提高，引起 IS 曲线向右移动。国内收入的提高增加了对国外出口品的需求，从而使外国的 IS* 曲线右移。但是本国利率水平的上升造成外国资本的流入。如果两个国家都努力维持汇率的稳定，同时进行外汇市场干预，资本流入就会同时增加本国的货币供给，减少外国的货币供给，表现为 LM 曲线向右移动，LM* 曲线向左移动（但是也不会回到初始位置）。最后，两国的收入都实现了增长，而且世界的利率水平也会上升。

综合上述四种情况的讨论，我们可以看出一个国家的宏观经济政策会对其他国家产生溢出效应。但是，正如我们对基准的蒙代尔—弗莱明模型进行的扩展分析一样，两国的蒙代尔—弗莱明模型也只是一种高度简化的简单模型。不过，由于两国 MF 模型的情况更加复杂，作为特例的隔离出现的概率可能更小。溢出就可能成为国际经济中的一个常态。

2. 国际经济政策协调的潜在收益：静态博弈模型

两国模型实际上等于放弃了小型开放经济假定，此时一个国家宏观经济政策的变动就可能对世界其他国家产生不可忽视的溢出效应。就溢出效应的程度来看，它取决于汇率制度、资本流动性以及工资和价格机制，还需要结合这些国家的经济形势和政策倾向而定。由此产生的问题就是：是否应该以某种方式协调各国的宏观经济政策，以便对实际各国都产生可以接受的结果？进一步讲，如果预期到对方可能的反应，我们应该制定怎样的政策？

对于如何实现协调的问题，Cooper（1969）研究一个具有对称性依赖的两国模型时归纳出三种政策体制：内部非协调体制，即一种政策的制定只是为了实现一种政策目标，忽视可能对其他目标产生的副作用；内部协调体制，即协调使用多种政策工具去平衡地实现多种国内目标；外部协调体制，即联合使用各种国内和国际政策实现所有国内和国际目标①。从理论上说，非合作决策要实现帕累托最优的必要条件是所有国家的政策目标和偏好相同。而在现实中，这个条件很难得到满足。因此，实现最优的政策目标就需要国际协调。

为了从理论上说明国际经济政策协调的利益，一般可以使用寡头竞争情形下的囚犯困境展开博弈分析。由于对政策博弈的分析是宏观经济政策国际协调的基础和起点，此时还没有出现合作与协调，所以使用非合作博弈是合理的。

假定在一个静态博弈模型中，只有本国和一个外国，每一个国家都试图针对通货膨胀冲击确定最优的货币政策。通货膨胀和相应的货币政策影响可以使用痛苦指数（失业和通货膨胀之和）来衡量。表2—1表现出两个国家的支付矩阵，每一个方案包括对每个国家货币政策引起的痛苦指数。面对通货膨胀冲击，两国都实行紧缩政策是最优选择（遭受通胀影响的痛苦指数是－2）。如果两国都实行宽松的货币政策，谁也享受不到贬值和出口增加的好处，而且通货膨胀进一步加剧，因此痛苦指数上升到－5。但是如果一个国家出现背叛，实行宽松的货币政策，则可以在加剧通胀基础上获得贬值和出口增加的好处，痛苦指数减少5而达到0，而维持紧缩的国家则在维持通胀不变的基础上痛苦指数增加了5而上升到－7。反之亦然。

表2—1　　　　　　　　　　囚犯困境和纳什均衡

	外国紧缩性货币政策	外国宽松性货币政策
本国紧缩性货币政策	－2，－2	－7，0
本国宽松性货币政策	0，－7	－5，－5

---

① 值得注意的是，在这里他将外部协调体制定义为实现所有国内和国际目标，这比后来文献强调宏观经济政策国际协调的目标界定为全球最优，至少在理念上要更合理。

如果每个国家都追求使自己痛苦指数最小的货币政策,力图贬值并且同时假定外国紧缩,那么,不论外国采取紧缩性货币政策还是宽松的货币政策,只要本国采取宽松性货币政策就都可以实现最低的痛苦指数。在外国紧缩的情况下,本国也紧缩的痛苦指数是-2而本国宽松的痛苦指数是0,本国宽松占优;在外国宽松的情况下,本国紧缩的痛苦指数是-7而本国宽松的痛苦指数是-5,依然是本国宽松占优。同样,对于外国来说,不论本国采取紧缩性货币政策还是宽松的货币政策,也只有采取宽松性货币政策的时候才能实现痛苦指数最低。

毫无疑问,两国同时宽松并不是最优方案。如果它们能够达到同时紧缩的结果,就会实现帕累托改进。但是在两国之间没有协商或缺乏信任的博弈过程中,这是难以实现的。如果两个国家决定进行合作,预见到本国政策可能给对方带来的结果以及对方可能采取的政策都会偏离帕累托均衡,而是通过沟通和协商达成共识,才可以达到合作博弈的最优结果。为了使合作最优的结果成为持久的均衡,两国还必须作出约束性的承诺,以避免出现可能的背叛行为。例如,当本国确定外国将维持紧缩的货币政策,就形成了一种采取欺骗行为的刺激:通过采取宽松性货币政策达到降低自己痛苦指数到最低的目的。因此,两国同时宽松显示的是一种纳什均衡非合作解,而同时紧缩则是一种合作的最优解。

第二节 蒙代尔—弗莱明模型的发展和向第二代模型的转变

前面我们回顾的对政策溢出、隔离和协调的一般性分析,实际上成了对宏观经济政策国际协调研究的基础和起点,并对此后的研究产生了重要的影响。目前最新文献中所使用的模型基本框架,依然可以清楚的看到这些痕迹。事实上,正如我们在第一章中所说的那样,宏观经济政策的国际协调是世界经济的一个核心问题,所以，即使不是专门研究宏观经济政策的国际协调，这些问题本身也当然应该是国际经济学研究和发展的一个重要抓手。

一 DD-AA模型：汇率取决于资本流动和利率平价

与蒙代尔—弗莱明模型描述了利率和产出间的均衡关系不同，Krugman为了阐明产出与短期汇率的关系，在与Obstfeld合著的《国际经济学：理论与政策》一书中提出了DD-AA模型。这个模型与蒙代尔—弗莱明模型的假定条件类似，都假定：短期内价格水平不变；经济存在非充分就业，产品市场的均衡取决于总需求；资本完全自由流动。但是与蒙代尔—弗莱明模型不同的是，DD-AA模型中的汇率决定是基于非抛补的利率平价，而不是国际收支。显然，这一假设更加真实地反映了在当前国际金融市场上资本流动对汇率影响越来越具有决定作用的事实。这样，DD-AA模型包含了产品和资本两个市场，二者分别处于均衡状态时汇率与产出之间的关系就构成了DD曲线和AA曲线。

DD曲线与IS曲线的决定方程类似，只是IS曲线反映的是利率r与国民收入Y间的关系，而DD曲线则体现的是汇率E与国民收入Y间的关系。由于产品市场均衡时总供给等于总需求，所以汇率与产出之间的关系可以表示为一条曲线，即DD曲线。

DD-AA模型假设开放经济体的资本市场由外汇市场和国内货币市场构成，所以当两个市场同时均衡时，资产市场才能达到均衡。AA曲线就是将以上两式联立，当外汇市场和国内货币市场同时达到均衡时，并表示为产出与汇率之间所有组合的函数关系。

DD曲线与AA曲线的交点即是商品市场、外汇市场和货币市场同时达到均衡时利率与汇率的组合。

这样，当国外利率上升时，外币资产预期收益增加将使得外汇市场上的外币需求增加，外币升值。在国内货币供给不变的情况下，固定的国内利率将给本币带来贬值压力。结果，在固定汇率制度下，国内货币当局必须要在外汇市场上抛售外币并买入本币，由此造成实际货币供给收缩,以便货币市场和外汇市场重新达到均衡。这时汇率维持在 E 不变,但国内利率上升。所以和 MF 模型一样,在固定汇率制度下,该国货币政策未能实现独立性;而在浮动汇率制度时,由于货币当局无须干预汇率,实际货币供给不变,国内利率 R 也保持不变。外汇市场均衡时的汇率水平则出现贬值。实际上是用汇率浮动换来了利率的稳定,保持了货币政策的独立性。这一点也和 MF 模型一样。

实际上在固定汇率制度下,当国外利率上升时,货币当局为维持汇率稳定相当于收紧了货币供给或实施了紧缩性的货币政策,在汇率不变的情况下,这意味着产出要相应下降。在达到新的均衡后,总产出下降。而在浮动汇率制度下,本币的贬值增加了货币需求,同时带来经常账户和总产出的改善并达到均衡。

因此,当同样面临国外利率冲击时,固定汇率和浮动汇率制度带来的产出效应是不同的。在浮动汇率制度下,通过汇率的浮动可以隔离国外货币政策调整对国内货币市场的传导,从而使得国内货币政策保持独立性,但即使如此,总产出仍会受到国外利率调整的影响,无法实现传统理论所预期的那种隔离效应,只不过产出是增加的。而在固定汇率制度下,国外利率的提高使得国内货币供给和产出下降,国外的紧缩传递到了国内。

比较蒙代尔—弗莱明模型和 DD-AA 模型我们可以发现,国外利率上调都会造成本国货币贬值的压力,但蒙代尔—弗莱明模型中汇率贬值是由于资本外流造成的国际收支恶化,而 DD-AA 模型则直接是由于资本市场上的利率平价条件决定了本币贬值。但是在两个模型中都假设马歇尔—勒纳条件成立,本币贬值也就都可以使得净出口增加,从而推动总产出增加。在浮动汇率假定下,汇率变化主要将通过贸易渠道影响国内经济,而且央行不必买卖外汇以维持汇率,因而在国内货币供应不变的情况下直接依靠出口增加恢复了内外均衡,结果货币政策并未受到国外利率调整的影响,保持了独立性。固定汇率则正好相反,央行维持汇率稳定的努力使得国内货币紧缩，最终使得产出不升反降。

因此，蒙代尔—弗莱明模型和 DD – AA 模型只是传导不同但冲击的结果相同。

二 开放经济下的 AD – AS 模型：引入价格变动

蒙代尔—弗莱明模型和 DD – AA 模型均假设短期内价格水平不变，而 AD – AS 模型则将价格引入纳入模型之中，考察了价格水平和国民收入之间的关系。模型包含商品市场、货币市场、外汇市场和劳动力市场。

总需求曲线代表一国在每一价格水平下对总产出的需求总量。当价格水平上升时，实际货币供给下降将导致利率上升，进而造成投资下降。同时，价格水平上升还将造成实际汇率水平下降，导致净出口减少。所以，总产出与价格水平之间存在反向变动的关系，AD 曲线在图上可表示为一条向右下角倾斜的曲线。

总供给是一国在每一价格水平上提供的产出总量。当价格水平上升时，将导致实际工资水平下降，进而提高了对劳动的需求。劳动力投入的增加带来了总产出的提升。所以短期总供给与价格水平之间呈正相关关系，是一条向右上方倾斜的曲线。

为了说明开放经济的情况，AD – AS 模型加入了国际资本流动因素以及国内外利率和汇率的相关影响。在资本自由流动条件下，非抛补的利率平价成立。

在固定汇率制度下，当国外利率上升时，非抛补的利率平价使得本币存在贬值压力，为了维持汇率稳定，央行被迫抛售外汇储备，造成实际货币供给下降，推动利率提升。利率上升将导致投资下降，AD 曲线左移。此时价格下降，产出下降，且低于充分就业水平。这意味着固定汇率不能隔离外部冲击。

在浮动汇率制度下，国外利率上升将令本币汇率贬值，带动出口增加，推动总需求曲线右移，这将使得价格水平上升，总产出在短期内将超出充分就业水平。而从长期看，一价定律成立，且由于国外价格是外生的，保持不变，所以长期内货币贬值将被价格上涨所抵消，实际汇率不变，出口将恢复至初始水平，AD 曲线将向左回移，重新回到充分就业水平。也就是说，在长期内，浮动汇率是可以隔离外部利率冲击的。不过当一国生产对进口中间品的依赖较高时，如果出现本币急剧贬值，导致进口品价格大幅增加，将使生产成本上升，AS 曲线左移，就会出现价格上升和产出下降的情况。因此，浮动汇率的隔离作用是有条件的。

三 NOEM 与宏观经济政策国际协调的第二代模型：引入福利最大化和微观基础

传统宏观经济模型的一大缺陷是缺乏微观经济基础，开放宏观经济学也无法避免这个问题。但真实经济周期理论的兴起为宏观经济分析提供了微观基础，并在此基础上发展出动态随机一般均衡方法而成为现代宏观经济学研究的主流范式。在这个过程中，Obstfeld 和 Rogoff（1995）将名义价格刚性和不完全竞争引入动态一般均衡模型，形成了"新开放宏观经济学"，在应用到对国际经济政策协调的研究中以后被奉为第二代模型。模型基于对居民和厂商效用最大化和利润最大化行为来求解出宏观经济变量的均衡值，同时将垄断竞争、价格黏性等假定引入分析框架。另外，Redux 模型可以是一国模型，也可以是两国模型。

NOEM 模型一般包括居民部门、企业部门和货币当局。

居民部门的效用通过选择最优的消费和劳动供给实现效用最大化，其效用函数面临的预算约束包括资金的收入和支出。为了在两国模型中引入相互依赖，假定居民部门同时消费国内产品和国外产品（外国的居民部门也是对称的），因而还涉及国内产品与国外产品在国内居民消费篮子中的权重，以及它们之间的替代弹性（一般是常替代弹性 CES 函数），由此就可以推导出消费者价格指数的表达式。在上述条件约束下，就可以求解家庭部门效用最大化和最优消费结构。为了简单起见，模型一般还假定国外价格通过汇率是完全传导的，一价定律和购买力平价都成立。这样当本币贬值时，将导致以本币标价的进口品价格以与贬值幅度相同的幅度上涨。进口品价格上涨对于消费者价格上涨影响的大小有赖于其在消费者消费篮子中的比重。

企业部门处于不完全竞争状态。生产部门分为批发品和零售品的生产商两部分，雇佣家庭部门劳动进行商品生产。根据成本最小化原则，可以得出生产函数和价格函数。对最终产品的需求包含国内需求和国外需求（出口）两部分。在国内价格不变情况下，由于汇率完全传导，本币贬值使得商品的外币价格将出现同等幅度的下降，从而造成国外对国内商品的需求增加。

货币当局按照一定的规则制定货币政策。一般是在产出、价格和汇率稳定之间进行权衡。由于讨论的主要是浮动汇率情况，所以货币政策只包括产出和价格稳定两个目标。

在 NOEM 模型的框架下，当出现国外利率上升的冲击以后，国内外利差扩大首先会引发本币贬值。如果本国实行的是固定汇率制度，那么货币当局为维持汇率稳定，需要同等幅度地提高利率，货币政策就会完全丧失独立性。如果实行的是浮动汇率制度则会出现本币贬值，将导致三个方面的变化：本币贬值将改善贸易条件，推动净出口增加，进而提高总产出；由于汇率完全传递，本币贬值导致以本币计价的进口品价格上涨，居民将增加国内商品的消费，也有利于推动总产出扩张；进口品价格上涨会推动国内物价水平上升。结果，国外利率上升将使得开放的小型经济体产出和物价水平同时上升。因为如果初始处于充分就业水平，将导致增长超出潜在水平，货币政策收紧，利率水平提升。但是，进口品只是全部消费品的一部分，所以利率提升的幅度要小于固定汇率制度中利率的上升幅度。

由此我们可以看到，浮动汇率并不意味着一国的货币政策就能独立。因为汇率变化会通过贸易和价格影响国内产出和通胀水平。本币贬值对产出存在扩张效应，同时也会通过汇率的价格传递效应提升该国国内的通胀水平。在此情况下，货币当局就将收紧货币供应，导致国内外利率将同步提高，使得两国利率走势呈现较高的相关性，而且浮动汇率也难以隔离外部冲击。正如我们在前面指出过的，这一点对于宏观经济政策的溢出与国际协调理论具有重要的意义。

然而在现实中，美国经济在 2015 年后持续加息，许多国家被迫跟进加息却不是为了抑制经济增长过热，而是由于资本流出和货币贬值压力加大导致了国内经济下行压力骤增。造成这种情况的原因可能是 NOEM 的分析框架集中于贸易传导，而贸易的传导具有一定的滞后性，而使得金融市场的影响更加明显。但是，金融市场的反映实际体现了对贸易传导的预期。贸易的实体经济渠道依然是基础性的，金融市场只是将这种变化提前反映出来了。如果不考虑市场调整差异造成的超调效应，则 NOEM 依然是可信的。

因此，在 Hamada 以后，NOEM 已经成为进行有关宏观经济政策国际协调分析的基准模型。

第三节　收入弹性对浮动汇率隔离效应的挑战

应该看到，对国际经济政策协调的需求源于浮动汇率隔离的失败，而浮动汇率隔离失败的证据在扩展的 MF 模型中就得到了表现，在 NOEM 模型中表现地更彻底。不过，有意思的是，对政策协调的研究一直是以对溢出效应的判断并在此基础上进行协调收益的估算为核心内容的，并且不论是在传统宏观经济模型还是在 NOEM 模型的框架下，对溢出效应的研究都与汇率的传导效应有关。在 NOEM 模型中，正是由于汇率传导造成了价格波动，而价格波动影响了家庭消费和厂商的生产决策，比如在消费篮子本国产品和进口品的比重，以及价格波动在影响了家庭消费福利以后，造成了劳动供给和工资的变化并给厂商生产决策带来影响。

但是，如果溢出效应本身与汇率传导没有关系，或者汇率传导本身又受到其他因素的制约，那么建立在现有溢出机制基础上国际经济政策协调的理论即使不能被推翻，相关的研究也需要进一步深化，必须作出进一步的补充或完善。

一般来说，造成贸易品需求变动的原因可以分解为收入效应和价格效应，在计量研究中，一般利用收入弹性和价格弹性来考察进出口贸易（国际收支）对国内外收入与价格变动的敏感度。由于汇率通常可以理解为国内外相对价格，常被直接加入到进出口需求或贸易收支方程，而且由于数据较易获得、理论基础较为简单和政策参考价值大等原因，在理论和实证研究中，相比收入弹性，汇率与贸易收支关系的研究更为丰富，受到的关注也更多。

贸易收支弹性分析相关研究多采用局部均衡或一般均衡模型。代表性的 Armington 替代弹性假定同一市场上所有产品的替代弹性是相同的，极大地方便了建模分析。

1. 汇率弹性和汇率传递

汇率对贸易收支的影响，可以追溯到马歇尔—勒纳条件，但马歇尔—勒纳条件只是考虑汇率短期影响并假定汇率变动完全传递的一种特殊情形。而后来的研究具体到汇率与贸易产品价格的汇率传递机制。

一般来说，汇率弹性模型是建立在汇率完全传递的基础上的，否则汇率对国际收支的影响可能就是有限的。但大量研究显示[①]，发达国家汇率传递效应较低且 20 世纪 90 年代后不断下降，而发展中国家的汇率传递效应相对较大。总体而言，汇率传递效应是不完全的（Menon，1995）。如果再考虑到汇率传递存在时滞，数量调整对相对价格变化作出反应的穿越效应也存在滞后，分析汇率对国际收支的影响就会变得更加复杂。

[①] 代表性的文献包括 Campa 和 Goldberg（2005）、Barhoumi（2006）、Choudhri 和 Hakura（2006）、Frankel 等（2012）等。

对汇率传递的解释有从宏观角度，如通货膨胀、经济总量、工资水平、双边贸易距离等因素展开的（Taylor，2000以及Frankel等，2004），但更多是从价格黏性、配送成本和依市定价等微观层面展开①，且未取得一致意见。汇率传递的差异是各国的比较优势和经济结构造成的，并且集中在国际收支的收入弹性上。

2. 国际收支收入弹性的假说

依据汇率传递思路展开的各项研究最后得到了"汇率不相关之谜"的结论②，使得研究者不得不扩展视野，在贸易收支的价格弹性之外将收入弹性纳入分析③。

Johnson（1958）最早指出由于一个国家自身的进口收入弹性和其他国家对其出口的收入弹性的变化，贸易收支顺差和逆差的方向将会发生转变。在给定价格且两国收入增长相等时，如果一国进口的收入弹性大于其他国家对其出口的收入弹性，则该国的贸易收支将会恶化。而Houthakker和Magee（1969）经验研究发现：进出口贸易的汇率弹性相比收入弹性要小得多；部分国家进口的收入弹性和出口的收入弹性不对称，且差异较大，如日本的进口收入弹性远低于出口收入弹性，而英美国家的进口收入弹性明显高于出口收入弹性。而且新兴经济体出口收入弹性大而进口弹性小，因而会呈现贸易顺差，但发达国家则相反。Krugman（1988）进一步发现一国的出口收入弹性和进口收入弹性之比基本等于其本国的收入增长

---

① 这方面的文献很多，如Engel（2004）和Gopinath等（2010）对价格黏性、Burstein等（2003）和Corsetti和Dedola（2005）对配送成本、Atkeson和Burstein（2008）和Knetter（1994）对依市定价的研究等，不一而足。

② 例如，Goldberg和Knetter（1997）、Obstfeld和Rogoff（2002）、Devereus等（2003）基于宏观或行业数据的研究发现汇率波动对出口价格影响程度较低，而Campa和Goldberg（2005）和Goldberg和Campa（2010）则提出了"汇率不相关之谜"。

③ 很多学者提出汇率和贸易收支的相关性在不断下降，但是下降并不意味着汇率对贸易收支没有影响，关键是如何测算汇率对贸易收支的影响。一种常见做法是直接将汇率替代价格加入贸易收支方程（进出口需求方程），在双边贸易实证研究中也很常见，但是这种做法面临较强的内生性问题。因为当一国贸易收支顺差时，本币就会面临升值压力，很难说清楚汇率和贸易收支的因果关系，即使用贸易收支方程进行回归得到的结论是不可信的。

率与其外部收入增长率之比,即所谓"45°规则"。

3. 收入弹性对宏观经济政策协调的含义

总的来说,收入是通过影响实际进出口需求或进出口量,而在短期内实际需求变动较小,因此收入更多是影响长期贸易收支的走势。在其他条件不变时,当出口收入弹性和国外经济增长上升时,贸易收支就会出现盈余;当进口收入弹性和本国经济增长上升时,贸易收支就会出现赤字。长期看,价格波动会上下抵消,相对平稳,汇率变动对贸易收支的影响在长期内应该是中性的。但是在短期平衡分析中,收入变化对贸易收支变化的影响应该很小,汇率对贸易收支额的影响更明显。当然,本币贬值在短期内能否改善贸易收支逆差还取决于进出口价格弹性以及进出口价格的汇率传递程度,在长期内则主要取决于进出口的收入弹性和国内外经济增速。

尽管对收入弹性的实际测算还存在不少问题,包括用于实证检验的标准模型是进出口需求由实际收入水平和相对价格决定时,如何识别收入弹性和价格弹性,特别是在进出口商品并非国内商品的完全替代品情况下,甚至供求弹性都是时变的。但是,这些研究意味着再使用汇率工具应对溢出效应时,不仅效果会打折扣,而且本身也是不充分的。在传统研究宏观经济政策国际协调的 NOEM 基准模型中,不仅需要考虑短期汇率弹性和价格弹性的溢出效应,也需要考虑长期内收入效应。所以我们在后面将提出,宏观经济政策的国际协调不仅仅要依靠货币政策和汇率,更要依靠结构性调整的政策才能真正有效。

第四节　对浮动汇率隔离效应的反思:从三难选择到两难选择

随着金融一体化程度不断加深,国际金融市场正逐渐成为一个联系密切、不可分割的整体,影响货币政策效果的新因素和新机制不断涌现,以"三元悖论"为代表的传统开放经济分析框架正面临新的挑战。Rey（2013）提出"二元悖论"，认为资本的自由流动与一国货币政策独立性这两者之间不可兼得，而且与其采取何种汇率制度无关。Dornbush（1976a，1976b，1976c）在20世纪70年代的一系列文章中就已经提出，现实中并不存在完全不加干预的"清洁浮动"汇率制度。由汇率超调导致的源配置失衡和外汇过度投机使得中央银行不得不去干预汇率，从而必定牺牲了货币政策的独立性。也就是说，由于现实中就没有理论上的那种自由浮动汇率，那么自然也就没有了三难选择。Rey（2013）发现全球资本流动、杠杆率、信贷增长、资产价格的变化以及世界市场的风险规避与不确定性都呈现出协同变动的特点，都遵循全球金融周期的规律，而全球金融周期的一个重要决定因素是中心国家的货币政策，并通过中心国家的货币政策向全球溢出，导致传统的"三元悖论"失效。这无疑向经典的"三元悖论"理论框架提出了挑战。

此后，Ahmed和Zlate（2014）、Rose（2014）等人的研究也支持了"二元悖论"，但同时也有一些研究对此表示了质疑。Aizenman等（2016）研究发现，即便是在全球金融一体化程度加深，全球金融周期波动趋于一致的情况下，外围国家汇率制度的选择仍然会影响其货币政策的独立性。Klein和Shambaugh（2013）利用利率平价模型研究发现，在资本自由流动的条件下，全球金融周期的存在虽然会削弱浮动汇率制度国家货币政策的独立性，但这不意味着丧失了汇率制度选择的意义，"三元悖论"仍然在一定程度上成立。Obstfeld（2015）归纳了发达经济体影响新兴市场国家货币政策的三个主要渠道：直接的利率联系渠道，也就是利率平价条件；金融周期渠道通过影响风险溢价的变化引发中心国家货币政策和金融状况向其他国家的跨国传导；外币信贷渠道，也就是当一国银行参与到全球美元借贷后，美国货币政策和利率的变化就会对该国银行资产负债表和借贷活动造成较大冲击。由此来看，"二元悖论"与"三元悖论"的根本分歧存在于"浮动汇率国家是否能保持货币政策独立性"。如果能回答"为什么浮动汇率国家的货币政策无法保持独立性"这个问题,也就阐明了"二元悖论"的经济学逻辑。

货币政策的独立性实际上可以更准确地表达为在开放经济条件下货币政策的有效性,而货币政策的有效性可以包括三种含义:一是货币当局能够根据国内经济形势自主调节货币供应量;二是国内利率不随国外利率的变动而是根据国内经济形势自主调节;三是货币政策的反应函数对国内经济情况的变化比对国外货币政策调整的反应更显著。由于越来越多的国家选择以实际利率作为中介目标,利率取代了货币供应量成为各国央行主要的货币政策工具,所以第二、三种判定标准更加适用。

传统观点和分析框架认为,一国货币政策的独立与否与一国实施的汇率制度和资本开放程度密切相关,三者之间的相互关系被形象地归结为"三元悖论"。因此在资本自由流动的情况下,实行自由浮动的汇率制度时,一国可以实现货币政策的独立性,而如果实行的是固定汇率制度,则无法实施独立的货币政策。

造成"三难选择"变成"两难选择"的原因是随着金融全球化和自由化,新兴市场非金融企业取代主权政府成为国际金融市场融资的主体,融资货币也以美元等发达国家货币为主并导致日益严重的货币错配,货币错配又使得这些企业的资产负债表极易受到美元信贷环境和美联储货币政策调整的冲击。在资本自由流动的条件下,一国对外融资造成直接和衍生的本外币资产交易超过有贸易背景的外汇交易,成为影响一国汇率水平的重要因素。根据金融加速器理论,资产负债表结构的变化会改变企业的外部融资成本和投资决策,将会放大冲击对宏观经济的影响。在这种情况下,只要货币当局执行充分就业和稳定物价的利率规则时,就不得不需要通过利率调整作出反应。

对于宏观经济政策的国际协调而言,从三难选择变成两难选择意味着只要有不论哪种形式的资本自由流动,不论采取什么样的汇率政策,货币政策都无法保持独立,也就是无法按照本国政策决策者的愿望进行调节以达到预期的目标。在这个意义上说,只要有资本自由流动,则客观上的宏观经济政策协调就是不可避免的,就是市场驱动型的。

第三章

宏观经济政策国际协调理论回顾

尽管国际经济学的研究不可避免地要面对或涉及宏观经济政策的国际溢出、隔离效应，甚至也不可避免地涉及国际经济政策的博弈和协调等问题，但是所有这些研究还都是服务于国际经济学体系的建立，并不是独立作为一个专门的研究课题。在实践中，这些问题在国际金本位时代就已经出现了，在第一次世界大战以后更体现为当时主要国家的协调努力。第二次世界大战以后，随着主要国家宏观经济政策的广泛实施，对宏观经济政策国际协调问题的专项研究也随之展开。

第一节 宏观经济政策国际协调的理论回顾

正是由于宏观经济政策国际协调是一个具有极强理论性和现实意义的课题，不仅引起了大量学者的研究兴趣，而且他们当中有不少从博士时代就开始涉足宏观经济政策的国际协调问题。许多国际著名经济学家从各自的专业角度都曾经先后参与其中，包括 Sachs（1983）、Taylor（1984）、Frankel（1986）、Goldstein 等（1988）、Blanchard（2013）、Fisher（1987）、Engel（2015）、Eichengreen（1985）、Williamson（1987）、Obstfeld 和 Rogoff（2002）、Mundell（2013）、Krugman（1988）等。因此相对说来，有关国际宏观经济政策协调的文献是比较丰富的,讨论的问题也相对全面,并且可以归纳为四个部分。

一 宏观经济政策国际协调的原理:必要性和可能性

一般而言,宏观经济政策国际协调这个问题提出的站位,或者说宏观经济政策国际协调的目标,常常是基于一种世界政府的视角:即宏观经济政策国际协调的最优目标是全球经济的最优化,或者说各国经济福利总和或世界经济增长的最大化,而不是某一个国家的福利最大化。从最保守的底线讲,宏观经济政策国际协调的目标至少应该是实现相关经济体之间的净溢出效应为正,不低于零且尽量大。也就是说要降低一个国家宏观经济政策国际溢出效应的负外部性,或者说一个国家的宏观经济政策不应该使其他国家的宏观经济目标恶化,也就是至少不能出现以邻为壑的局面[①]。由于宏观经济目标包括经济增长、充分就业、物价稳定和内外均衡,所以可能需要进行协调的宏观经济政策主要包括财政政策和货币政策。其中,由于货币政策(包括利率政策和汇率政策)的溢出效应最明显,因而常常是国际协调的核心。

宏观经济政策国际协调的起因在于政策的溢出效应,而政策需要进行协调的事实本身说明:第一,在全球化时代,几乎所有经济体都处于对外开放状态,经济相互依存广泛存在且相互依赖的程度

---

① 从这个意义上说,宏观经济政策国际协调的结果至少应该是帕累托最优的,也就是在不能使某些国家的福利受损的情况下增进全球福利或者集体福利。而帕累托最优可能存在两种情况:帕累托最优 I 是指在初始状态下,通过政策协调,在没有其他国家福利受损的情况下实现一些国家福利的增进。如果各国只考虑绝对收益,不考虑在国际权力竞争或市场份额等零和博弈中常常需要考虑的相对收益,就是一种比较容易达成共识和协调的情况。而帕累托最优 II 是指需要以某些国家较小的福利损失换取其他国家较大的福利收益,从而实现集体和全球福利增大的情况。这种协调需要两个条件:首先会涉及一个边际替换率的问题,即均衡点是个别国家福利损失换取的全球福利的增加是相等的,也就是这种替换总能从全球角度看获得合作收益,才能保证这种替换是有意义的,能够保证全球总福利收益的增长;其次是由于这些合作收益获得时的初始分布可能是不均衡的,因此需要进行二次分配,而且首先需要补偿给那些为了获得合作收益而受损的国家。否则没有这样的保证,就很难达到帕累托最优 II 的状态。

较高；第二，宏观经济政策的效应具有异质性，在国际间的扩散速度也是不同的。这是因为不同经济主体之间相互依赖的范围和程度不同，对相互依赖的脆弱性和敏感性也是不同的，且由于各国的经济结构不同，对同一政策冲击的传导速度和反应程度也各不相同；第三，各国宏观经济管理的目标是有差异的。总之，面对同一种冲击，各国面临的溢出效应不仅可能是有差异的，甚至可能是彼此冲突的，溢出效应给原定政策目标带来的影响也不一定是合意的。所以，需要对各国的宏观经济政策进行协调。

对宏观经济政策国际协调的原理，特别是对必要性和可能性的研究构成了对宏观经济政策国际协调研究的起点。

1. 关于政策协调的一般原理

Cooper（1967，1985）认为，从庇古和凯恩斯关于消费者与生产者个人理性决策的加总出发，不一定总是能达到社会的最优结果，而是需要从集体行动的理念出发。他认为国家间的政策竞争也不一定能导致最优的结果。只要国家间的政策决策是相互影响的，合成谬误就是一个偏离最优的典型例子。IMF和GATT等国际机构就是为了限制各国之间的政策竞争，所以各国应该彼此合作。

Galor（1986）的研究显示，分权的行为，也就是没有协调的资源价格和投资战略可能导致全球动态无效率。在南北分析框架中，北方的资本积累降低了南方在劳动力市场不完善情况下的社会成本。反过来看，南方的资源价格也会影响北方的投资决策。所以需要进行全球政策协调。

Cohen和Wyplosz（1995）在一个两国模型中对比分析了面对共同的通货膨胀冲击时以协调的和不协调的货币与财政政策进行应对的情况。他们发现在汇率波动的价格效应决定贸易波动的标准假设下，没有政策协调将导致对外国货币汇率的过度波动并引发贸易波动。而在类似欧洲这样经济关联度相当高的经济结构中，将导致货币与财政政策的效率下降。也就是说，如果缺乏政策协调，价格和贸易波动所引致货币和财政政策变动将导致汇率出现过度波动。

在现实中，如果外部冲击对称地影响到所有欧洲国家，那么贸易效应就会超过价格效应；如果外部冲击不对称地影响所有欧洲国家，那么价格效应就表现为主要溢出效应。此时，如果存在充分的政策协调，财政政策就会更具有扩张性，而货币政策相比非合作的情况就不会那么积极。

由于溢出和协调在相当大的程度上取决于各国的相互依存程度，Goto 和 Hamada（1998）使用一个产品差异化和规模收益递增模型来分析区域经济一体化对外部国家和成员国的影响。他们发现：①即使经济一体化国家之间不提高对外关税，一体化或政策协调也会在使成员国受益的同时，必然使世界其他国家的福利恶化；②为了应对这种不利局面，外部国家也会形成有违自由贸易和平等贸易原则的区域合作以补偿前一个经济一体化区域造成的福利损失。这个结论可以解释区域主义的兴起。

Baer、Cavalcanti 和 Silva（2002）研究了南美共同市场的一体化与政策协调，他们发现，特别是在阿根廷和巴西两个大国之间，如果缺乏宏观经济政策的协调将导致贸易关系紧张。因为不同的宏观经济政策将会造成双边汇率的波动，而由此导致进口商与出口商的避险行为以及贸易保护主义将使得双边贸易下降。

因此，如果没有政策协调，不仅会导致福利损失，而且会引起很多新的问题，使得原有的福利水平下降。在这个意义上说，政策协调就是必要的。

2. 实现政策国际协调的机制

运用国际收支的货币分析，Hamada（1976）研究了各国之间货币政策的相互依存。在一个 n 国博弈中，每一个货币当局信贷扩张的决策都是为了实现其目标函数的最大化。除非对国际收支的总量偏好正好与国际储备相匹配，否则古诺解和斯塔博格解都并不一定得到理论上的结果，也就是会偏离帕累托效率的合作解。这是因为在国际收支的货币分析中，国际收支的变动被认为是在国际范围内调节货币量，因此如果外汇储备的变动超过了由国内货币需求决定的国际收支，那么货币扩张就会导致国际性通货膨胀，反之亦然。

Cohen（1989）在比较了有或没有政策协调以及有或没有对政策规则承诺的四种均衡结果后发现，只有一种情况不会导致出现自相矛盾的结果，即积极的财政政策与协调的货币政策组合，而在其他所有情况下，积极的货币政策都将导致非合作均衡，也就是都会出现事与愿违的结果。只有政府承诺的合作协议才能够防止在未来出现自相矛盾的财政政策。

Camarero 和 Tamarit（1995）就 1980—1989 年西班牙比塞塔与德国马克汇率水平的决定建立两组货币方程，一个使用了德国和西班牙两国各自的经济基本面指标，而另一个使用了 ERM 和 EMS 成员国总量指标与西班牙经济基本面指标的比率作为解释变量。经验结果显示总量模型具有更高的解释力，间接支持了货币政策协调的必要性，或者说在欧洲事实上已经存在货币政策协调。

Dedola、Karadi 和 Lombardo（2013）指出，银行资产和负债市场的一体化使得各国的资产负债表约束高度相关，极大地提高了各国金融和宏观经济相互依存的程度。结果，旨在实现国内金融和信贷条件稳定的非常规政策在金融一体化的时代会造成极大的国际溢出。在一个金融中介面临外生决定的资产负债表约束的开放经济模型中，一个国家的稳定政策也将使其他国家受益。

3. 政策协调与汇率制度和货币政策

Hamada 和 Sakurai（1978）研究了在固定汇率和浮动汇率条件下的经济波动。在一个综合了短期和长期菲利普斯曲线的模型中，他们研究了国际收支和贸易条件这两种渠道导致工资与物价交错上升（staggered）的情景后发现，在固定汇率条件下，这两种渠道都会发生作用，而在浮动汇率条件下，国际收支传导被阻断而贸易条件传导依然发挥作用。当一国发生衰退的时候，在固定汇率条件下会将衰退传导给另一个国家，而在浮动汇率条件下则会将滞胀传导给另一个国家。

Krugman（1988）强调尽管在国际收支调整过程中实际汇率的变化一直是一个核心问题，但是美元的贬值效果并不符合预期。他认为财政调整能够被当作汇率调整的替代措施的观点是错误，正如认为汇率变化可以避免逆差国实际支出下降和顺差国实际支出上升一样的观点也是错误的。也许国际收支的调整不仅需要实际汇率的变化，也需要各国支出的调整。克鲁格曼的这个观点实际上可能反映了他在国际收支决定中更关注收入弹性而不是汇率弹性，同时更关注结构调整的倾向。

Hallett（1992）区分了采取汇率目标区以改善宏观经济运行的必要条件（福利的改善）和充分条件（政策协调）。必要条件虽然容易得到满足，但是在当汇率仅仅是一个中间目标的时候，由于各国模型的差异和不确定因素太多，设计一个能够满足充分条件的汇率目标却很困难。从这个角度看，汇率目标的收益至少比此前估计的要小得多。但是，汇率目标在实践上却是非常重要的，至少能够有效地确保汇率稳定，同时也是一个简单的、非常规的途径，以确保政策协调并防止政策决策者采用无效或竞争性的政策。

Hallett（1994）则进一步指出，汇率目标区，特别是当各国经济结构不同而面临的冲击相同，或者是当结构相同而面临的冲击不同的时候，永远只是一个明确的政策协调的不完全替代方案。就需要一个共同的承诺。

Corsetti 等（2000）在一个包含多国经济的模型中研究了汇率冲击的国际传导，就竞争性贬值提出了一个可供选择的理论方案。与传统观点不同，一国的货币贬值并不必然会使得贸易伙伴国贫困，因为后者也可以从贸易条件的改善中获得收益。对于贬值国的贸易伙伴来说，也不一定要实施报复性贬值，因为他们进行报复性贬值以后所导致的贸易条件的恶化可能足以抵消他们为保护出口市场份额而取得的收益。

Frankel、Schmukler 和 Serven（2004）使用 1970—1999 年发展中国家和发达国家的数据进行分析后发现，汇率制度的选择能够影响国内利率对国际利率水平的敏感度。在长期内，即使对那些实行浮动汇率的国家来说，也不能否定存在国际利率水平的传导。事实上，只有几个大型工业化国家能够在长期内选择他们自己的利率水平。当然，在短期内情况就不同了。动态估计显示，汇率更具有弹性的国家对国际利率水平变动的调整要更慢一些，这意味着他们在一定程度上具有货币政策独立的能力。

4. 政策协调的历史启示

Eichengereen 和 Sachs（1985）认为，20 世纪 30 年代金本位崩溃时期的货币贬值总是受到谴责，因为货币贬值可以使发起贬值的国家受益，但是也不一定会使贸易伙伴国贫困。尽管他们的经验研究表明，外国对贬值的报复是负面的，但是各国采取类似的政策的确也加速了大危机后的复苏。Eichengereen 和 Sachs（1986）进一步通过建立一个金本位的两国模型进行分析的结果也证明了同样的结论。

Mundell（2013）认为，在金本位或贵金属本位的条件下，货币协调是通过固定汇率（固定的黄金价格）和自由市场自动实现的。而当 1999 年欧元创立的时候开始，这些国家就如同走上了金本位的道路，唯一的区别就是出现了欧洲中央银行。毫无疑问，欧洲中央银行的出现使得货币协调非常完美，但是没有财政纪律却造成了当前欧元的问题。这种情况与美国在 1792 年时的情况类似。当时有将近 10 个州出现债务违约，但是联邦政府并没有出手相救。显然，欧洲也不应该救助危机国。而这些问题如果放在全球的角度看，欧洲和美国的问题演变成了汇率问题。这时的解决方案就应该是类似回到金本位，但不是美国稳定美元的黄金价格而其他国家钉住美元，而是美元兑欧元汇率的稳定。这是一种新的国际货币合作形式。

Eichengreen（2013）也认为，从历史上看，在美联储的政策视野中，对国际因素的考虑是不断变动的，在其成立的前 20 年，非常关注国际因素，之后逐渐下降，但是到 60 年代再度上升，此后又逐渐减少国际考虑。虽然 Eichengreen 不能保证，但是他认为在未来，美联储又会在政策决策中增加国际考虑。这不是简单的历史循环，在背后有着本质的差别。美联储未来对国际因素的关注主要是因为美国将维持开放的贸易和金融交易、新兴市场的增长将持续超过发达国家、美元将逐渐丧失其在国际市场上的垄断地位。这意味着美国经济遭受的汇率冲击将不断变大。从 2018 年美国终结货币政策正常化的动机看，国际因素的考虑的确在上升。

二 宏观经济政策国际协调的前提和条件

宏观经济政策国际协调意味着各国需要暂时克制自身的需求（或者说偏离封闭条件下的政策目标）而彼此配合，以便达到一个世界经济整体的最优结果或从个体来说的跨期最优。形成这种共同的认知是宏观经济政策国际协调的前提。而要在政策上彼此配合并达到预期效果，那么就要解决两个问题：为了达到协调的效果，各国需要怎样设计恰当的政策以便实现协调？而这首先就需要了解各国的经济结构和政策传导模型，其次就是要判断溢出效应的大小，以便确定可能的收益和需要的政策强度。这些都构成了实现宏观经济政策国际协调的前提条件。毫无疑问，认知前提是一个理念问题，而确定模型则是一个技术问题。在这里，我们假定各国已经达成了协调的理念，因此重点讨论的是技术层面的问题。当然，政策协调理念的形成在很大程度上又取决于各国对协调收益的判断。如果国际经济政策协调的收益（如何评估这个收益有不同的角度和视界，但是一般还是以各国自身的收益而不是全球收益为基础的）很低，那么真正的协调就很难出现。

1. 政策协调的收益

关于政策国际协调收益的大小，目前已有的研究文献并没有达成一致结论。造成这种情况的原因可能包括三个方面：模型没有考虑不确定性、由于政策制定者的偏好以及协调模型中可能出现的时间不一致性①。

Ghosh（1986）是一篇具有典型意义的文章。作者认为宏观经济政策国际协调的收益是模型不确定性的减函数。在实践中，大量的理论预测模型证明，政策协调的收益可能是比较小的，如果再考虑到不确定性因素，那么协调就变地更加困难。Ghosh（1991）则从另一个角度指出，经济政策效果的不确定性虽然会妨碍国际宏观经济政策的协调，但是也为政策协调提供了激励。

对于"在没有有效的国际货币协调的情况下，各种货币之间协调的稳定收益是否依然存在？"这样一个问题，Obstfeld 和 Rogoff（2002）给出的答案是否定的，来自政策协调的收益是很小的。这实际意味着在最理想的状态下，也就是从完全没有协调到完全协调，收益是有限的。Canzoneri、Cumby 和 Diba（2005）在 Obstfeld 和 Rogoff（2000）与 Corsetti 和 Pesenti（2001a，2001b）发展的政策协调基准模型的基础上，结合居民部门、垄断竞争和名义惰性最优化的假定发展了一个包括两个国家的多部门的所谓二代模型，发现政策协调收益虽然不大，但却是不可忽略的。他们认为这主要是由于以前的基准模型考虑不周全造成的。他们使用基准模型但重新校准参数以后发现，政策协调的重要性至少与对外部冲击的政策反应一样重要。

2. 政策协调的目标

Shishido 等（1980）使用 Link 模型分析了 OECD 国家在当时的复苏前景问题。他们的模型中包括发达国家和发展中国家并使用不同的结构方程来描述各自的经济，发达国家是需求导向，而发展中国家是供给导向。他们的研究发现，OECD 国家的复苏前景在很大程度上取决于这些国家能否就主要经济指标的趋同水平达成共识，而且这些指标还应该是各国能够控制的，并且是相互支持的。也就

---

① 对这个问题更详细的研究参见 Ostry 和 Ghosh（2013）以及 Hattaraiy 和 Mallickz（2015）的文献。

是说要看这些国家的经济政策是不是相互协调的。

Williamson（1987）在论述汇率目标区的时候明确指出,政策协调的目标是保证各国的财政和货币政策决策能够满足全球产出的要求。在这些目标中,最重要的是增长、低通货膨胀以及经常项目平衡。但是从短期来看,政策协调最好关注容易被观测到的中间指标。

对于各国中央银行有时会同时扩张货币以避免汇率不利冲击的动机,Lewis（1989）提出了一种解释：尽管各国政府在大多数情况下不倾向于进行政策合作,不会与其他国家政府签订固定汇率协定,但是当产出波动足够大使得进行临时的政策协调变得有利可图的时候,也偶然会出现政策协调。

3. 政策协调工具的配合

Tirelli（1990）分析了两种宏观经济政策国际协调的情况：一种是货币政策负责汇率稳定而财政政策负责控制通货膨胀,另一种是货币政策负责通货膨胀而财政政策负责经济增长目标。汇率目标区的目标是稳定实际汇率,最终是为了稳定贸易条件。在通货膨胀和产出的波动比较大的情况下,为了避免汇率失调（misalignment）,在汇率目标区情景下,名义汇率的变动会明显增加。但是,在很多国家的政府看来,即使要付出贸易条件失调的代价,它们也更倾向于稳定名义汇率水平[①]。正如 Boughton（1989）所指出的那样,国家常常把汇率水平看成是一种政治成就（原文是骄傲——笔者注）。汇率目标区的另一个问题是财政干预的程度比较高,而这可能是不可行的。而事实上,由于贸易余额的收入弹性比价格弹性高,财政干预的效果可能会更好一些。总之,为贸易条件稳定所付出的代价是相当高的,即财政工具、名义汇率、通货膨胀和产出等都会因此出现更大的波动。所以,后一种组合可能是更可取的。

---

① 在这个意义上,我们在第六章的分析中将看到,在面临外国生产率冲击时的货币扩张实际就是一种国际协调,因为它具有稳定贸易条件和实际汇率的作用。

Ferre（2008）比较了在欧洲货币联盟时期宽幅和窄幅财政政策协调的结果，结果发现窄幅的财政政策协调将导致利率、产出、通货膨胀以及平均财政赤字相比宽幅协调情景下会出现更剧烈的波动。因此，尽管动机不同，但是各成员国的财政当局都更愿意执行宽幅协调。事实上，推动宽幅协调也更有利于进行有效的对话。

因此在这里有必要强调的是，上述三篇文献实际上都强调了在货币政策国际协调之外，以财政政策为代表的结构性调整在宏观经济政策国际协调中的作用！

三 宏观经济政策国际协调的原理和传导机制

从实际内容来说，宏观经济政策国际协调是基于两国或多国宏观经济模型的联立，以特定的目标最大化求解各国政策变量并落实执行的过程[①]。一般来说，对政策国际协调的研究都会涉及国际经济相互依赖的多维性（Cooper，1985）、货币政策和汇率制度的内容（Hamada，1979）。毫无疑问，模型考虑到的机制或放松的条件越多，在模型设定和求解中涉及的技术上就会越复杂，但是越能接近实际情况。当然，如果能够准确把握决定外溢效应的主要因素和协调过程的关键特征，也能够设定出简约的模型，解释力同样会较高。

1. 宏观经济政策国际协调的分析框架

宏观经济政策国际协调的模型可以大致分为两代[②]。

蒙代尔—弗莱明—多恩布什（M-F-D）模型揭示了溢出效应，奠定了宏观经济政策国际协调研究的基础，也可以扩展到此前有关国际收支的收入模型和吸收模型，以及此后的 AA-DD 模型和 AD-AS 模型等。与传统的凯恩斯主义分析框架一样，在这些模型中，产出总存在一个空间均衡条件，价格则存在于另外一个空间均

[①] 当然在这里，最重要的实际上是协调目标的决定。

[②] 关于宏观经济政策国际协调的模型演变，不同的学者有不同的分类，这里的分类是笔者根据文献研究发展情况提出的一种观点。

衡条件，同时也可以加入资本流动或汇率的空间均衡条件。

第一代模型主要是最经典的宏观经济政策国际协调模型，起源于 Hamada（1976）的货币主义模型。这个模型是在国际收支货币主义的分析框架内，应用政策博弈来解释政策协调的收益，即各国货币当局均追求自身目标函数的最大化（基本目标是价格稳定和国际收支均衡），而各国对通胀和国际收支政策偏好之间的差异通过国际储备的变动扩散到其他国家，影响世界通胀率。

第二代模型是新开放宏观经济学模型，引入了居民部门决策的微观基础，通过两国模型的设定更加强调垄断竞争、名义和真实黏性的内容，且假设各方都有效用函数；还有信息和承诺不对称模型和博弈模型[①]。国际政策协调的收益开始变得明显。随着计量技术的发展，这一代模型在技术上主要借鉴了 DSGE 模型的思路，考虑到产品和要素在全球市场出清（通过国内价格、国外价格和汇率的调整），因而是全球均衡（global general equilibrium）的；模型反映了各经济体的结构特征，以观察政策效应在不同经济体之间的传导，以及相应的损益分布，因而是结构性的（structural）；而且聚焦财政政策与货币政策冲击的商业周期效应，即对各宏观经济目标（增长、就业、通胀、内外均衡）的短期、中期和长期效应，因而是动态（dynamic）和随机（stochastic）的[②]。因此，这类模型一般称为动态、随机、一般、均衡的全球经济模型（DSGE – GEM）（Lubik 和 Frank，2006），属于新的开放经济模型（NOEM）。目前，多国模型日渐兴起[③]，但多为静态模型（Bhattarai 和 Mallickz, 2015），而两国模型的发展也并没有停止，还在发挥重要的作用。

Levine 和 Brociner（1994）通过一个具有两种市场结构的两区模型研究了欧洲经济与货币联盟中的财政政策协调问题：一个模型

[①] 这类研究具有代表性的文献有：Kydland 和 Prescott（1977），Driffil（1988），Currie 和 Levine（1986），Obstfeld 和 Rogoff（2000），Lucas（1976）以及 Petit（1989）等。

[②] 参见 Bhattarai 和 Mallickz（2015）。

[③] 在本领域，Cooper（1969）是两篇最经典的文献之一。

是假定 EMU 在两个区内只生产一种同质商品（EMU1），另一个模型是在两个区生产两种商品且每个区只生产一种商品（EMU2）。与此同时，欧洲中央银行确定货币政策以便达到可信的低通货膨胀。他们发现，对于 EMU2 来说，相对价格是可以变化的，这样各国就有动力去改善他们的贸易条件。在这种情况下，就会出现很多无效的非合作结果，而这是可以通过合作来避免的[①]。

Meyer、Doyle、Gagnon 和 Henderson（2002）建立了两个用于比较的模块来分析政策国际协调的实际效果。一个模块是综述了各种政策协调的模型，另一个模块是 G7 国家和欧洲国家在布雷顿森林体系崩溃以后政策协调的经历，试图为研究者和政策制定者提供一些经验和教训。他们发现模型与实际政策协调之间的差距虽然很小，但是它们之间的差距还可以更小。他们认为应该更关注信息交流。对不同类型的政策之间的协调来说，对一个国家内部不同的政府部门来说，信息交流都是政策协调实践中的一个核心特征。对政策制定者来说，他们更应该关注最终目标的选择，特别是经常账户余额是不是应该总要尽量接近平衡？是不是内部政策总应该被置于最优先的位置？是不是总要实现最优？是不是应该更多的使用财政政策作为一种稳定工具，等等。

Bergin 和 Corsetti（2013）通过设定一个包括"生产转移外部性"的开放经济模型来分析国内企业进入制造业部门的收益。生产转移外部性为货币当局提供了一种可能的激励，使他们能够在产出缺口和鼓励竞争性利润稳定之间进行权衡。通过帮助制造业企业设定竞争性低价，最优的鼓励竞争性稳定政策将导致更有利的贸易条件。

2. 政策协调与全球价值链

进入 21 世纪以来，全球生产的国际分工，特别是产品生产过程的国际分工越来越细密，成为世界经济的显著特点，改变了各国

[①] 这些假定实际体现为我们在第六章中将涉及的贸易品之间是否具有替代性的假设。

经济之间的相互依赖关系，自然也会影响经济稳定政策的设计（Fatàs 和 Mihov，2006）。密切的经济联系，特别是国际生产专业化中的供给方效应或需求方效应，使得经济周期国际协动（co-movement）程度越来越高，也为国际宏观经济政策的协调提供了新的动力和机制。在2008—2009年全球性经济衰退期间，全球贸易之所以大幅下降，部分原因就在于 GVC 使得国际经济政策协调的重要性逐步变得明显（Burstein，Kurz 和 Tesar，2008 和 Ng，2010）。

GVC 影响宏观经济政策外溢渠道以及宏观经济政策协调的机制主要是通过两种渠道稳步提高了全球贸易的长期收入弹性（Freund，2009 和 Cheung 和 Guichard，2009）：

第一，参与 GVC 上的国家一般专注于特定的产业部门，但是由于这些部门出口依存度较高，从而对外部收入波动更为敏感，此即"组合效应"（composition effect）。国际生产分工首先发生于耐用品部门，对国外收入的弹性往往高于其他产品部门。随着 GVC 的深化，耐用品部门在国际贸易中的比重不断上升，从而推动总出口的收入弹性不断加大。此类研究可参见 Chinn（2010）关于美国的研究与 Aziz 和 Li（2008）关于中国的研究。例如，在2008—2009年，耐用品在世界贸易中的占比接近40%，比其在 GDP 中的占比高10%，世界贸易量此时的萎缩幅度超过 GDP，贸易依存度的大幅度下降可以由此得到解释[1]。

第二，同常规贸易相比，GVC 链条上中间品跨境贸易快速增长，使 GVC 贸易对系统性贸易冲击的敏感程度大大上升，但对汇率波动的敏感程度却呈下降趋势，即"供应链效应"（supply chain effect）[2]。导致这种现象可能的原因包括：在产业内部，GVC 产品比传统贸易产品更时尚，因而对需求更敏感；GVC 更倾向于采用适

---

[1] 参见 Bem、Johnson 和 Yi（2011）、Engel 和 Wang（2011）、Eaton，Kortum，Neiman 和 Romalis（2011）以及 Gangnes，Alyson. Ma 和 Assche（2012）。

[2] 参见 Hummels，Ishii 和 Yi（2001）、Aziz 和 Li（2008）、Gangnes，Ma 和 Assche（2011）以及 Freund，Hong 和 Wei（2012）。

时（just-in-time）管理技术，以更快适应国外经济周期的冲击；供应链上任意节点因为商业周期冲击而进行的存货调整，会沿着供应链快速传导[①]。

正是由于 GVC 这种波动敏感性的放大效应，使得各国深刻感受到经济上的相互依存，由此体会到了政策协调的必要性和迫切性。

四　国际宏观经济政策协调的难点：福利效果及其不对称性

有了国际宏观经济政策协调的理念和技术，了解了政策协调的原理，感受到了协调的紧迫性，也并不意味着就能够形成国际宏观经济政策协调的行动。这是因为国家间的决策不可避免地包含了国家间竞争的零和博弈，也就是经济力量的对比和由此产生的权力竞争。为什么国际经济协调听到的多而看到的少？仅仅关注国际宏观经济政策协调的绝对收益是不够的，还必须考虑到各国在政策协调中相对收益的变化。由于相对收益的零和性质，这种对国际宏观经济政策协调相对收益考量的视角也就成了国际宏观经济政策协调的难点。更何况我们在前面已经提到，如何评估政策协调的收益本身还是一个颇有争议的话题。

Ostry 和 Ghosh（2013）认为，尽管到目前为止，不论是从公理、理论逻辑和经验研究都支持宏观政策的协调，但是除非到了世界经济处于崩溃边缘的时候，国际经济协调成功的案例并不多见。在正常情况下，政策决策者总是以国家视野为主。这就使得我们在现实中很难见到国际经济政策协调。他们的研究还表明，国家间规模的不对称性、对经济形势和跨国传导效应的不同判断、政策决策者在各种政策目标之间重要性取舍的误判是造成国际协调困难的主要原因。相比封闭经济的情况，政策协调使得政府能够进一步丰富

[①] 参见 Alessandria，Kaboski 和 Midrigan（2010）、Alessandria，Kaboski 和 Midrigan（2011）以及 Altomonte，Mauro. Ottaviano，Rungi 和 Vicard（2012）。

它们的政策选择。尽管不少研究表明,政策协调的福利收益不是很大(这有点像对全球化自由贸易收益的估计),但是也应该是显著的,而且是值得追求的。

基于这个基本判断,Ostry 和 Ghosh(2013)集中就有关政策协调中的不确定性和不一致性(这是两个重要问题)展开研究。他们的第一个建议是要由中立的评估者来协调不同国家政策决策者的观点差异,提出能够被各方接受的、可信和中立的评估。这种评估不必是评估政策目标,但是应该分析各种战略并权衡这些战略的结果。这样才能使得各国合理评估政策协调的福利收益。他们的第二个建议是在协调出现困难的时候,通过经常项目和资本项目两个渠道的负面溢出提供警示以维持并激励各国之间的政策协调。他们建议由 IMF 来提供评估和警示。事实上,IMF 进行全球宏观监控的一个核心目标就是通过客观分析、告诉实情来克服各国在政策协调中不可避免的国别视角。近年来 IMF 成员国按照第 4 条款接受统一的宏观监控说明,尽管各国政策还是要达到各自的国内目标,但是不利的外向溢出变小了。IMF 的全球宏观监控也给了各国压力,即使有一些国内成本,它们还是要在政策中考虑到负面的跨国溢出效应。对于国际社会来说,这种警示的逻辑是明确的。

Tabellini(1990)认为,在国内政治存在扭曲的情况下会追求财政政策国际协调,因为这种扭曲会导致预算赤字,而财政政策的国际协调则可以加剧这种赤字的倾向。这是因为国际协调可以降低预算赤字的成本,而这反过来又会进一步强化国内政治扭曲。

Christodoulakis 等(1996)以 G3 为背景,就经济政策协调的扩展汇率目标区方案进行了量化评估,并且与没有采用明确汇率目标的其他方案进行了比较。他们发现如果承认汇率波动是有害的,那么扩展的目标区方案就明显优于其他方案。不过,积极的财政政策也要防止产出和通货膨胀偏离目标水平从而抵消积极货币政策所达到的汇率目标。更重要的是。如果政策协调的福利分配是不平等的,那么扩展的汇率目标区方案就不具有可持续性,从而使合作失败。

Barrell 等（2003）使用 NiGEM（National institute's Global Econometric Model）进行随机模拟，来评估以国内考虑为先的独立货币政策与将国内利率对国际环境作出反应的货币政策协调的福利效果。具体来说，在他们的情景中，美联储和欧央行之间的政策协调都能够降低他们的福利损失。但是，欧央行在降低产出波动方面的收益没有美国那么大。这与其说是证明了政策协调的原理，不如说是揭示了美联储与欧央行在责任分担与政策协调结构方面面临的挑战，证明了政策协调的困难。毫无疑问，受益越不均等，欧央行加入政策协调的激励就越小，且如果他们认为美联储在谈判中食言的可能性越大，则越有可能退出政策合作的框架。这个结论与 Hallett（1987）的研究结论是一致的。

Alesina 等（2005）将国际联盟视为一些决定集中提供公共产品和政策，并且在联盟成员之间产生外部性的国家集团。在这种情况下，来自政策协调的收益与独立政策决策的成本之间的此消彼长关系就外生地取决于这个联盟的规模、构成以及范围。统一的政策会降低联盟的规模，也可能阻止新成员的加入，并由此导致集权程度的下降。而没有统一政策的灵活规则将提高达成协议的效率。这在欧盟制度结构的争论中表现得非常明显。

在 Canzoneri 等（2005）的基准模型中，政策协调的必要性主要在于各部门之间生产率传递不对称性的随机过程。而名义变量惯性的不对称性使得政策协调变得更加重要，并且有些部门表现出工资惯性，而有些部门表现出价格惯性。巴拉萨—萨缪尔森假说揭示了贸易品部门和非贸易品部门的不对称性，但是这远不是全部。

Herzog（2006）分析了 CIS 国家的货币和财政政策协调问题，并且与 EMU 的制度结构作了比较。他先建立了一个包括软弱与强硬、小国与大国之间战略互动的模型，然后将这些结论和发现带入一个溢出模型中进行分析。Herzog 的兴趣在于研究溢出效应、搭便车行为和形成财政与货币区之前的协调。除了制度经济学的分析，他还建立了一个经济模型来分析协调的最优程度，并使用数值模拟以说明协调的前沿。他的研究表明，协调的最优程度取决于财政规则和政府规模，这里的关键问题是在一个货币区内不同国家之间财政协调的最优程度。

Liu 和 Pappa（2008）认为，在一个两国世界中，如果两国都各有一个贸易品部门和一个非贸易品部门，且具有价格黏性，那么最优化的独立政策一般不能保证资源配置比例的最优。此时，通过政策协调，就能够将以前独立的政策制定者忽略的外部化的贸易条件内部化，从而获得潜在的福利。但是，如果两国的贸易结构是对称的，协调的收益就会很小。而如果两国的贸易结构是不对称的，政策协调的收益就非常可观。除了将外部化的贸易条件内部化，协调的结果将有利于具有较大贸易品部门的国家。

总之，国际宏观经济政策协调是一个非常重要的话题，从凯恩斯有关在内部平衡与外部平衡中选择内部平衡，到米德对宏观经济政策协调的最初论述，很多著名的经济学家都卷入了对这个问题的研究，而得到的结论也是不同的。在研究方法上也包括了传统宏观模型、开放宏观模型、博弈论和国际政治经济学以及福利经济学的计量分析，但是基础与核心都离不开对协调收益的研究。尽管对有关国际协调的研究充满了争议性的结论，但是看得出来，研究在总体上还是倾向于协调。

第二节　宏观经济政策国际协调的 Hamada 模型

宏观经济政策国际协调作为一种现代经济学的理论研究，仅仅有文字描述是不够的，仅仅有历史分析也是不够的，必须借助数理模型的推导来梳理其中的逻辑。这是因为模型推导所包含的变量之间的复杂关系，特别是多变量之间的各种关系（如正相关或负相关，如和的关系或差的关系，又如近似的乘积关系或指数关系等不一而足）常常是难以使用文字来描述的，而且使用模型推导也可以使得推理逻辑变得更加严谨，避免无意识地偷换概念以及逻辑跳跃等问题。

一般认为，对宏观经济政策协调的专项研究是从米德开始的，但那时还是以文字描述为主，而相关的理论研究一般公认是从 Hamada（1976）《对货币相互依存在战略分析》一文开始的[①]。这当然不意味着此前的研究没有意义。事实上，恰恰是此前有关宏观经济政策国际协调文字描述的论文以及有关的历史研究为 Hamada（1976）的研究提供了基本的理念支撑和观点参考。只是我们在此对国际宏观经济政策协调的讨论是从这篇论文开始。

Hamada（1976）使用当时流行的国际收支货币分析法研究了货币政策的相互依赖。在一个两国博弈中，每个国家的货币当局在信贷扩张方面的决策都是为了最大化他们的目标函数，这表明古诺解（非合作解）和斯塔博格领导者解并不需要建立在生产者契约曲线[②]上，也就是说会偏离全球加总的最优结果，除非对国际收支的加总偏好正好与国际储备的扩张相匹配。如果国际储备的扩张超过了加总的偏好，货币扩张就会引起公众福利的下降，造成国际通货膨胀。

应该说，从这篇论文的历史背景看，正是西方国家面临石油危机冲击和严重通货膨胀的时代。面对严重的外部冲击，各国开始意识到宏观经济政策的溢出、隔离和协调问题。而且当时正好处于布雷顿森林体系解体，刚刚从固定汇率向浮动汇率转换的时期，面对新情况，处于新条件下，各国在政策上迫切需要进行新的探索，对

---

① 从这篇后来被认定是宏观经济政策国际协调的开山论文的题目就可以清楚地看出，各国经济的相互依存和溢出本身就是对政策协调研究的核心、基础和起点。

② 消费者契约曲线是消费者之间进行交换时，消费者的边际替代率相等的点的轨迹，生产者契约曲线则是在生产者之间进行交换时，生产者的边际技术替代率相等的点的轨迹，也就是不同生产者等产量线切点的轨迹。因此，生产契约曲线说明生产者如何通过对生产中使用的劳动与资本的配合比例的调整，实现其利润最大化，即实现生产的最优境界。不过需要注意的是，在生产的契约曲线上，即在生产的帕累托最优集合中，两个生产者的福利分配也具有不同的情况。

政策协调的可能选项也需要进行探讨和研究①。

在固定汇率制度下,由于无法隔离外部冲击,所以各国的货币政策决策必须考虑到外国政策溢出的影响,所以应该说是接近于相互依存的开放经济决策②。如果有一个国家采取了扩张的货币政策,就会给国内和其他国家带来方向不同的效应。对一个货币联盟而言,只要货币一体化还没有发展不同成员国之间的汇率固定,每个成员国货币当局的货币政策也还没有完全统一的程度,或者即使联盟内的货币对外实行联合浮动时,由于成员国之间的货币依然彼此钉住,所以当一个成员国采取扩张性货币政策,依然会给其他成员国带来不同的影响,货币政策相互依存的问题和溢出依然存在。McKinnon(1974)就曾针对美德日提出过稳定汇率关系的三方建议。而为了使这样的建议变得可行并得以落实,就必须了解每一个成员国对货币联盟(汇率或多或少的固定)的态度。也就是要了解各个成员国在进行货币政策决策时它们有哪些激励,因而最终是采取以邻为壑的政策还是领导性扩张的政策。不过,传统的分析方法并不会对各国货币政策相互依存的情况给予充分的关注,因为这些传统的分析框架或者假定其他国家的货币政策是给定的(也就是说在一个国家的政策变化后不分析其他国家政策可能作出的相应变化,也就是不进行政策博弈分析),或者认为存在货币政策的国际合作(各国在进行货币政策决策时当然会考虑到本国和外国的政策溢出效应)是当然存在的。

国际收支的货币方法认为国际收支的失衡可以被理解为货币现象。当一个国家的货币需求超过其货币供给的时候,国际收支就会出现顺差,反之则会出现逆差。因此,相对需要通过贸易渠道的传导而言,这种方法使得我们更容易直接地理解各国货币政策相互依赖的结构。Johnson(1972)就给出了一系列有关通货膨胀率、国

---

① 1978年G7的波恩峰会普遍被认为是一次宏观经济政策国际协调的尝试。

② 事实上,早期有关宏观经济政策国际协调的论文有不少是以货币政策决策的国际视角等类似题目展开的。在讨论Hamada的文章的时候,本书要保留了当时的用词。

际收支、国际货币增长率以及各国信贷扩张率等现象之间相互关联机制的建设性结论。从这些结论中我们可以看到两类相互依存：①全球的通货膨胀率是各国信贷扩张的加权平均；②一个国家的顺差就是另一个国家的逆差。

Hamada（1976）的目的就是要通过应用国际收支的货币法来研究各国货币政策的相互依存问题。在这方面，国际收支的货币法显然有明显的优势。他们设定了一个多国博弈情景，在其中每个国家的货币政策都是以最大化货币当局的目标函数为标准设定行为规则。但是在这个多国博弈的情景中，一个国家的政策效果也受到其他国家所采取货币政策的影响。在这个意义上，各国之间的货币政策是相互依存的。在此基础上，还可以进一步研究各国对通货膨胀和国家收支的不同偏好是如何影响全球通货膨胀率的。在此之前，Mundell（1972，第16章）研究了全球通货膨胀与全球国际收支之间的关系。按照他的分析，国际储备货币国家应该设定一个价格稳定的目标以及其他国家平衡它们国际收支的目标。而 Hamada（1976）对政策协调下的最优货币政策也是以全球储备货币供给，进而全球通货膨胀与增长目标的权衡为原则求解的。这个思路与第二代模型在通胀与增长的权衡这个核心问题上是一致的，也就是说，不论是以产出还是通胀为目标，都是以全球层面的最优为标准的[①]。由于 Hamada（1976）主要是以国际收支货币主义分析模型作为主要的分析框架，因此不可避免地加入了对全球储备货币的考虑。这实际上也反映了当时布雷顿森林体系刚刚崩溃以后对国际货币制度稳定造成的冲击和人们的普遍担心。

在提出一个有关国际收支货币方法的简单模型后，为了构建一个博弈模型，Hamada（1976）假定每个国家的战略都是要增加它

---

① 应该说，以全球层面的产出或通胀为目标，实际上就是以世界政府的角度来看待宏观经济政策的国际协调，忽略了国家之间在相对收益方面的权力竞争，甚至不是从参与国福利帕累托改进的意义上进行分析。这本来需要增加对协调收益的全球再分配，但是很显然，这个问题也被忽略了。

们的国内信贷,也就是说刺激本国的经济增长,并且进一步假定每一个国家的货币政策都是货币当局在封闭条件下按照成本—收益计算求解的。显然这样做的结果就是将达到古诺解(如几条反应曲线的交点),而与帕累托面(如合作政策形状的集合)无关,除非各国对国际收支偏好的加总正好与国际储备货币的创造吻合。如果国际储备的创造少于全球加总的对国际收支偏好的需求,那么货币扩张在本质上就是增加了作为公共产品(国际储备货币)的收益(public goods),但此时古诺解处于帕累托最优的通缩面;相反,如果国际储备的创造超过了全球加总的对国际收支偏好的需求,那么货币扩张就造成了公共产品的损失(public bads),古诺解就处于帕累托最优的通涨面。Hamada(1976)还分析了在 n 国情形下斯塔博格领导者解,提供了一个只有一个国家按照领导者行动,其他国家作为追随者时的情况。当然,这也是一个古诺解,也就是说,这个斯塔博格领导者解也同样会偏离帕累托效率前沿。

与后来 NOEM 模型更加关注宏观经济政策国际协调的收益不同,Hamada 的研究直接关注协调的策略。在这个意义上,他的研究显然具有更重要的实践意义,也是我们在此必须关注这一篇看上去很久远文献的原因。当然,与后来 NOEM 模型相比,Hamada 虽然也将协调的目标定为各国的效用,但由于是建立在货币主义的基础上,他对效用的定义也完全是从宏观角度出发的,即通货膨胀以及外汇储备对货币需求的比率。因而具有明显的时代特色。

一 国家货币政策之间的互动(interplay)

Hamada(1976)假设了一个由一些汇率彼此固定的国家所组成的世界经济体系,同时假设商品充分流动并满足一价定律[①],然后在这种情景下分析了各国货币政策相互影响的情况。他还假设每

---

① 也可以按照 Dornbush(1973b)区分贸易品和非贸易品的模型将我们的结果扩展到更现实的情况,即国内的价格水平不同于世界价格水平。

个国家货币当局的效用函数取决于通货膨胀率和国际储备增长的情况。更具体说，每个货币当局都有一个合意的通货膨胀（或紧缩）率和一个合意的外汇储备增加（或减少）的水平。按照一般的理解，通货膨胀率越低，一个国家的福利水平就越好[①]。但是如果通货膨胀率下降到一定水平（或者通货紧缩率上升到一定水平），超出了货币当局的期望水平，则这个国家的福利水平就会下降。因此，Hamada（1976）假定对每一个国家来说都有一个期望的通货膨胀或通货紧缩水平，而且这个水平对各个国家是不一样的。类似的，国际收支顺差超过了一定的水平也意味着降低了一个国家消费和投资的机会。因此，他假设也有一个偏好的国际储备增加或减少值，而且各国各不相同。

一般来说，对国际储备需求的研究大多关注的是存量而不是流量。不过，期望流量和期望存量的关系也可以看成是短期和长期的关系。对国际收支的货币分析而言，研究在某一时段和某种情况下国际储备的期望变动率就变得更加重要，因为向期望存量水平的波动可以被表达为变化率。

为了更好地表达 Hamada（1976）核心的理论逻辑，我们在此忽略了他在论文中的几何表达方式，并且省略了大量的推导过程，只在不影响对结论理解的基础上给出最核心的方程并加以说明。

1. 对世界经济的描述

假设一个由 n 个国家的世界经济体系，并且在 n 种货币之间的汇率是固定的（这显然更接近布雷顿森林体系的特征）。D_i 代表货币当局通过信贷扩张实现的货币供给，R_i 代表国际储备（引入国际储备的概念是国际收支货币分析法的核心特征），M_i 代表货币需求，i 代表国家，则有：

[①] 和后来流行的 NOEM 模型相比，国际收支的货币分析法没有直接求解福利最大化，而是求解价格稳定。这显然反映了货币主义的核心理念证，并且直接用价格稳定代表了福利最大化问题，在这个意义上，两者最终的关切其实是一样的，只是在这里没有显示出为什么价格稳定就是福利最大化，而在 NOEM 模型的家户效用方程中直接给出了影响居民部门福利的因素。

$$D_i + R_i = M_i \quad i = 1, \cdots, n \tag{1}$$

这显然是国际收支货币分析法对开放条件下货币供给的描述。其中，R_i 是由黄金、特别提款权和特别是美元这样的国际储备货币构成。对货币的实际需求假定是由收入 Q 决定的函数，货币的利率是 r，这样就可以有：

$$M_i/p = L^i(Q_i, r_i) \tag{2}$$

这里，p 是世界的普通价格水平，$\partial L^i/\partial Q_i > 0$，并且 $\partial L^i/\partial r_i \leq 0$。

为集中关注货币政策的互动结构，也为了简化，假设利率变化对货币需求的影响可以忽略①。如果我们把方程（2）对时间求导，注意 $\partial L^i/\partial r_i = 0$，然后除以 M_i，我们就有：

$$\frac{\dot{D}_i}{M_i} + \frac{\dot{R}_i}{M_i} = \frac{\dot{p}}{p} + \eta_i \frac{\dot{Q}_i}{Q_i}, \quad i = 1, \cdots, n \tag{3}$$

这里 η_i 是货币需求的收入弹性，且 $\eta_i \equiv \frac{Q_i \partial L^i}{L^i \partial Q_i}$。

将超额货币扩张 x_i 定义为信贷扩张对货币需求的比率超出实际国民收入增长率和收入弹性决定的实际货币需求来表示，也就是

$$x_i \equiv \frac{\dot{D}_i}{M_i} - \eta_i \frac{\dot{Q}_i}{Q_i} \tag{4}$$

这里假定实际国民收入增长率是外生的，而且 x_i 与国家 i 的货币政策是相对应的。我们还可以用国家 i 的货币需求来定义其国际收支 z_i，这样就有：

$$z_i \equiv \frac{\dot{R}_i}{M_i} \tag{5}$$

这样，借助方程（4）和方程（5），把一般通货膨胀率 $\dot{p}/p$ 定义为 π，方程（3）就可以简化为：

$$z_i = \pi - x_i \quad i = 1, \cdots, n \tag{6}$$

如果国内信贷总量、国际储备和货币需求分别为 D，R，M，

---

① 在标准的国际收支货币分析法中也是不考虑利率影响的，只有在扩展研究中，将货币需求方程改变为卡甘方程，才将利率对货币需求的影响考虑进来。

并且让 w_i 代表国家 i 在全球货币需求中所占有的相对份额，则有：

$$\sum_{i=1}^{n} D_i \equiv D, \quad \sum_{i=1}^{n} R_i \equiv R, \quad \sum_{i=1}^{n} M_i \equiv M,$$

以及 $\quad w_i \equiv M_i/M, \sum_{i=1}^{n} w_i = 1, w_i > 0$。 (7)

将国际储备的增长对全球货币总量的比率定义为 G_R，则 $G_R = \dot{R}/M$。

根据对 Y_i 和 w_i 的定义，我们有：

$$\sum_{i=1}^{n} w_i z_i = \sum_{i=1}^{n} \frac{M_i}{M} \frac{\dot{R}_i}{M_i} = \frac{\sum \dot{R}_i}{M} = \frac{\dot{R}}{M} \equiv G_R \quad (8)$$

因此，方程（6）乘以 w_i 并且对 i 求和，注意 $\sum_{i=1}^{n} w_i = 1$，就可以得到：

$$\pi = \sum_{i=1}^{n} w_i x_i + G_R \quad (9)$$

$$z_i = \pi - x_i \quad i = 1, \cdots, n \quad (10)$$

方程（9）表明，世界经济中的通货膨胀率取决于各国信贷超额扩张的加权平均和国际储备的增长。方程（10）表明一个国家的国际收支取决于这个国家的通货膨胀率与信贷超额供给率之差。当然，这两个方程在本质上是相同的，实际上也都是 Johnson（1972）给出的等式关系[①]，只是增加了一些简化的符号。

假定每一个货币当局的目标函数都依赖于本国价格增长的一般水平和这个国家国际收支，也就是方程（10），用 $u^i(\pi, z_i)$ 来表示货币当局 i 的效用函数，这里 π 是全球所有国家通货膨胀的平均水平，z_i 是国际储备的增加对国家 i 的货币需求的比率，即方程（5）。

由于 $u^i(\pi, z_i)$ 被假定为是 π 和 z_i 的严格凹性，并且有下列特征：

---

① 在这里，遵从了 Johnson 的处理方式，把 w_i 当成常数。

$$u_1^i = \frac{\partial u^i}{\partial \pi}\{>,=,<\}0, 如果 \pi <,=,> 0 \quad (11)$$

$$u_2^i = \frac{\partial u^i}{\partial z_i}\{>,=,<\}0, 如果 z_i <,=,> 0 \quad (12)$$

方程（11）和方程（12）的凹性表明，国家 i 有一个通货膨胀和国际储备增长的理想组合（a_i, b_i）（原文用的是"极乐点"，bliss point）。其中，a_i 对于一些国家来说可以是负的，也就是偏好通货紧缩；b_i 对于一些国家来说也可以是负的，也就是偏好国际收支逆差。

2. 政策目标的取舍与货币无差异曲线

在进行上述基本设定以后，Hamada 就开始讨论各国之间的政策博弈。显然，博弈的情形是各国货币当局的货币政策 x_i 相互影响。

对于国家 i 而言，货币政策的反应曲线就是在所有其他 x_k（$k \neq i$）给定的情况下，对于 x_i 而言都有最大化的 $u^i(\pi, z_i)$，也就是在国际收支和通货膨胀之间进行权衡（国际收支货币分析的核心理念），也就是：

$$u^i(\pi, z_i) = u^i\left(G_R + \sum_{k=1}^{n} w_k x_k, G_R + \sum_{k=1}^{n} w_k x_k - x_i\right)$$

在两国模型中，就可以得到

$$\frac{\partial u^i}{\partial x_i} = w_i u_1^i + (w_i - 1) u_2^i = 0 \quad i = 1, \cdots, n \quad (13)$$

方程（13）显示出两国模型的零和性质。也就是从每一个国家角度看的最优解，因而是古诺解。

不过，方程（13）最大化条件（帕累托最优）可以写成

$$\left. -\frac{d\pi}{dz_i} \right|_{u^i const.} = \frac{u_2^i}{u_1^i} = \frac{w_i}{1 - w_i} \quad (14)$$

通货膨胀率和国际储备增长率的边际替代率等于 $w_i/(1-w_i)$，

也就是说，一个国家在世界经济中所占的相对份额越大，这个替代率①就应该越高。

方程（13）和方程（14）是本文最重要的两个定义性结论，是后面分析的基础。

在两国模型中，这意味着小一点的国家对能够影响它们国家通货膨胀偏好更关键的国际收支偏好的关注会更强烈。一个国家如果希望稳定他们的价格水平，或者降低通货膨胀率，就不得不牺牲国际收支的目标，导致比预期更高的逆差。但是，一个国家在反应函数上选取的那个点实际依赖于其他国家的行为。这种零和性质说明了事实上的相互依存关系，而这也正是产生协调需求的一个基础。

在这里我们应该看到，Hamada 为我们的研究引出了一个重要的问题，也是我们在分析宏观经济政策国际协调时最重要的一点，也是一直没有得到重视和深化发展的问题，即从开放经济条件下相互依赖的现实出发，国家大小会对一个国家对通货膨胀和外汇储备的偏好造成影响②。事实上，世界经济现实中最重要的，最不可忽视，也是在理论逻辑和模型设定中最应该体现出来的一个重要特征就是各国经济规模的不对称性。对这个不对称性的理解涉及国际关系中的权力问题、领导者和追随者的问题，甚至不能简单地从斯塔伯格领导者博弈来入手展开分析。例如，在这里，即使是从传统的经济分析逻辑来看，也会造成目标函数的取舍差异。

至此 Hamada（1976）刚刚完成了国际宏观经济政策协调的分析框架和情景设定，真正的分析，也就是协调的策略从下面才正式开始。但是在此之前，还要明确一个重要问题，而且这个问题在后来的 NOEM 模型中也在相当大的程度上被忽视了。

在 Hamada 那里，对于世界经济而言，帕累托最优的特征还是

---

① 或许这个替代率只是经济学家的常用语言，更契合地说，应该是一种相关系数或影响/分担系数。

② 其实，也正是在这个意义上，才有对于小型开放经济来说，宏观经济政策的国际协调更多的变成了一种对大国政策的追随。

由最传统的理念——全球各国效用总和的最大,也就是

$$\sum_{k=1}^{n}\beta_k\mu^k(\pi, z_k)$$

对于 x_i ($i=1, \cdots, n$) 而言,参数 β_k 是相对重要的,或者是 k 国议价能力的指数,且有

$$\sum_{k=1}^{n}\beta_k = 1 \quad \beta_k > 0 \qquad (15)$$

需要特别指出的是,这是至关重要的一个基础性假定,也涉及宏观经济政策国际协调的目标问题。这个问题决定了相关模型和研究指向的基本设定,当然也将影响最终的结论。而事实上,协调的目标问题是一个值得进行充分讨论,而不能仅仅当成一个研究的初始假定而随意地确定,或者直接当成一个公理那样毋庸置疑,不假思索。事实上,几乎后面的研究都不约而同地遵循了这个假定,即全球所有国家效用总和的最大化。这似乎是一个存在世界政府或者联合国有足够权威和行动力条件下的假定。不可否认,为了达到这个目标,有些国家的合作解可能就会低于纳什解。当然,如果有相应的补偿机制,或者国际社会有足够的强制力则协调才是可能的。而这却是很难得到一致认同、落实和保证的。

在这个意义上,坚持帕累托最优的初始含义,即在没有其他成员绝对收益受损的情况下提升一些成员的绝对收益才是可以被接受的。必须指出的是,这也仅仅是在绝对收益的角度,而在国际关系中,对相对收益的考量可能远远超过对绝对收益的考量,而这却几乎是无解的。

3. 政策协调的引入

尽管是从国际收支的货币分析法出发,和此前依据凯恩斯主义模型和此后依据 NOEM 模型的宏观经济政策国际协调理论都不相同,但是作为被后来视为政策协调的基准模型,Hamada(1976)也是基于效用最大化的起点。在这里,帕累托最优的一阶条件是

$$\sum_{k=1}^{n}\beta_k\mu_1^k w_i + \sum_{k=1}^{n}\beta_k\mu_2^k w_i - \beta_i\mu_2^i = 0 \quad i = 1, \cdots, n \qquad (16)$$

通过改变 β_k 的权重就可以得到帕累托组合，而合作解就应该接近这个组合。

如果对方程（9）中的每一个 i 加总，就可以得到（注意 $\sum_{i=1}^{n} w_i = 1$）

$$\sum_{k=1}^{n} \beta_k \mu_1^k + \sum_{k=1}^{n} \beta_k \mu_2^k - \sum_{i=1}^{n} \beta_i \mu_2^i = 0$$

或者

$$\sum_{k=1}^{n} \beta_k \mu_1^k = 0 \qquad (17)$$

也可以理解为方程（17）表明如果通货膨胀加权平均的边际成本等于零，那么就达到了帕累托最优。

另外，对方程（13）中的每一个 i 加总，可以得到

$$\sum_{i=1}^{n} w_i \mu_1^i = \sum_{i=1}^{n} (1 - w_i) \mu_2^i \qquad (18)$$

由于方程（17）和方程（18）是分立的，而且方程（13）给出的各国交点仅仅是一个古诺解，所以可以看出古诺解一般来说并不需要建立在帕累托均衡之上。

当方程（18）的右边为正，且给定古诺解的通货紧缩倾向时，国际储备和信贷扩张会给公众带来增进国际公共产品的福利（have the nature of public goods）。但是反过来，当方程（18）的右边为负，且给定古诺解的通货膨胀倾向的时候，国际储备和信贷扩张就会给世界经济带来公共产品的损失（have the nature of public bads）。对于前面增进公共产品福利的情况，所有国家都欢迎更高一点的总货币供给速度的增长，但每个国家都试图以降低其他国家货币供给为代价增加自己的货币供给。对于后一种造成的公众产品福利损失的情况，每个国家都希望降低货币供给的增长率，但却总是试图让本国的货币供给增长率高于其他国家的货币增长率。在这里，我们就看到了国际博弈，而恰恰是这个博弈造成了对政策协调的需求。只是这个需求本质上还是在国际收支平衡与通货膨胀之间的不同权衡。

我们可以合理的假设，如果对于每一个国家来说，他们所期待

的通货膨胀率是一样的，也就是对于任何 i 都有 $a_i=a$（这包括每一个国家都希望价格稳定，也就是对于任何 i 都有 $a_i=0$），这时帕累托最优自然就是 $\pi=a$。既然 π 对每个国家都一样，那么对每个国家 i 来说，u_1^i 的符号也都是一样的，u_2^i 也是一样的。更准确地说，如果通货膨胀率大于最优值（$\pi>a$），那么每个国家就会将储备提高到高于期望的水平上（$z_i-b_i>0$）；如果通货膨胀率低于最优值（$\pi<a$），那么每个国家就会将储备降低到低于期望的水平上（$z_i-b_i<0$），即

$$\sum_{i=1}^n w_i z_i - \sum_{i=1}^n w_i b_i > 0 \tag{19}$$

除以方程（7）可以得到

$$G_R - \sum_{i=1}^n w_i b_i > 0 \tag{20}$$

这样，方程（20）实际就意味着 $\pi>a$。

至此，我们就可以得到这样的结论：假定对于每个国家来说期望的通货膨胀率都是相同的，那么，当也仅仅当国际储备的相对增长率高于（低于）各国加权平均的国际储备与其增长率的情况下，古诺解给出的通货膨胀率就会高于（低于）期望的通货膨胀率。在世界储备过度扩张的情况下，中央银行就会扩张国内信贷，从而增加全球的通货膨胀（Mundell，1972）。

与后来 NOEM 模型主要采取两国模型相比，Hamada（1976）使用的是 n 国模型，这也可以算是对宏观模型不足的一种补偿。在假定 a_i 相等的情况下，就可以方便地考虑国家数量增加的影响。

假定第 n 个国家变成两个规模相同的国家，对通货膨胀率和外汇储备增长率的偏好都一样，所以有 $\bar{w}_n=\bar{w}_{n+1}=w_n/2$（新权重分别标注为 $\bar{w}_n$ 和 $\bar{w}_{n+1}$）。那么，正如方程（14）所表现的那样，这两个国家的反应曲线偏离帕累托线更远了[①]。既然第一个（$n-1$）国家对反应曲线保持不变，古诺解将更加偏离期望的通货膨胀率。事实

[①] 这是一个非常有意思的假设，仅仅在这个意义上（而不是促进多样性、竞争等），偏离经济最优对于国家而言是一种不利的因素。

上，同样的通货膨胀率和同样的相对国际收支 $(\pi, z_1, \cdots, \tilde{z}_n, \tilde{z}_{n+1})$（这里，$\tilde{z}_n = \tilde{z}_{n+1} = z_n$）才能使方程（18）的左边保持不变，但是方程（18）右边的绝对值由于引入了新的权重 $\bar{w}_n = \bar{w}_{n+1}(=w_n/2)$ 将会增加。只有在预期通货膨胀率 a 的基础上提高通货膨胀 π 的偏离程度，方程（18）的恒等关系才能够得到维持。因此，一个国家变成两个国家将使得古诺解更加偏离帕累托水平。也就是说，国家越多，古诺解偏离帕累托解的程度就越高。

在更接近现实的不对称世界中，斯塔博格领导者解可以定义为在 n 国的情景下，只有一个国家，比如国家 1，是领导者而其他国家都是追随者。领导者在其他国家反应曲线的约束下最大化自己的效用满足水平 $u^1(\pi, z_1)$

$$w_i u^i + (w_i - 1) u_2^i = 0 \quad i = 2, \cdots, n \tag{21}$$

因此，领导者解也不依赖于帕累托最优。

事实上，领导者之所以是领导者，是因为它们的利益已经不能在这个系统中内生出来了，可能包括了国际政治的考量。

二 不同规模和不同偏好的国家之间货币相互影响的说明[①]

Hamada（1976）是从一个确定的货币当局效用函数出发进行推导。货币当局的效用函数是

$$u^i(\pi, z_i) = -[(\pi - a_i)^2 + c(z_i - b_i)^2] \quad i = 1, \cdots, n \tag{22}$$

在这里，c 代表进行通货膨胀平减后的国际收支在影响效用中的权重。即使对于具有不同 c_i 的不同国家，只要符合这个方程的特征，分析都是有效的。这种效用函数的简化形式可以使我们推导出在不同参数，如 a_i，b_i，w_i 和 c_i，取值时不同的解。

现在从两国模型（$n=2$），且两国规模相等（$w_1 = w_2 = 1/2$）的情况来开始分析。假定两个国家都追求价格稳定（$a_1 = a_2 = 0$），并且国际收支赤字（$b_1 < 0$，$b_2 < 0$）。同时还假定国际储备的增长

[①] 原文中包括几何说明和代数说明，我们在此省略了几何说明。

为零（$G_R = 0$）。这样，方程（9）和方程（10）用货币方法来表达，可以得到

$$\pi = \frac{1}{2}(x_1 + x_2), \ z_1 = \frac{1}{2}(x_2 - x_1), \ \text{和} \ z_2 = \frac{1}{2}(x_1 - x_2) \quad (23)$$

在这种最简单的情况下，通货膨胀率是超额货币扩张率的加权平均；国际收支与超额货币扩张率又是对应的。

针对这种斯塔博格博弈的情况，两国的超额货币扩张率 x_1 和 x_2 是相互联系的，因此 $x_1 = x_2$ 表明各国货币政策的组合可以维持国际收支的均衡，而 $x_1 + x_2 = 0$ 表示这个组合的目的是全球的价格稳定。

假定两个国家都追求价格稳定（$a_1 = a_2 = 0$），并且存在国际收支赤字（$b_1 < 0, b_2 < 0$），同时国际储备的增长为零（$G_R = 0$）。在这种情况下，如果 w_1 大于 1/2，也就是说 $w_1 > 1/2$ 而 $w_2 < 1/2$ 情况下，在国际收支均衡不变的情况下，价格稳定线就会变得更陡。

经过比较复杂的推导[①]，Hamada 发现，领导者解是不是比古诺解更偏离帕累托前沿就取决于参数，特别是 c 的值，也就是一个国家进行通货膨胀平减后的国际收支在影响效用中的权重，大体上也就是国家规模或全球影响力。不对称的优势程度越高，领导者的自由度就越高，也就是越可以不受限制地追求自身的目标而不用与其他国家协调，或者说协调给它带来的约束和成本会限制它不管不顾地追求自身目标最大化的收益。反过来，对于追随国来说，它们在世界经济体系中越微不足道，越不得不采取追随政策而没有自主。

最后，Hamada（1976）还进一步考虑了超过两个国家的情况。假设国家 1 的相对规模保持不变，也就是 $w_1 = 1/2$，但是国家 2 分裂为两个更小的、同等规模同样偏好的国家，也就是 $w_2 = w_3 = 1/4$。如果这些小国被动地按照反应曲线行动，那么他们的行为就是相同的。那么方程（14）给出的这些小国的反应曲线切线的斜率：

[①] 这一段推导可见 Hamada, Koichi. （1976）中第 691—693 页中从方程（24）到方程（32）的推导。

$$u_2^i/u_1^i = \frac{1}{4}/(1-\frac{1}{4}) = 1/3 \quad i=2,3 \qquad (24)$$

如果我们再把国家2分裂成更多相同的小国，这个趋势就会变得更明显。正如奥尔森（1965）指出的那样，集团规模的增加倾向于减少公共产品的最优供给。

这意味着不对称程度的增加会在强化领导者福利的同时降低追随者的福利，并且进一步偏离全球加总的福利水平。因此，不对称是协调与合作的天敌。

三 长期启示和储备国家的作用：协调的作用

至此，Hamada（1976）分析了在假定货币当局效用函数是外生给定情况下各国之间的相互依赖①。在此基础上，Hamada还进一步研究了在长期条件下的各国经济的相互依赖，此时国际储备变化率 b_i 可以在大体上被解释为等于期望的国际储备增长率，并且将这个短期的 b_i 调整过程描述为与长期状态的战略性相互影响。

当考虑到相互依赖的长期状态时，储备货币国家的政策，也就是这个本国货币被当作国际储备的国家的货币政策就变得非常重要。这是因为这个储备国家在我们的模型中是唯一一个 R_i 为负的国家。在短期内，R_i 对任何国家都可以为负，相应地，对任何国家来说 b_i 也可以为负，因为当前持有的储备可能超过期望的存量水平，所以需要流出和减少储备。不过，对于非储备货币国家来说，R_i 却不能长期为负。

在长期情况下，实现期望的国际储备存量是需要时间的。假定货币当局试图保持国际储备对名义国际收支的比率不变，那么这些

---

① 在我们的假定中，对我们分析至关重要的国际储备变化率 b_i 值也假定是给定的。如果我们考虑一个将国际储备水平调整到最优水平的动态过程，b_i 就变成了一个被解释参数，取决于当前储备存量的水平。为了加入这个动态的过程就需要更复杂的模型，以及包括最优控制和差分博弈等更复杂的分析方法。在本书中我们不打算进行这些更困难的工作，这里也暂不展开这样的复杂分析。

国家的货币当局就试图保持

$$\frac{\dot{R}_i}{R_i} = \pi + \frac{\dot{Q}_i}{Q_i} \tag{25}$$

或者

$$\frac{\dot{R}_i}{M_i} = \frac{R_i}{M_i}(\pi + \frac{\dot{Q}_i}{Q_i})$$

因此，如果我们将最优储备对名义收入的比率标记为 θ_i，那么理想的路径就是

$$\frac{\dot{R}_i}{M_i} = \theta_i(\pi + \frac{\dot{Q}_i}{Q_i}), \quad 或 \quad z_i - \theta_i\pi = \theta_i\frac{\dot{Q}_i}{Q_i} \tag{26}$$

可以看到，在给定实际产出增长率的情况下，非储备货币国家的货币当局想维持储备正常化的实际变化率为常数。因此在长期内，我们可以对以通货膨胀率 π 和储备实际变化率（$z_i - \theta_i\pi$）表示的货币当局偏好函数，比如 $u^i(\pi, z_i - \theta_i\pi)$ 进行再定义。这里，b_i 可以看成是恒定为正，等于 $\theta_i \dot{Q}_i/Q_i$。既然 $z_i = \pi - x_i$，效用方程就可以改写成

$$u_i[\pi, (1-\theta_i)\pi - x_i] \tag{27}$$

一般来说，除了 b_i 和 θ_i 可以是负的，同样的推导也可以应用到储备国家。由于假定 θ_i 小于 1 是安全的，前面的分析就没有本质的变化而依然成立，除去不包括 θ_i。例如，对于方程（13），反应函数就可以写成

$$\frac{\partial u^i}{\partial x_i} = w_i u_1^i + [(1-\theta_i)w_i - 1]u_2^i = 0 \tag{28}$$

所以，政策相互影响的本质依然保持不变，只是表现为对国际储备资本损失（利得）的补偿。

因此，我们可以将前面的分析看成对长期情景的描述。唯一变化的是在长期内，只有对于储备货币国家，比如说国家 1，可以有负的 b_1 而其他国家的 b_i 均为正。这样，在长期内的斯塔博格范式博弈也可以写成一个国家的 b_1 为负而其他国家的 b_i 均为正。如果方程

(20) 成立，在前面得到的结论就是

$$G_R - \sum_{i=1}^{n} w_i b_i > 0 \qquad (29)$$

当 a_i 都相等的时候，世界性通货膨胀就可能发生了。

需要注意的是，a_i 都相等是一个关键的假设，即认为冲击后的帕累托最优是货币冲击的通货膨胀效在各国之间是平均对称分担的。这个特征看起来是为了简化分析的一个假定，但是它实际上甚至优先于全球加总的福利水平，因为平均对称分担的通货膨胀不会改变原有的福利配置（而经济学的隐含态度是通货膨胀肯定会影响产出和福利水平），或者说在冲击后会恢复到原来的均衡状态。这也就是说协调的最终目的不是改变原来的状态。后来的 NOEM 模型也与 Hamada 模型不同，NOEM 模型引入了生产率冲击，虽然货币政策实际上也是随着生产率冲击发生变化的，但是在 NOEM 模型中，协调的帕累托最优就不是恢复到原来的均衡状态，也不是平均对称的分担货币冲击的通货膨胀，而是按照生产率决定的货币需求。

假设国家 1 是储备国家，b_1 为负而其他国家的 b_i 均为正，这个条件就变成

$$G_R + w_1 |b_1| > \sum_{i=2}^{n} w_i b_i \qquad (30)$$

因此，如果非储备货币国家加总的期望国际储备的增加超过了以国际货币形式存在的国际储备的创造和储备货币的供给，要达到古诺解就将造成通货膨胀。

假设在开始的时候，国家 2 持有超额的储备存量并且试图减少持有量。那么在长期情景下的短期调整是 b_2 和 b_1 一样都是负的，而这将导向斯塔博格范式博弈。不过，在这个调整过程中，如果国家 2 实际持有的储备货币存量接近期望的存量，那么 b_2 就会变成零或正的。这样，在长期情景下，古诺解的状态就取决于 $w_1 b_1$ 和 $w_2 b_2$ 绝对值的相对重要性。

在长期内，只有一个按照领导者那样行为的国家就是储备货币

国家。这意味着如果储备货币国家保持 b_1 为负，且是很大的绝对值，那么非合作解和领导者解一样，都将倾向发生通货膨胀①。在这种情况下，美元本位体系的失败可以被看成是一个特定的博弈规则的结果，即只有美国像一个领导者那样行动，可以有大量的国际收支逆差，有很大且绝对值为负的 b_i。在这种情况下，只有在美国像一个公益的或伙伴型的领导者那样考虑世界的通货膨胀率而不是在斯塔博格博弈情景下的领导者那样可以任意的，不是以自己福利最大化为目标进行行动的时候，也就是美国追求的不是纳什均衡而是合作均衡的时候，世界体系才能正常运转。从 2008 年全球金融危机以后美国的货币政策行为看，这种假定显然不是那么现实。

如果存在一个国际货币组织，以超主权货币来设定的国际货币的相对变化率 G_R，且使其等于加总的期望国际储备货币增长，也就是

$$G_R = \sum_{i=1}^{n} w_i b_i \tag{31}$$

则各国货币当局的非合作行为也将达到帕累托最优，因此此时古诺解、领导者解和帕累托解就会叠加在一个点上了。而且在长期内，G_R 必须为正，因为全球的产出，从而全球的货币需求一定是增长的。只有在这种情况下，通过国际货币组织实现最优化就是可行的，而且不会出现 $\sum_{i=1}^{n} w_i b_i$ 为负的情况。而只要当储备货币国家期待大量赤字的时候，

$$\sum_{i=1}^{n} w_i b_i < 0 \text{ 或者 } -w_i b_i > \sum_{i=1}^{n} w_i b_i \tag{32}$$

此时国际组织引导的非合作解向帕累托解靠近也是不可行的。

总之，国际组织可以改变货币博弈的支付结构，从一个类似于囚徒困境的博弈转向一个非合作解正好与合作解重合的博弈（这一

---

① 当然，这应该还有一个前提，就是通过储备货币国家的国际收支赤字释放出来的国际货币的量要高于全球产出的增长或在其他国家货币供给不变情况下对货币需求的增加。

点是国际组织在达成国际合作，从领导者解和非合作解向帕累托最优靠近的关键）。退一步说，即使不能脱离纳什解，也可以通过寻求支付结构的改变，使囚徒困境向好的趋势发展。

从合理地引入国际组织发行超主权货币作为国际储备货币的结论看，Hamada（1976）具有非常前瞻性的分析。而且更重要的是，从 Hamada（1976）全文的最终结论看，要实现宏观经济政策的国际协调显然不是一件容易的事情！在这一点上，不仅与后来的研究文献，而且与布雷顿森林体系解体以后的实际情况，倒是相当一致的。

第三节　承上启下：从 Hamada 模型看宏观经济政策国际协调理论的发展

一般认为，有关宏观经济政策国际协调的模型主要有两代，即凯恩斯主义模型和新开放宏观经济模型。但是也可以粗略地分为三代：凯恩斯主义模型、货币主义模型和新开放宏观经济学模型。这种分类是粗略的，因为分类的标准并不统一。但是这些分类却大致显示了对宏观经济政策国际协调理论发展脉络的认识。

以蒙代尔—弗莱明模型为代表的所谓第一代模型还算不上一种专门的研究，实际上只是在一般国际经济学研究中不可避免地涉及对各国经济相互依存和溢出效应的研究，依然属于国际经济学逻辑链条结构中的一个部分，还没有独立成专项研究。但是，正如时至今日对宏观经济政策国际协调专项研究内容所显示的那样，对各国经济之间相互依存的传导机制和溢出效应的研究不仅是逻辑起点和重要的基础，甚至已经成为核心内容。在这个意义上，将在凯恩斯主义国际经济学框架内的相关研究视为宏观经济政策国际协调的第一代理论模型也未尝不可。而且我们还不能仅仅局限在蒙代尔—弗莱明模型及其后来的发展，如引入黏性价格的 M—F—D 模型、DD‑AA 模型和 AD‑AS 模型，甚至还应该追溯到更一般性的国际收支收入模型和吸收模型的两国扩展模型。后者虽然没有涉及汇率和利率等因素，但是对于宏观经济基本面因素之间的相互影响展现得更加简洁和清晰。

作为一种宏观经济学的分析框架，蒙代尔—弗莱明模型及其发展在分析思路上相对简洁，集中于主要宏观变量之间粗线条的逻辑关系和相互影响。各国之间的相互依存主要是通过贸易关系来体现的：贸易影响了收入，收入又反过来影响贸易，这个次生的效应决定了国际协调的收益是二阶的这个基本结论，提出并引起了此后持续争论不休的对宏观经济政策国际协调价值的一个基本问题。如果说在国际收支收入模型和吸收模型中没有涉及价格因素，那么在MF模型中通过引入IS-LM分析框架，通过货币市场的均衡将货币政策、利率和价格等因素引入均衡过程。尽管后来黏性价格问题的引入使得分析进一步细化，但不同市场决定不同的变量，因此商品市场、货币市场和国际收支的均衡是分别存在的。

与此前的凯恩斯模型相比，Hamada（1976）虽然是一项对宏观经济政策国际协调的专门研究，但是却改用了货币主义的理论逻辑和分析框架[①]。这使得Hamada模型不再仅仅局限于客观的相互依赖和溢出效应，而是明确引入了各国货币当局的目标函数[②]，而且可以将国外因素也引入到目标函数中，至少可以在考虑到国外影响条件下展开政策博弈的分析，以便在存在相互影响的条件下确保原定的政策目标。这一点就使得对宏观经济政策国际协调的研究真正脱离了国际经济学的分析框架而独立出来。在这里，政策目标还是一个宏观的目标，国际协调实际反映在对货币冲击带来通货膨胀效应的分担上。

在国际收支货币分析法的框架下，虽然由于货币当局政策变动

[①] 虽然Hamada模型的理论框架是货币主义的，但是它的技术框架却为后来宏观经济政策国际协调研究奠定了基础，因此被视为开山研究。

[②] 货币当局政策目标函数的引入相比LM分析中外生的货币政策可以关联更多的经济变量，使得货币政策在一定程度上规则化，内生性大大提高。

导致的通货膨胀效应的分担仍然主要是通过国际收支来实现的，虽然按照国际收支货币分析法来看，国际收支是一个国家调节国内货币供给的方式。但是，一个货币供给冲击，特别是国际货币储备国货币供给冲击造成的全球性通货膨胀效应能否在全球范围内对称分担，却不再是被动的，而是可以通过政策调整进行回应，从而为政策博弈留出了可能性。

尽管 Hamada（1976）描述的是一个简化模型，但是其整个分析对理解固定汇率条件下或世界经济子系统中固定汇率参与者之间货币政策相互依存的结构给出了可信的纯理论说明。其最终所揭示的结论依赖于各国货币当局对通货膨胀和国际收支目标之间的权衡和偏好。假定各国的货币当局把他们的福利函数部分地建立在经常项目余额的基础上而不是全部国际收支项目，那么一些货币当局可能就会牺牲价格稳定，通过竞争性贬值去增加经常项目的余额。

相对后来的 NOEM 框架，Hamada 模型不仅可以方便地建立 n 国模型，而且最重要的是可以方便地引入对于宏观经济政策国际协调来说至为关键的不对称影响问题。

由于考虑到各国之间存在不对称问题，只要双边合作是可行的，那么各种解（纳什解和领导者解）对合作解（也就是帕累托解）的偏离就不是非常重要的。尽管 Hamada 没有在论文中明确，但是能否实现合作取决于追随者能够接受不对称的收益。也就是说合作事实上总是对某一个国家相对有利。所以，合作并不总是可能的。在这种情况下，如何让各国接受这个结果呢？按照 Hamada（1976）的分析，至少有两种方案能够达到这种设计：一种办法就是操纵国际储备资产的增长率，使之和每个国家货币当局增加或减少储备的平均偏好相匹配；另一种办法就是有一个超主权的国际机构来控制国际储备货币的增长，以便使各国货币当局对国际收支盈余或赤字的偏好保持在合适的水平上。

总之，Hamada（1976）在一个国际收支的货币分析框架中所揭示的相互依赖是通过外汇储备的变化引起的，而一个国家，特别是储备货币国家外生决定的货币政策又将影响全球外汇储备的总量，从而导致了全球的通货膨胀或通货紧缩。

与后来的 NOEM 模型相比，Hamada（1976）不仅没有涉及微观基础，从而没有对居民部门福利的分析，以及由此涉及的国内价格和工资水平的决定，也就没有通过汇率渠道对商品价格造成的溢出和传导，因此作者是在固定汇率的假定下展开研究的，没有涉及汇率浮动以及定价货币等影响价格传导的因素。当然，作为一种宏观分析框架，Hamada（1976）可以方便地构建 n 国模型，而在 NOEM 模型中，受制于分析、表达和求解技术，主体依然是两国模型。

但是，与 Hamada 模型在货币主义框架内将外部冲击主要设定为货币冲击不同，在 NOEM 模型中直接采取了生产率冲击的形式。与货币冲击相比，生产率冲击具有更加深远的基本面影响。因此通过协调达到帕累托最优的结果就不再是恢复初始的均衡状态，也就不再是平均或对称的分担冲击，而是需要按照新的生产率造成的价格效应来分担冲击，从而达到全球加总福利的最大化。正如 Samuelson（2004）所展示的那样，生产率冲击给理论和现实带来的实质冲击具有更深刻更长远的影响，这也是货币冲击影响所不能比拟的。不再是如何恢复原来的均衡状态，而是如何确定新的均衡状态，在这个新的状态中，各国的福利可能会发生变化。因此，NOEM 模型的基本结论不是平均或对称地分担冲击，也不是恢复初始的均衡状态，而是强调通过消除价格和汇率的扭曲，以达到工资和价格完全弹性的均衡为帕累托最优的协调结果。从货币主义的分析框架出发，Hamada 模型关注货币冲击下的政策协调，而 NOEM 模型重点关注生产率冲击下的政策协调，这种分析视角的差异本身无可厚非，各有侧重也各有价值，但是毫无疑问，从生产率冲击角度展开分析无疑更具有一般性，更长远，因而最终替代了 Hamada 模型而成为宏观经济政策国际协调理论模型的主流。

第四章

国际经济政策协调的 NOEM 模型：
几项代表性研究的演进和问题

宏观经济政策国际协调的货币主义分析框架具有简单直观的优点，所以最早得到了发展，也反映了当时的经济理论发展和应用实践。但是，不论是货币主义分析框架还是更早的传统凯恩斯主义模型，都缺乏对整个经济过程微观基础的说明，既看不到作为消费者和厂商行为决策基础的福利最大化依据，也没有对在开放经济条件下消费者行为和厂商定价货币选择所造成影响的分析；不能解释经常项目或价格形成的动态变化，也无法用福利标准来评估宏观经济政策的绩效。Obstfeld 和 Rogoff（1995）将名义价格黏性、不完全竞争融入动态一般均衡模型，构建了具有微观基础的宏观经济学模型，使得相关的分析能够应用于对政策评估和福利研究。把这种框架和方法应用到国际宏观经济问题的研究就逐渐形成了新开放经济宏观经济学，并在此后逐渐成为开放宏观经济学研究的主流框架。

虽然整个分析范式出现了明显的变化，但是对宏观经济政策国际协调的这些研究所关注的问题却没有变化，依然纠结于政策协调收益这个最基础的问题。当然，新的研究深化了人们对宏观经济政策国际协调的理解。

早期基于 NOEM 框架对货币政策协调收益的研究，如 Obstfeld 和 Rogoff（2002），Devereux 和 Engel（2003），Corsetti 和 Pesenti（2005）等文献，得出了货币政策协调的收益很小甚至没有收益的结果①,但 Canzoneri、Cumby 和 Diba（2005）认为,这与模型的结构有关。因为这些模型虽然存在货币政策对消费价格进而消费行为的溢出效应,但是并没有考虑贸易条件。在这种情况下,各国通过独立的货币政策就能达到价格均衡,所以模型中各国之间的相互依赖关系是非常有限的。通过对 Obstfeld 和 Rogoff（2002）等的基准模型假设作出调整,Canzoneri、Cumby 和 Diba（2005）发现政策协调的收益还是不容忽视的。

总的来说,虽然对国际宏观经济政策协调的研究在 20 世纪 50 年代就提出了,而且从 80 年代中期就开始了专项分析,不过到了世纪之交相关的文献才逐渐多起来。但是,每篇文献都满足于在基准模型上加入一个新的因素或新的视角作出一个小的贡献,缺乏一个总体的框架性规划或路线图。当然,在政策协调的博弈以及博弈过程中可能涉及的内容和视角很多,拓展的可能选择太多,因而难度很大,同时也到处充满了可能的创新和突破,或者说弥补各种小缺憾的诱惑。只是比较遗憾的是,对于这样一个重要的问题甚至学科发展来说,距离建立起一个公认的理论分析框架还依然是比较遥远的事情。

向 NOEM 模型的演变虽然弥补了很多不足,充实并补充了分析的细节,使得研究更加丰满,但是也不可避免地使得一般理论研究天生具有的不足更加明显。毫无疑问,这种研究看上去更加可信,结论也更加明确,但是我们必须牢记的是,这些结论是在严格的假设下才成立的。例如,基于 NOEM 框架研究政策协调的论文不论就政策国际协调的收益得到怎么样的结论,其基本的假定包括:①是

---

① 类似的研究还包括:Canzoneri 和 Edison（1990）使用美联储的多国模型,通过博弈模拟也发现协调收益的比率大约是 0.01。Canzoneri 和 Minford（1988）分析了凯恩斯主义理论模型的结构发现,在这些模型中的协调收益必然是比较小的。后来,Mckibbin（1997）对凯恩斯主义模型的文献进行了综述,他说:"从事实和数据来看,对于世界经济来说最大的收益在于认识到每个经济体政策最优化的一些方式……各国之间政策协调产生的任何额外收益相对于各国进行政策调整的收益来说都是微不足道的。"Mckibbin 自己断言,这个结论接近了凯恩斯主义模型文献中的大众定理。

从居民部门福利最大化的角度给出的，而且是从静态，或比较静态的分析中给出的，没有考虑到长期增长可能给居民福利造成的动态影响；②协调问题的出现，或者说原有均衡体系面临的冲击是生产率冲击，货币政策的变化是由生产率冲击引起的，而在现实中我们面临政策冲击却常常因为危机，虽然危机也可以归入生产率冲击，但是其影响会更加复杂。因此，当我们提及这些研究对宏观经济政策国际协调的结论时，必须是在这些假定条件下才适用的，而不能简单地变成一般性结论和理念。

我们在这里梳理 Obstfeld 和 Rogoff（2002），Devereux 和 Engel（2003），Corsetti 和 Pesenti（2005）三篇经典文献的分析思路和主要框架，而不是进行推导，因此省略了大量的推导过程，只在不影响对结论理解的基础上给出最核心的方程并加以说明。另外，由于基本的框架设定大同小异，所以除了在第一篇中进行复述之外，在其他两篇论文的回顾中就不再是重点内容。由于涉及的变量太多，而且各篇中的含义也略有不同，本书假设读者已经阅读过一些经济学文献，对字母含义的一般惯例已经有所了解，所以仅在必要的情况下说明字母所代表的含义。

第一节　冲击风险的分担：模拟完全弹性市场与全球福利之和的最大化

如果宏观经济政策的溢出效应相对比较小，那么潜在的国际货币政策协调的收益也会非常有限。由于货物和金融市场把各国紧密地联系在一起，如果每一个国家从单边的角度来设计它的货币政策规则而罔顾溢出效应，肯定又会造成一些问题，各国独立地进行货币政策决策可能不利于全球福利甚至本国福利达到潜在的最优水平。

遵循着 NOEM 分析框架，Obstfeld 和 Rogoff（2002）认为在可信的假设下，除非风险厌恶程度很高，也就是对外国宏观经济政策溢出效应的影响非常敏感，得自宏观经济政策协调本身的收益不高，宏观经济政策的国际协调并不是必需的。货币政策协调的好处相比得自独立进行宏观政策决策的收益而言是一个微不足道的二阶问题。

问题在于，追求主要货币的多边收益是不是不必要呢？如果世界主要货币当局都单方面设计主要着眼于国内经济形势的货币政策规则，忽视国际溢出效应是不是不利于全球福利的提升呢？从全球的角度看，这样的制度安排会不会造成对通货膨胀的过度关注，对产出稳定的关注不足呢？抑或相反。

从原理上说，正如 Persson 和 Tabellini（1995，2000）的研究所表明的那样，即使没有约束性的国际协议，在设计国内货币政策的时候加入国际协调也会改善全球产出。然而，由于微观基础不足，他们自己也对这个问题持有非常谨慎的态度。不过很快，Corsetti 和 Pesenti（2001a）以及 Gali 和 Monacelli（2000）对新开放宏观经济学的讨论使得对这个基础问题上的研究取得了大幅度的进展。最终，Obstfeld 和 Rogoff（2002）首次将 NOEM 模型在一个国际框架下应用到货币政策规则的设计中。

与 Hamada（1976）在国际收支货币分析框架下的研究不同，由于加入了微观过程的分析，在 NOEM 中研究货币政策的国际协调时，增加了与各种扭曲有关的名义刚性假设，比如由于寡头垄断和资本市场不完全性造成的工资和价格的扭曲。这样，政策溢出实际上是扭曲表现的[①]。如果通过改变货币政策规则来矫正真实扭曲的交叉效应（cross effects）越小，可能获得的改善程度越低，就越不需要国际协调。正如 Obstfeld 和 Rogoff（2002）在他们的基准模型中所显示的那样，只要冲击是全球性的，那么在任何对称的货币政

[①] 这里暗含的一个重要理念依然是：如果市场调节机制是完全的，那么就应该接受政策溢出的结果。

策规则下①，全球风险的分担就应该是相同的。如果考虑到各种扭曲是相互影响的，如何估算协调的收益就变成了经验问题。在模型分析中处理这种情况的基本办法就是改变参数的设置。此时不确定性也就成了影响宏观经济政策国际协调决策的重要因素。

另一个值得关注的问题是，即使溢出效应在理论上可能是二阶的，由于对不同国家的影响是不对称的，因而协调的收益可能是值得关注和追求的。尽管由于模型设定的原因，比如参数的调整的手段或方式，依然可以反映出在协调收益相对较低情况下的不对称结果。这可能意味着三层含义：第一，溢出效应和协调收益在理论上可能是二阶的，是小的；第二，由于各国的经济结构原因，在全球模型中各国不是对称的。对于某些国家而言，分担全球型冲击的溢出效应在现实中依然是显著的，因而政策协调的收益就是值得关注和追求的；第三，同样是考虑到各国经济结构的原因，对于另外一些国家而言，协调收益可能又是无关大局的。所以，不应该简单地给出政策协调收益是大还是小的结论。

一　最初的两国模型

Obstfeld 和 Rogoff（2002）的模型包括两个规模相等对称的同质国家、本国和外国。不同企业使用不同的劳动投入 [0，1] 来生产不同的产品。本国在时期 [0，1] 生产贸易品，而外国则在时期 [1，2] 生产贸易品。不过，每个国家都在时期 [0，1] 生产非贸易品。与后来流行的模型相比，第一个方程还不是居民部门的福利方程而是生产函数。这是因为他们要先通过生产函数来推导出劳动

---

① 在这里，对称的货币政策规则保证了即使存在工资和价格的扭曲，各国之间的扭曲程度可能也是相同的。这意味着各国对全球冲击的风险分担就是对称的，也就是没有太明显的政策协调收益。因此，真正的问题在于，如果各国内向的货币政策规则不是对称的，并且全球性冲击给各国带来的影响也是不一样的，那么各国对全球冲击的风险分担就不是对称的。如果此前全球处于完全弹性价格的帕累托均衡，则此时新的均衡就会偏离帕累托最优，这样，宏观经济政策国际协调可能的收益就会上升。而在这个意义上，宏观经济政策国际协调在效果上，就是要在存在工资和价格黏性的情况下，模拟恢复到帕累托最优。

需求量，然后再定义家户的效用函数。

具体来说，他们分析的基本思路是从生产函数推导出劳动需求和家户效用，然后求解工资和价格，再明确消费支出的构成，然后根据生产率冲击和贸易条件的变化说明消费支出受到的影响，从而分别计算出两个国家预期效用以及两个国家福利水平之和的最大化，这也是宏观经济政策国际协调的目标函数。然后在弹性工资假定下求解两国福利水平之和的最大化作为帕累托最优效率。以此作为基准，再考虑当存在工资黏性时使用货币政策和汇率应对冲击时福利的变化。在这个意义上，最优的货币政策协调实际就是使用货币政策消除工资黏性的影响，但是政策也意味着可以在支出（劳动努力）与汇率波动之间进行权衡的可能。但是显然，在黏性工资条件下，不可能通过偏离合作（恢复弹性工资）的货币政策规则获取收益，也就是说，随着国内货币政策规则的改进和完善，纳什货币政策规则的结果应该越来越接近合作解。只有在风险厌恶程度极高时协调才会产生收益。

$Y(i)$ 代表产品 i 的产出，$L(i,j)$ 代表生产产品 i 时对劳动投入的需求 j。他们指出国内贸易品的生产由下式决定：

$$Y_H(i) = \left[\int_0^1 L_H(i,j)^{(\varphi-1)/\varphi} dj\right]^{\varphi/(\varphi-1)}$$

国内非贸易品的生产函数也是相同的（以 L_N 代替 L_H），国外的生产函数也是类似的。同时省略了订货的时间，所以只有一个合同期。

$W(j)$ 代表工人 j 的名义工资，且 W 是基于生产指数的工资[①]。这样，企业 i 对 j 种劳动的需求就是：

$$L(i,j) = \left[\frac{W(j)}{W}\right]^{-\varphi} Y(i)$$

对于每一个国内个体 i 来说，都有一个效用函数，决定了劳动

---

① 这个指数的形式就是 $W = \left[\int_0^1 W(j)^{1-\varphi} dj\right]^{1/(1-\varphi)}$。

供给，进而决定了工资水平。与后来常见的家户效用函数相比，增加了对消费的相对风险厌恶系数 ρ，也可以看成是为未来消费的折现率。

$$U^i = \frac{(C^i)^{1-\rho}}{1-\rho} + x\log\frac{M^i}{P} - KL^i$$

这里，$\rho > 0$，是一个恒定的相对风险厌恶系数，L^i 是两个部门的劳动总供给。

在上面家户的效用方程中，K 是一个随机的负效用系数，也可以被看作一国的生产率冲击。在后面的研究中，常常假设生产率冲击 K 和 K^* 是对称分布的[①]，但也并不是必然完美相关的。总的货币供给是 M 和 M^*，是外生的随机变量。

对于任意一个人 i 来说，它的全部实际消费 C 是一个具有指数权重 γ 的贸易品消费 C_T 和指数权重 $1-\gamma$ 的非贸易品消费 C_N 构成的柯布—道格拉斯函数。由于在 C_T 中包含了对本国和外国贸易品的偏好，所以它们也是柯布—道格拉斯函数的形式。不过为了简化分析，可以合理地假定对于 C_H 和 C_F 来说，它们的指数权重是相等的。外国相对应的消费偏好也一样。而且，消费的每一个分项 C_H、C_F 以及 C_N 都是固定弹性的（类似于方程 1），替代弹性是 θ。C_H、C_F 以及 C_N 以国内货币标价的价格指数都是反映了工资的变化。以国内货币标价的全部实际消费 C 的价格指数是 $P = P_T^\gamma P_N^{1-\gamma}$，而且贸易品消费 C_T 的价格指数 $P_T = P_H^{1/2} P_F^{1/2}$。

与对劳动需求类似的是本国和外国消费者对每种商品的需求，这些需求也是依赖于对相对价格的固定弹性 θ。例如，国内对国内贸易品 h 的需求就是 $C_T(h) = [P_T(h)/P_H]^{-\theta} C_H$。假设给定本国和外国产品的单位替代弹性以及贸易品和非贸易品的单位替代弹性，我们有 $C_H = 1/2 \, (P_T/P)^{-1} C_T$（$C_F$ 的表达式类似）和 $C_T =$

[①] 这一点是后来模型发展的一个突破口。在这里，作为开端的研究，为了简化分析而作出了对称的假设，显然，这个假设明显偏离了现实。

$\gamma(P_T/P)^{-1}C$（C_N 的表达式类似）。这样，决定货币需求的一阶条件是：

$$M^i/P = \chi(C^i)^\rho$$

二 工资和价格的设定以及封闭经济解

1. 初始的均衡状态和假定

假定工人提前一期设定好工资，并且之后按照设定好的工资提供企业生产所需要的劳动。最优名义工资预设的一阶条件是

$$W(i) = \left(\frac{\varphi}{\varphi-1}\right)\frac{E\{KL^i\}}{E\{L^i(C^i)^{-\rho}/P\}}$$

在确定性的情况下，最优名义工资预设的一阶条件方程实际体现了在固定价格和劳动边际负效用的情况下实际工资的边际效用。Φ 是产品 i 在所有产品中所占比重。

在工资不变的情况下，假定价格是弹性的，而且寡头垄断企业可以在国内市场和国外市场区别定价①。这样，在两个国家的需求弹性不变且相等的情况下，它们的工资水平也应该能够带来同样固定的价格加成。所以，如果 ε 是外国货币的本币价格（名义汇率），国内价格与国外价格的关系就是：

$$P_H = [\theta/(\theta-1)]W = \varepsilon P_H^*$$

也就是说，对于所有贸易品而言，一价定律始终是成立的，而贸易条件却可以随汇率变动而变动②

$$贸易条件 \equiv \frac{\varepsilon P_F^*}{P_H} = \frac{\varepsilon W^*}{W}$$

在贸易品的单位需求弹性和约束条件不变的情况下，贸易条件

---

① 这一个假定非常重要，因为这个假定是换了一种方式，或者说是以比 Hamada 模型单纯规模的不对称假定更接近实际的，即由于垄断企业在国内外定价方面形成的不对称而给国内外市场带来了不同的价格冲击。

② 如果以国内 CPI 来写外国的 CPI，则实际汇率也是可以变动的，这是因为：实际汇率 = $\frac{\varepsilon P^*}{P} = \frac{\varepsilon P_T^{*\gamma}P_N^{*(1-\gamma)}}{P_T^\gamma P_N^{(1-\gamma)}} = \left(\frac{\varepsilon W^*}{W}\right)^{1-\gamma}$。

也等于贸易品的产出（需求或消费）值，所以：

$$C_T = C_T^*$$

当贸易品在总消费中的占比在各国都相等的情况下，国内外总消费 C 和 C^* 就不再需要同步变化（这里比较自然地引入了不对称性）。如果我们用单位贸易品来测度家庭支出，则有：

$$Z \equiv C_T + (P_N/P_T)C_N$$

然后，从前面我们可以推得 $P_N/P_T = (1-\gamma)C_T/\gamma C_N$，可以代入得到：

$$Z = C_T/\gamma = C_T^*/\gamma = Z^*$$

做这样的变换是因为用贸易品来测度的支出水平 Z 和 Z^* 可以方便地求解后面的模型。

对于下面的分析，将对数消费效用（$\rho=1$）分成贸易品和非贸易品就是重要的。这样，当事后 $C_T = C_T^*$ 成立时，我们就能够将贸易品消费的风险实现完美的（按比例的）国际分担[1]。而当风险厌恶系数 $\rho \neq 1$ 时，贸易品消费的边际效用就取决于非贸易消费。因而在这种情况下，$C_T = C_T^*$ 就不能保证可贸易品消费的国际边际效用相等，所以就需要考虑风险分担的效率问题，而这对于政策协调是非常重要的[2]。

下面是在假定所有的外部冲击（m, m^*, k, k^*）都是在联合正态分布的条件下求解模型。小字母都是对数值，比如 $m = \log M$。为了简化起见，假定本国和外国对数的生产率冲击均值和变动是相等的：$E_K = E_K^*$，$\sigma_K^2 = \sigma_K^{*2}$。这样就可以方便地定义世界的生产率冲击 K_w 和各国的生产率冲击 K_d：

---

[1] 由于我们可以将 C 看成是 Y 的固定比例，所以在这里，贸易品消费的风险实现完美的（按比例的）国际分担的含义就是按照两国经济规模实现分担（尽管在这里两国的规模假定是相等的）。

[2] 这里实际指出最关键的不对称因素其实不是经济规模的不对称，甚至不是经济结构的差异，而是两国对未来风险的厌恶程度。一般来说，新兴市场储蓄率高，对未来的风险厌恶程度比较低，也就是更愿意推迟消费，从现期消费中获得的边际效用小，因而对进口贸易品的需求下降得就多，这样实际的风险承担就会下降。反过来，对宏观经济政策国际协调的需求就比较低。

$$k_w \equiv \frac{k+k^*}{2}, k_d \equiv \frac{k-k^*}{2}$$

需要注意的是，k 和 k^* 的变化幅度相同[①]，因此 cov $(k_w, k_d) = 0$，并且 $\sigma_K^2 = \sigma_{Kw}^2 + \sigma_{Kd}^2$。将冲击分解成全球冲击和国别冲击对于我们对比协调的收益会有很大的帮助。

2. 不确定性对贸易条件和支出的影响

现在最重要的是描述在基准模型和国际政策协调模型之间的差距，也就是确认政策协调的收益。

与 20 世纪 80 年代和 90 年代货币协调标准模型使用专门的线性二次方程（Canzoneri 和 Henderson，1991）不同，在这里，货币政策规则的改变会影响平均工资和价格，也影响它们的变动幅度。世界的劳动负效用冲击 k_w 和汇率 e 变动之间协方差 σ_{Kwe} 的提高会（相对国外而言）降低本国家庭的劳动努力。这是因为当世界劳动努力和国内家庭劳动供给的边际负效用意外增加时，会导致国内实际消费的相对边际效用的意外下降。结果，国内的工人就要提高（相对于国外工资的设定水平而言）他们的工资设定水平。

这些协方差的效应在更早一些研究货币政策协调的确定性模型中是不存在的。相反，在那些模型里增加了一个人为的假设：非预期通货膨胀的成本造成了事后的政策权衡。而在这里，对于那些可以操控货币政策的国家来说，存在一个以国外为代价提高本国的预期福利的潜在刺激。例如，通过货币政策规则对工资的影响，一个国家可以操纵实际汇率和贸易条件。

为了显示出在受到外生冲击时内生变量的变化，就需要设定黏性工资模型中事后贸易条件的变化（等于事后名义汇率的变化）和事后开支的变化：

$$\hat{e} = \frac{\hat{m} - \hat{m}^*}{1-(1-\gamma)(1-\rho)}$$

[①] 如果假定 k 和 k^* 的变化幅度相同，那么就意味着 $k_d = 0$。

$$\hat{z} = \frac{1}{2\rho}(\hat{m} + \hat{m}^*)$$

在这里,上标尖代表意外的部分,例如 $\hat{m} = m - Em$。一旦我们确定了货币供给 m 和 m^* 的政策规则,我们就能得到模型的解。不过,在此之前,还要说明预期效用是如何依赖于均衡协方差的。

3. 求解预期效用

研究货币政策规则,就是要分析在家户效用函数方程中当 $\chi\to 0$ 时货币政策规则的福利含义。当 $\rho = 1$ 时,决定货币需求的一阶条件方程意味着在均衡条件下,$\chi C = M/P$。因此,在评估个人效用时,我们可以用 $(1+\chi)\log C$ 来代替 $\log C + \chi\log M/P$。

同样在 $\rho = 1$ 时,从消费中获得的效用就是 $\log(C)$,这样,(当 $\chi\to 0$ 时)一个国内居民的预期效用就是

$$EU = Ez + \left(\frac{1-\gamma}{2}\right)E\tau - \psi$$

这里

$$\psi \equiv \frac{(\varphi-1)(\theta-1)}{\varphi\theta}$$

国外的预期效用则是:

$$EU^* = EU - (1-\gamma)E\tau$$

上面两个方程显示,以贸易品测度的预期消费 Ez 是本国和外国效用中的一个通用部分,由此我们可以确定实际汇率(与贸易条件同比例)就是一个潜在的冲突来源。由于两国也都是用贸易品来度量支出,国家就会选择实际汇率贬值,降低非贸易品的相对价格并使支出具有更大的实际购买力。

外国预期效用也是类似的表达式。在 $\rho = 1$ 的情况下,预期贸易条件 $E\tau$ 就提供一个潜在国际冲突的来源。国际福利分布的非对称性也可以通过世界需求和汇率的协方差 σ_{ZE} 来引入。

三 政策协调:事前承诺货币规则情景的全球效率

比较不同政策规则,不仅是为了说明宏观经济政策国际协调的

收益，也是因为货币供给 m 和 m^* 受生产率冲击 k 和 k^* 的影响，并且货币供给是生产率冲击的函数，所以就要研究在出现生产率冲击以后货币供给将如何变化。一般来说，政策规则在原则上排除了使用意外通货膨胀来使就业和产出恢复到应有的竞争性水平的可能性。换一个角度看，一个国家的货币当局不会试图通过货币供给的意外调整去操纵贸易条件。尽管预期支出和预期贸易条件实际上受到货币政策的影响，但是事前对货币政策规则的承诺不会使得货币政策因此去制造意外的通货膨胀。

一般来说，黏性工资和黏性价格模型本身就具有扭曲的特征，所以在这些模型中最优货币政策就不能再简单地模拟弹性价格均衡。这是因为多重扭曲，比如工资黏性、寡头垄断和消费风险国际分担的失败等，常常是相互影响的。由于在模型假设的特定场景中，应对国际协调问题的最优解是要复制弹性工资解，但是由于存在黏性工资和黏性价格的扭曲，宏观经济政策的国际协调可能又是不必要的[1]。

如果政策决策者在选择他们国内的货币政策规则时能够彼此协调，那么在两国福利权重相等的情况下，就应该使两国的福利水平之和最大化[2]：

$$EV = 1/2EU^* + 1/2EU$$

为了达到这个目标，他们就需要最大化相关的货币政策反馈

---

[1] 要复制弹性价格解的过程本身是因为存在黏性工资和黏性价格，这就给政策复制增加了难度。也就是说这些黏性价格对偏离帕累托最优发挥作用的方向在不同的具体情景下可能是不确定的，有时甚至是相互抵消的。

[2] 在这里，我们实际上看到了 NOEM 框架分析中的一个潜在矛盾，即：一方面表明政策协调的目标是实现弹性工资和价格条件下的帕累托最优，但是在另一方面表达协调目的的时候又说是最大化两国福利之和。显然，在这两者之间是存在一定差距甚至矛盾的。完全市场条件下的均衡是帕累托最优，实际上类似于一种博弈的结果，也就是没有哪一个国家可以以别国福利的减小为代价来提高自己的福利。也就是不能采取以邻为壑的政策。但是两国福利之和最大化却可能存在一个国家可以以别国福利的减小为代价进一步提高本国进而全球总的福利水平。也就是说此时可能存在以邻为壑的政策。或者说在这种情况下，只要一个国家福利提高的程度大于另一个国家福利因此下降的程度，那么这种政策在协调中就是成立的。

规则。

1. 风险厌恶和预期效用

在选择国内货币政策时，作为理解合作与冲突，或者说内向政策和协调政策之间差别的第一步，就要计算国内和国外的工资弹性和工资黏性下的效用。

如果 $\Omega(\rho)$ 是全球风险厌恶和国内风险厌恶程度两项之和，即

$$\Omega(\rho) = \Omega_w(\rho) + \Omega_d(\rho) \quad 且有 \quad \Omega^*(\rho) = \Omega_w(\rho) - \Omega_d(\rho)$$

$\Omega_W(\rho)$ 是世界效用的一部分，而且对本国和外国的影响是对称的。世界开支的变动（σ_z^2）增加，或者汇率变动的增加（σ_e^2）都会对国内和国外的预期效用产生相同幅度的影响。

$\Omega_d(\rho)$ 则是一个不对称的效用构成部分，并且以相反的方向影响本国和外国。例如，σ_{Kwe} 的上升会降低国内的效用，这是因为当全球出现非预期性的努力厌恶时，对国内产出的需求就会上升。同样的变化也会给国外带来相应的利益，因而明显是零和的关系。

2. 弹性工资均衡和帕累托效率

以模拟弹性工资均衡为目的的货币政策规则应该满足

$$\delta_d^{flex} = \delta_d^{*flex} = 1 \quad 和 \quad \delta_w^{flex} = \delta_w^{*flex} = 1$$

因此要模拟弹性工资均衡，而且模拟弹性工资资源配置的充分条件就是有效的政策协调目标（这是至关重要的一个原则性假定，实际上给定了政策协调的理想目标，即在存在市场不完全的情况下通过政策和政策协调达到完全市场竞争条件下的结果）。这样就有：

假设1. 假设弹性工资配置本身就意味着事前的帕累托效率（受到劳动供给处于寡头垄断水平的约束）。那么，一个能达到与弹性工资情景下相同资源配置的全球货币政策规则也是事前最有效率的帕累托最优。

也就是当两个国家效用的权重相等时，以弹性工资配置为目标也是最优合作政策。

3. 最优合作

假设 1 是对最优政策特征的一个简洁描述。当所有生产率冲击是全球对称冲击的时候，贸易品消费风险的分担是有效率的（在各国之间是平衡分担的），而且除了寡头垄断造成的扭曲之外，弹性工资均衡就不存在全球扭曲。因此可以认为最优合作政策是以弹性工资配置为目标的。在这个意义上，最优货币政策可以在平衡风险分担和黏性工资扭曲之间寻找一个平衡，特别是将通过降低工资刚性来改善风险分担。这实际上就是我们在前面所说的各种扭曲之间的互动。

为了理解在一般情形下不同扭曲的权衡，我们在合作状态下求解最优政策规则。家户预期效用方程和两国的福利水平之和最大化方程显示，当 $\rho = 1$ 时，通过货币合作最大化的目标就是（这也是一个至关重要的假定）：

$$EV = 1/2EU^* + 1/2EU = Ez + 固定项$$

然后 Obstfeld 和 Rogoff（2002）又推导了当 $\rho \neq 1$ 时，一个国家的期望效用水平以及最优货币政策合作规则。

这两个国家的权重是相等的，但是预期的实际汇率的协方差和全球支出对名义汇率的协方差 σ_{Ze} 的符号是相反的。因此，在全球水平上，对于国际政策协调的目标而言，这两个因素消失了。当然，这并不意味着最优的合作政策就是固定汇率，除非本国和外国面临的生产率冲击正好完美相关（前面所说的贸易品消费的风险完美分散化，这是一个非常重要的地方：如果生产率冲击对两国是完美相关的，那么在两国模型中，考虑汇率就是多余的。但是，后来引入 PCP 和 LCP 以后，即使生产率冲击完美相关，也必须考虑到汇率因素）。

求解合作规则就是要追求全球福利的最大化，以及各国和全球福利的变化 δ_d^{coop}、$\delta_d^{coop\,*}$、δ_W^{coop}、$\delta_W^{coop\,*}$，Obstfeld 和 Rogoff（2002）推导出：

$$\delta_d^{coop} = \frac{1 - (1-\gamma)(1-\rho)}{1 - (1-\gamma)^2(1-\rho)} \quad 和 \quad \delta_w^{coop} = 1$$

应该注意到，由于在模型中是对称的，完全对称的冲击就可以通过调整全球支出 z 来应付，而对于不对称冲击就应该通过调整汇率进行应对（由于在两国模型中，完美对称的生产率冲击是一种理想状态，所以在现实中，通过汇率调整就是更加常见的协调形式）。重要的是，上述规则体现了在稳定（对生产率冲击更加顺周期的反应以提高世界效用）和波动（全球支出和汇率的波动）之间进行最优对称权衡（这是全书最核心的结论和理念）。支出和汇率波动（σ_z^2 和 σ_e^2）的提高会降低全球效用。在这两种情况下，更高的顺周期性就意味着更对称的货币政策规则[①]。

比较全球最优规则和达到弹性工资下的配置的全球最优规则，我们首先看到的在 $\rho=1$ 时，以达到弹性工资下的配置为目标就总是最优的（与假说 1 一致）。在全球生产率对称冲击的特殊情况下，即使 $\rho \neq 1$，假设 1 依然成立，也就是有 $\delta_W^{coop} = \delta_w^{flex}$。然而，$\delta_d^{coop} = \delta_c^{flex}$ 只有在 $\rho \neq 1$ 但是 $\gamma = 0$ 或者 $\gamma = 1$ 的时候才成立。在这些极端的情况下，或者所有商品都是可贸易的（只有在这种情况下国际消费风险的分担才是完美的），或者就没有贸易品（在这种情况下各国没有可以分担的消费风险）。

所以，当 $\rho \neq 1$ 但是 $0 < \gamma < 1$ 时，合作均衡反映了次优的一般原则。因为合作应该能够部分消除刚性工资带来的扭曲，从而降低风险分担带来的扭曲[②]。在这种情况下，Obstfeld 和 Rogoff（2002）推导出，当 $\rho < 1$ 时，$\delta_d^{coop} < \delta_c^{flex}$，但是当 $\rho > 1$ 时，则有 $\delta_d^{coop} > \delta_c^{flex}$。因此，当 $\rho < 1$ 时，汇率波动的效果不及弹性工资的效果，而当

[①] 这意味着政策不是平抑波动，而是保证生产率冲击的扩散。当然，更重要的是，这里有关最优政策协调的结论，都是基于生产率冲击这个特定情景引发的，不能作为一般化结论。且不说指向明确的敌意性贸易战政策，如果国际货币国家因为危机（逆向的生产率冲击）或衰退而带来的货币政策冲击，在这样一种不对称情况下，其他国家也坚持政策步调一致，应该会造成福利的下降。

[②] 这是一个核心原理，尽管 Obstfeld 和 Rogoff（2002）对国际协调最优货币政策的目标比较模糊，但实际依然是一全球视角，以冲击带来的风险的合理分担为目标，因此仍然是以全球最优为目标的，而合作就是通过汇率变动，消除冲击后的扭曲和工资价格刚性，保证消费风险的风险分担。

$\rho > 1$ 时则相反。这实际是他们对宏观经济政策国际协调收益的一个重要结论。

4. 理解权衡：汇率变化引起劳动努力，进而福利的变化

怎么才可以解释为什么最优货币政策与弹性工资配置的目标之间出现差异呢？这显然是一个具有重大理论意义和实践意义的问题。这种情况在以往的货币政策文献中并没有得到太多的关注，理论意义就在于使用 NOEM 说明了政策协调收益的原理，而其实践意义就在于可以预估政策协调可能产生的实际效果。Obstfeld 和 Rogoff（2002）对此给出了一些直觉性的解释。

理解在贸易品风险分担不完美情况下 δ_d^{coop} 和 δ_d^{flex} 之间的差距，可以将一个国家事后贸易品的边际效用写成：

本国贸易品的边际效用 = $Z^{-\rho} \left(\dfrac{\varepsilon W^*}{W} \right)^{[(1-\rho)(1-\gamma)]/2}$

外国贸易品的边际效用 = $Z^{-\rho} \left(\dfrac{\varepsilon W^*}{W} \right)^{[-(1-\rho)(1-\gamma)]/2}$

因此，事后国际边际效用的缺口实际与汇率变化无关（汇率本身是一个名义变量，应该不会对长期的实体经济福利产生影响，但是汇率会使各国非贸易品产出的变化各不相同）。当 k_d 出现一个正的冲击以后，需要汇率 ε 下降以模拟一个弹性工资均衡。按照前面的方程，在 $\rho < 1$ 的情况下，本国贸易品消费的边际效用就低于外国弹性工资下的配置水平。汇率 ε 下降使得国内要为可贸易品的进口支付更多，结果国内居民就要更努力的工作，国外的居民就可以少工作一些，这是因为需要用更多的国内产品才能交换较少的外国产品。对于 $\rho > 1$ 的情况而言，逻辑也是对称的。在这种情况下，在弹性工资配置下，正的 k_d 将需要从国外向国内输出更多的贸易品。反过来，合作均衡则要求比在弹性工资均衡下汇率 ε 的下降幅度更大。这样才能使得国内居民生产较少的出口品，而国外居民要生产比弹性工

资下更多的出口品,从而维持彼此的福利水平大体不变①。

四 政策规则的非合作选择

在设计一个国家的货币政策规则时,很少考虑国内制度变化将给国外的福利造成什么样的影响。然而,货币政策规则可以改变预期实际汇率,这反过来可以在本国和外国福利之间打入一个楔子。这也就自然提出了一个问题,是不是一个合作的国际环境永远是最优先的?或者说是不是有其他一些情况可以实施一些最优的合作规则而不受制于全球性的货币条约?

在设计货币合作规则时以事后的弹性工资均衡为目标,这些规则其实依然是纳什均衡的规则(虽然也可以克服扭曲,达到市场均衡的结果)。真正的合作规则不是去模拟弹性工资均衡(而是去追求全球福利的最大化),它们就不是纳什政策。事实上,当一个国家应对全球的且国际对称的冲击时(没有价格黏性和工资刚性,也就是没有市场扭曲时,听任市场自发调节的自然结果)就不会提出协调的问题。因此,只有面对非对称冲击时,政策协调才变成了一个问题。

1. 政策规则中的纳什均衡

在纳什情形下,国内政策目标就是:

$$\max_{\delta_d,\delta_w} \frac{\omega}{\rho} + \underbrace{\Omega_w(\rho)}_{\text{国际成分}} + \underbrace{\Omega_d(\rho)}_{\text{国别成分}}$$

δ_d^* 和 δ_w^* 是给定的,ω 是 Obstfeld 和 Rogoff(2000b)定义的一个常数。外国的目标函数就是最大化全球部分减去国别部分。也就是说,两个国家的货币政策目标是相互影响的,而且是零和的。因此,对任何一个国家来说,当均衡是模拟事后的弹性工资均衡时,没有一种仅针对它们的激励去背离合作均衡,也就是说这种激励对

---

① 从维持原有均衡的角度说,这样的政策协调是对的,但是这显然不是市场化的创新激励:创新者必得到更高的福利补偿才对,也就是外国福利必须上升而本国福利就会相应地下降。

两个国家来说也都是相同的。这样我们提出假设2。

假设2. 在纳什货币政策规则设定的均衡中，当 $\rho = 1$ 时，$\delta_d^{Nash} = \delta_d^{coop} = \delta_d^{flex}$，当 $\rho > 1$ 时，$\delta_w^{Nash} = \delta_W^{coop} = \delta_w^{flex}$。

假设2意味着当弹性工资均衡受到事先约束（主要是寡头竞争的扭曲）时，本国就不能从偏离合作的单边货币政策规则中获益。

因此，当合作均衡是模拟弹性工资均衡时，合作均衡同时也是规则预先设定情况下的纳什均衡（这点很重要，也就是说如果没有扭曲，那么合作就是遵守市场规则，保持政策规则不变，让市场均衡发挥作用。类似于让休谟的物价—金币机制发挥作用）。而所有冲击是不对称时，按照假定2的逻辑，一个国家就不可能通过改变它们应对全球冲击的方式（也就是货币政策规则）而获益。

对不对称冲击的纳什反应，我们提出假设3。

假设3. 在纳什货币政策规则设定均衡中，当 $\rho < 1$ 时，$\delta_d^{flex} > \delta_d^{Nash} > \delta_d^{coop}$，而当 $\rho > 1$ 时，$\delta_d^{flex} < \delta_d^{Nash} < \delta_d^{coop}$。

在假设1成立的情况下，对全球的规划者来说，不论国家福利权重在目标函数中有多大，以弹性工资均衡为目标都是最优的。因此我们有定理4。

定理4. 如果弹性工资配置以达到事前帕累托效率为限（最高水平），那么即使对于一个更偏爱一个国家的超国家规划者（这里实际上就是指那些具有国际视野和政策国际协调意识的各国中央银行行长）来说，能够达到与弹性工资情况下相同实际资源配置的全球货币政策就是最优的货币政策。

所以，Obstfeld 和 Rogoff（2002）的核心观点有两点：①完全市场（弹性工资）自发的结果就是最优货币政策应该追求的最优结果；②最优的协调就是全球的最优。

2. 假设2和假设3的比较

假设2的结论是，纳什均衡和合作均衡的规则设定博弈正好是一样的，这意味着协调的收益会非常有限，与之前的政策协调文献形成了鲜明对照。不少文献认为处理应对共同（对称）冲击的非合作（事后）后果与合作结果是不一样的。而按照假设2的逻辑，对一种共同的冲击作出反应的结果，合作选择的结果总是和不合作选择的结果相同。在 $\rho = 1$ 时，合作选择的结果也和不合作选择的结果是相同的。

造成这种结果的基本原因是，货币政策规则被设计成模拟帕累托约束下的弹性均衡，因而设定本国和外国的黏性工资扭曲为零，这些扭曲可以表示为：

$$\Omega(\rho) = \Omega_w(\rho) + \Omega_d(\rho)$$

以及 $\Omega^*(\rho) = \Omega_w(\rho) - \Omega_d(\rho)$

如果黏性工资扭曲不存在了，由于政策规则变化的一点点扭曲对本国和外国福利的影响就不是一阶的了[①]。

假设3把合作与弹性工资反应的系数相提并论。在这种情况下，Obstfeld 和 Rogoff（2002）通过对模型的分析发现，当 $\rho < 1$（风险喜好）时，各国对不对称（原词使用的是 idiosyncratic，中文意思是非怪异的）冲击的反应比一个对称冲击会更加强烈。这样，汇率的变动会比基准的最优合作政策更剧烈。而当 $\rho > 1$ 时（风险厌恶），纳什均衡会比合作均衡时汇率的变动更小。显然，后一种假定更接近现实。

这是因为协方差 σ_{Ze} 越大意味着本国货币政策变化越大，给国内带来的影响是负面的。具体来看，σ_{Ze} 越高意味着汇率变化使得需求转向国内。而在较高的 ρ 水平上，σ_{Ze} 的下降使得国内收益下降。这样，国内如果选择货币政策规则来稳定汇率（纳什均衡）将比合作情况下调整幅度更小。

[①] 这一点也很重要，因为这意味着一种潜在的认识理念：纳什均衡就是干预，就是扭曲。而如果这种扭曲本身是价格和工资扭曲造成的，那么这种扭曲对福利的影响就还是直接的，是一阶的。当出现冲击以后，纳什政策是要用来进一步造成或加剧价格或工资的扭曲从而达到有利于自己的福利结果，因此对本国和外国福利的影响就是二阶的了。

通过改变货币政策规则来降低协方差 σ_{Ze}，将使外国直接遭受到以邻为壑的打击损失。与此同时，$\Omega_W(\rho)$（全球福利的部分）将下降。这个效应将对两个国家都是不利的，因为它们的共同目标本来应该是，当本国面临的生产率冲击比较低的时候（也就是外国生产率相对比较高的时候），乐见本国货币升值（外国货币贬值）。也就是为了恢复帕累托最优，政策必须反其道而行之。

Obstfeld 和 Rogoff（2002）最后还讨论了最优关税的福利效应。在他们的模型中，如果个人生产者高估了他们产品的全球需求弹性，两个国家就都会以征收最优关税的方式，以外国为代价来提升自身的福利水平。但是他们发现，一个国家最优关税的一阶条件与最优货币政策的条件无关。也就是说，不论本国是否实施了最优关税，只要货币政策消除了黏性工资效应，一个国家的福利就能够得到最大化。换言之，选择最优关税和最优货币政策规则是不同的问题。最后，他们还设想引入完全资本市场，那可能就意味着能够有效的改变货币政策规则。结果发现在存在完全名义资本市场的情况下，名义价格刚性的假定就很难成立。

3. 怎么证明合作可以产生比较大的收益？

Obstfeld 和 Rogoff（2002）最重要的目的是要从数量上确认合作收益的重要性。他们在当 $\rho \neq 1$ 且 $\sigma_{Kd}^2 > 0$ 时对模型进行了模拟。假定 $\sigma_{Kd}^2 = \sigma_{Kw}^2 = 0.01$，$\gamma = 0.6$，对于不同的 ρ 值，他们在表4—1中计算了三个数据：（i）以弹性工资均衡为目标的货币政策相比维持货币供给不变的货币政策收益；（ii）从弹性工资政策转变为合作均衡的收益；（iii）是（ii）对（i）之比。其中，得自（i）和（ii）的收益分别是对弹性工资产出水平的百分比。由于纳什均衡政策处于弹性工资均衡与合作均衡之间，所以比率（iii）是规则设定中纳什行为相对合作行为的收益上限。

模拟结果表明，稳定收益随 ρ 的下降急剧下降。这是因为 ρ 越高，在弹性工资均衡中为应对生产率冲击对工资进行调整的必要性

表 4—1　　　　　　稳定收益与合作收益（产出的百分比）

	$\rho=0.5$	$\rho=1$	$\rho=2$	$\rho=4$	$\rho=8$
（ⅰ）稳定收益	3.11	1.01	0.33	0.11	0.03
（ⅱ）合作收益	0.02	0	6.3×10^{-3}	9.0×10^{-3}	5.8×10^{-3}
（ⅲ）（ⅱ）/（ⅰ）	7.9×10^{-3}	0	1.9×10^{-2}	0.08	0.18

资料来源：Obstfeld 和 Rogoff（2002），第524页。

就越小。不过，相比简单以弹性工资均衡为目标的货币政策来说，合作的收益在这个模拟中都是非常微不足道的。只有当 ρ 相当高以后，稳定的收益非常小，此时合作的收益才会逐渐超过稳定的收益。只有当 ρ 过高（接近100）时，合作收益才会比稳定收益高出40%。但是当 ρ 较高（等于8）时，合作收益也会比稳定收益高出18%。

如果说在 Oudiz 和 Sachs（1984）的经典文献中，他们的结论建立在一个旧的凯恩斯贸易乘数基础上，所有的参数都取自那时已有的大型宏观经济模型。结果发现各大经济区之间的货币合作收益并不大，但主要是因为欧洲、美国和日本是相对封闭的经济体。那么 Obstfeld 和 Rogoff（2002）不仅研究了规则设立的博弈，而且也考虑到对冲击的反应。更重要的是，他们的分析表明，在新开放宏观经济的 NOEM 框架中，当贸易规模小的时候，得自货币政策国际合作规则设定的收益也小。在他们的论文中，合作均衡和纳什均衡在商品市场完美一体化的时候也是趋同的[①]。潜在收益只有在商品

[①] 这意味着协调的需求产生于市场不完全以及贸易传导程度太高。反过来说，如果市场是完全的，也就是不存在扭曲，也就不需要用协调政策以模拟弹性价格。进一步说，政策也是一种扭曲力量，只是在这里是想用政策扭曲把市场扭曲矫正回来。在这里实际还是把政策本身就看成是一种扭曲，而且更重要的是，作者实际上把政策协调就看成另一种保证或者恢复市场均衡的政策，所以也总是说以弹性工资均衡为目标。只要高度全球化和一体化，就意味着市场本身已经很充分了，那么政策协调的收益当然就很小，而要让政策协调的收益显著就要有一个前提，市场存在各种形式的扭曲。事实上，后来得到收益高的结论本质上就是加入了造成扭曲的各种条件。当然，是不是进行协调，还有第三个前提，就是对风险的偏好程度。对风险的偏好程度高，当前消费就比较少，因而此时福利本身就下降了，协调收益才会上升。总之，影响协调收益的有三个因素：贸易规模、市场完全程度、风险偏好程度。

和资本市场不完全一体化的情况下才会明显出现。当然，如果各国存在基本面的差异，合作的潜在收益也会比较大。另外，与此前文献不同，他们实际假定货币政策通过市场参与者对风险的反应行为能够影响经济路径（Trajectory），提高产出和就业。最后，Obstfeld和Rogoff（2002）发现了以往文献忽略的冲击风险全球分担的问题（主要是生产率冲击），而且这个问题的关键在于政策协调使得非对称冲击的全球分担变得合理。也就是说，对协调的需求是因为不对称造成的，而且协调就是合理分担不对称冲击。

不过 Obstfeld 和 Rogoff（2002）的结论也有点意外：即使在全球化高度发展的情景中，缺乏协调可能并不会总是大问题。也就是说，随着国内货币政策规则的改进和完善，纳什货币政策规则的结果可能越来越接近合作解。在他们的模型中，全球最优的货币政策规则就是寻求全面抵消名义刚性，并且不再承担（burden）市场不完全性和其他额外扭曲的逆向影响（counter-action）。而且这样的研究只有在 NOEM 福利分析的框架中才是可能的。

第二节　汇率传递：在稳定产出和汇率间权衡以实现国内福利最大化

Corsetti 和 Pesenti（2005）在一个存在垄断竞争和名义刚性的相互依存世界经济系统中，建立了一般均衡的最优货币政策模型。与此前的 NOEM 模型相比，其结论指向是：当企业加成面临汇率波动时，立足国内价格稳定的政策不是最优的。因为这样的政策会增加汇率的波动性，导致外国出口商在面临出口市场不稳定性增加的时候提高价格，而提高的进口商品价格降低了国内消费者的购买力。因此，最优的货币规则应该是在较低的消费价格和较大的国内产出缺口之间进行权衡。在一个纳什均衡的世界中，最优货币规则应该比仅关注国内情况和相机抉择这两种货币规则情况下表现出更低的汇率波动。最重要的是，货币政策国际协调的收益与汇率传递程度呈现非单调的关系。

在有关最优货币政策的长期争论中，一个悬而未决的问题是封闭经济条件下的政策规则是不是同样适用于一个开放的、相互依存的和贸易导向的条件？或者反过来说，从国际视野来看是不是存在一种兼顾国内和国际状况的政策权衡。有人认为，汇率波动是调整相对价格的一个工具。按照这种思路，内向政策试图稳定国内价格并填补产出缺口就意味着忽视贸易开放的影响，忽视用货币价值的变化去抵消进口价格波动的可能性。但是，如果贸易波动是造成国内经济不稳定的一个来源，那么国内货币政策就应该对汇率波动做出反应。此时需要判断的一个问题就是货币政策国际协调能够带来多大的福利收益[①]，也就是说，在进行货币政策决策时，将关注点从国内扩展到国外能够给国内福利带来什么好处？

Corsettti 和 Pesenti（2005）建立了一个一般均衡的基线模型，以求解在相互依存的经济体之间，在存在名义刚性、生产的不完全竞争和前视价格设定（forward-looking price-setting）的情况下最优的货币政策。他们的核心结论是：在开放经济条件下，如果货币政策仅仅关注国内价格稳定和产出缺口，就可能导致消费品进口价格过高的无效率状态，这对国内消费者来说就意味着一个次优的福利水平[②]。

在这个结论后面存在的一个可能推论是，仅仅关注国内稳定的货币政策会提高全球需求和汇率的波动程度，外国企业的出口收入也会出现波动。这种不确定性将使得外国企业努力去降低利润对汇率波动的敏感性。为此，它们就会提高国内市场的平均价格水平，以便为预留一个抵御这种汇率风险的空间。最终，较高的平均进口价格水平就会降低国内消费者的实际福利。所以，忽视对国外出口

[①] 这里实际强调了宏观经济政策的国际协调实际上集中于货币政策的汇率效应分析上。

[②] Corsetti 和 Pesenti（2005）和前后两篇（Obstfeld 和 Rogoff，2002 和 Canzoneri, Cumby 和 Diba，2005）的协调目标不同，福利标准不是两国福利之和的最大化，而是仅就本国福利的比较问题。

企业加成溢出效应的国内政策最终还是低效率的。

在这种情况下，国内政策制定者就应该在边际意义上对产出缺口的稳定和较低的消费者价格之间进行权衡，从而改善福利水平。Corsettti 和 Pesenti（2005）还特别指出，与国内通货膨胀目标相一致或者应该明确的是，最优的货币规则应该是稳定按照 CPI 权重平均的在国内市场销售的所有企业的加成。也可以理解为，最好的政策是稳定包括国内和国外所有在国内市场上销售的企业盈利，使得它们不要为预留风险补偿而提高价格。

Corsettti 和 Pesenti（2005）还指出，即使相机抉择的货币政策能够免于任何通货膨胀或通货紧缩倾向，承诺遵守规则的政策还是优于相机抉择的政策。这是因为，在企业预先设定价格的情况下，相机抉择的政策决策者总有一种激励去使用货币政策去扭曲贸易条件使之对国内经济有利。但是，从政策博弈的角度看，这种努力都必然使得外国出口商在国内市场上设定更高的价格，从而降低国内的平均福利水平。

一 基准模型

总体而言，Corsettti 和 Pesenti（2005）的模型在形式上要复杂一些，或者说考虑得更完全一些。

具体来说，他们也是先从在技术、支出（货币）和预算约束下家户效用的最大化求解分别状态下的消费构成和价格水平的，然后再扩展到开放经济中。不过他们不是从弹性工资和黏性工资，而是从弹性价格和黏性价格展开分析。由于货币政策通过汇率可以影响国内对外国产品的消费，进而劳动努力、国内产出，价格（通过汇率传导），因此，政策目标就是降低黏性价格（先定价格，predetermined prices）与弹性价格条件下的福利差距。至此，他们的思路与 Obstfeld 和 Rogoff（2002）大体相似，没有本质区别。Corsettti 和 Pesenti（2005）的贡献首先是考虑了汇率对价格的传导问题，其次是与此相关的价格加成行为。

1. 偏好和消费篮子的决定

与 Obstfeld 和 Rogoff（2002）一样，Corsettti 和 Pesenti（2005）也建立了一个类似的两国模型，H 和 F 代表本国和外国，分别进行一种可贸易品（h 和 f）的生产。不过他们是先建立家户的效用函数，然后再定义消费和价格的决定。

家户 j 在一生中的预期效用 U 就可以定义为：

$$U_t(j) = E_t \sum_{t=1}^{\infty} \beta^{t-1} \left[\ln C_\tau(j) + \chi \ln \frac{M_\tau}{P_\tau} - \kappa l_\tau(j) \right] \quad \chi, \kappa > 0$$

在这里，$\beta < 1$ 是折现系数。

对于本国的每一个家户 j 而言，消费的国内外产品分别是：

$$C_{H,t}(j) \equiv \left[\int_0^1 C_t(h,j)^{(\theta-1)/\theta} dh \right]^{\theta/(\theta-1)}$$

$$C_{F,t}(j) \equiv \left[\int_0^1 C_t(f,j)^{(\theta^*-1)/\theta^*} df \right]^{\theta^*/(\theta^*-1)}, \theta, \theta^* > 1$$

这里，国内产品之间不完全替代，替代弹性 θ 是恒定不变的。为了方便起见，假设在国内产品之间和在国外产品之间的替代弹性等于 1。在这种假设下，家户 j 和 j* 的消费篮子就可以写成科布－道格拉斯函数：

$$C_t(j) \equiv C_{H,t}(j)^\gamma C_{F,t}(j)^{1-\gamma}, C_t^*(j^*)$$
$$\equiv C_{H,t}^*(j^*)^\gamma C_{F,t}^*(j^*)^{1-\gamma}, 0 < \gamma < 1$$

这里的 γ 和 $1-\gamma$ 是消费在国内产品和国外产品上的权重。这样，国内生产产品消费组合的价格 P_{Hj} 就是：

$$P_{H,t} = \left[\int_0^1 p_t(h)^{1-\theta} dh \right]^{1/(1-\theta)}$$

类似地，也可以推导出其他价格指数。

2. 技术和资源约束

每种国内产品都有一个国内企业生产并且在垄断竞争条件下进行国内和国外销售。产出 Y 就由下面的线性技术决定：

$$Y_t(h) = \frac{l_t(h)}{\alpha_t}$$

在此，$l(h)$ 是企业 h 的劳动需求，α_t 是国家层面的生产率冲击。

国内企业接受劳动的名义价格，W_t 是给定的，那么企业间的名义边际成本 MC 就是：

$$MC_t(h) = MC_t = \alpha_t W_t$$

本国企业的名义利润 Π_t 就是：

$$\Pi_t(h) = [p_t(h) - MC_t]\int_0^1 C_t(h,j)\mathrm{d}j + [\varepsilon_t p_t^*(h) - MC_t]\int_0^1 C_t^*(h,j^*)\mathrm{d}j^*$$

在这里，ε 是名义汇率，即单位外币的本币价格，采用直接标价。

3. 预算约束和消费者最优

国内家户持有国内企业的证券组合，家户的货币 M，以及两种国际债券 B 和 B^*，分别用本国和外国货币标价。他们以国内货币接受工资和来自企业的利润，并且支付各种净税务。在本国，各类市场参与者的预算流约束是：

$$M_t(j) + B_{t+1}(j) + \varepsilon_t B_{t+1}^*(j) \leq M_{t-1}(j) + (1+i_t)B_t(j) +$$

$$(1+i_t^*)\varepsilon_t B_t^*(j) + W_t l_t(j) + \int_0^1 \Pi_t(h)\mathrm{d}h - T_t(j) -$$

$$\int_0^1 p_t(h)C_t(h,j)\mathrm{d}h - \int_0^1 p_t(f)C_t(f,j)\mathrm{d}f$$

给定工资和价格，从消费、劳动努力和资产持有的角度看，本国的市场参与者 j 在上述约束下最大化家户福利。

市场参与者 j 对商品 h 和 f 的需求是相对价格与本国和外国商品总消费的函数，分别是：

$$C_t(h,j) = \left(\frac{p_t(h)}{p_{H,t}}\right)^{-\theta} C_{H,t}(j), \quad C_t(f,j) = \left(\frac{p_t(f)}{p_{F,t}}\right)^{-\theta^*} C_{F,t}(j)$$

假设，$Q_{t,t+1}(j)$ 是厂商 j 的随机折现系数，则有

$$Q_{t,t+1}(j) \equiv \beta \frac{P_t C_t(j)}{P_{t+1}C_{t+1}(j)}$$

4. 货币政策

本国政府可以控制短期利率 i 的路径,从而为市场预期提供一个名义锚。为了分析的方便,引入了一个对货币政策预期的度量值 μ,即:

$$\frac{1}{\mu_t} = \beta(1 + i_{t+1})E_t(\frac{1}{\mu_{t+1}})$$

在一个非随机稳定状态下,μ_{t+1}/μ_t 决定了通货膨胀的目标 π,这样,稳态的名义利率就是 $1 + i = \pi/\beta$。

5. 生产者最优和价格决定

在内部价格首先确定的情况下,国内企业在国内市场上在 $t-1$ 期选择 $p_t(h)$ 销售它们的产品并使它们的利润折现值最大化,即:

$$\max_{p_t(h)} E_{t-1} Q_{t-1,t} \Pi_t(h)$$

国内企业的最优定价策略是使其等于预期的边际成本,并且兼顾对均衡价格加成 $[\theta/(\theta-1)]$ 的折现:

$$p_t(h) = \frac{\theta}{\theta-1} \frac{E_{t-1}[Q_{t-1,t}p_t(h)^{-\theta}P_{H,t}^{\theta}MC_t]}{E_{t-1}[Q_{t-1,t}p_t(h)^{-\theta}P_{H,t}^{\theta}C_{H,t}]}$$

可以将国内价格改写为:

$$p_t(h) = P_{H,t} = \frac{\theta}{\theta-1} E_{t-1} MC_t = \frac{1}{\Phi} E_{t-1}(\alpha_t P_t C_t)$$

这里,$\Phi = (\theta-1)/\theta$ 代表了国内预期的劳动努力水平。

Corsetti 和 Pesenti(2005)假设出口价格对汇率的传递程度在本期内和不同的生产者之间是不变的,不过在他们的模型中还是接受了一个更具有意义的方法:允许汇率传递在 0 和 1 之间变化。由此,我们能够将 PCP 和 LCP 当成两个极端的参数。

如果汇率传递弹性被定义为 $\eta = \partial \ln p_t^*(h)/\partial \ln(1/\varepsilon_t)$,国内商品的 LCP 定价就是:

$$p_t^*(h) = \frac{\tilde{p}_t(h)}{\varepsilon_t^{\eta^*}}, 0 \leq \eta^* \leq 1$$

在这里,$\tilde{p}_t(h)$ 代表在时期 t 没有经过汇率波动调整的本国出

口商品 h 的外币定价。本国企业在 $t-1$ 期按照 $\tilde{p}_t(h)$ 计算 t 期的最大化利润 $E_{t-1}Q_{t-1,t}\Pi_t(h)$，这样 $p_t^*(h)$ 的解就是：

$$p_t^*(h) = \frac{\theta}{\theta-1}\frac{1}{\varepsilon_t^{\eta^*}}\frac{E_{t-1}[Q_{t-1,t}p_t^*(h)^{-\theta}P_{H,t}^{*\theta}C_{H,t}^*MC_t]}{E_{t-1}[Q_{t-1,t}p_t^*(h)^{-\theta}P_{H,t}^{*\theta}C_{H,t}^*\varepsilon_t^{1-\eta^*}]}$$

只要预先设定的价格满足下面的条件，本国企业就愿意按照给定的价格供给商品：

$$P_{H,t} \geqslant MC_t,\ P_{H,t}^* \geqslant \frac{MC_t}{\varepsilon_t}$$

因此我们可以将冲击限定为上面的关系中体现的参与约束。

6. 模型的封闭解

Corsetti 和 Pesenti（2005）最后总结了一个由 13 个方程形成的经济系统（有兴趣的读者可以参阅原文第 291 页）。求解模型的假定是本国的进口永远等于外国的进口。

所有外生变量都表示为实际生产率冲击函数（α_t, α_t^*）以及本国和外国货币政策立场（μ_t, μ_t^*）的封闭形式。显然，在均衡状态下，μ_t 等于 W_t/K 并等于 P_tC_t，货币扩张也会提高工资率和名义支出。既然在均衡状态下经常项目总是均衡的，对进口商品的消费总是在总名义消费中占比不变，那么名义汇率 ε_t 等于 $P_tC_t/P_t^*C_t^*$ 也就不变，等于相对的货币政策立场。这就意味着 $\theta_t=1$。

国内产品对国内价格是事先决定的，进口价格则随着汇率而变化，取决于汇率传递程度。在给定利率的情况下，货币是依据汇率和两国的货币政策决定的。在这种情况下，市场参与者预先对价格进行最优化以便在预期劳动努力 Φ 和 Φ^* 的水平上稳定预期就业。这样，当价格具有完全弹性的情况下，均衡的就业水平是：

$$E_{t-1}l_t = \Phi,\ E_{t-1}l_t^* = \Phi^*$$

当在汇率传递足够高时，如果货币政策出现变化，比如，本币贬值就会恶化本国的贸易条件。结果，要在本国购买一个单位的消费，付出的劳动就要超过一个单位；如果汇率传递比较低，本地价格对汇率变化就不那么敏感，对居民部门的效用影响就会小一些。

对于每一个单位的出口来说，本国出口商按本币计价的销售收入都会按照汇率贬值的幅度增加。出口收入额外的增加会提高国内消费，导致更高的生产和进口。与此同时，国外出口商不得不在按照外币计价的出口收入下降的情况下供应更多的出口商品。国外消费的下降大致等于本国消费的上升。

从这些模型推导背后的逻辑和结果看，并没有超出传统两国蒙代尔—弗莱明模型的分析思路和结论，只是使得传导过程更加丰满，即政策变化引起价格传递，造成国内产品和进口品消费结构的替代以及国内产出的增长，再通过二次的间接效应带动外国出口的增长。相对比较粗线条的两国蒙代尔—弗莱明模型，由于将消费分解为国内产品和国外产品，使得传导力度被削弱，模型得出的政策协调的潜在收益也下降了。

二 在开放经济条件分析货币政策的一个框架

1. 货币政策的目标

在这个模型描述的经济系统中，最本质的特征不是预期，而是边际成本定价原则。如果汇率传递是完全的，一价定律有效，购买力平价成立，在弹性价格和黏性价格条件下，Corsetti 和 Pesenti（2005）推导出在弹性价格预期效用 W^{flex} 与先定价格（predetermined prices）的预期效用之差是：

$$E_{t-1}(W_t^{flex} - W_t) = E_{t-1}[\gamma \ln(\frac{E_{t-1}(\alpha_t \mu_t)}{\alpha_t \mu_t})$$
$$+ (1-\gamma)\ln(\frac{E_{t-1}[\alpha_t^*(\mu_t^*)^\eta \mu_t^{1-\eta}]}{\alpha_t^*(\mu_t^*)^\eta \mu_t^{1-\eta}})] \geq 0$$

由于货币政策规则可以降低这个差距，所以 $E_{t-1}(W_t^{flex} - W_t)$ 提供了一个理论上的政策损失函数。

这个方程有三种等价的表达式，每一个都暗示了不同的政策问题。

第一种表达式最直接，是损失等于预期的国内市场上平均价格加成对数减去一个恒定的独立货币政策：

$$E_{t-1}(W_t^{-flex} - W_t) = E_{t-1}[\gamma \ln \frac{P_{H,t}}{MC_t} + (1-\gamma) \ln \frac{P_{F,t}}{\varepsilon_t MC_t^*}] - 常数项$$

既然对数方程是凹性的，本国的福利与价格加成的波动就是负相关。在理性预期的约束下，政策制定者不能一直利用货币政策的突然变化来推高加成，使其超过弹性价格下的均衡水平。不过，他们可以设计一种政策规则，通过影响国内边际成本 MC 或汇率 ε，以实现稳定的价格加成（CPI 加权平均的）波动率的目的。这里已经有通过提高价格加成来应对汇率和价格波动风险的意思了。

对于生产者而言，他们会直觉地将对货币政策和经济基本面的预期最优化到他们设定的垄断价格中。而价格越高，消费者的福利就越低。因此，政策损失函数的第二种表达式就是用消费者价格表示的。在没有名义刚性的条件下：

$$E_{t-1}(W_t^{-flex} - W_t) = E_{t-1} \ln \frac{P_t}{P_t^{flex}} \geq 0$$

只要存在政策干预，对于任何给定的货币政策立场来说，在黏性价格条件下的消费者价格指数不可能低于弹性价格下的 CPI。这种表达也意味着在开放经济和价格稳定的情况下，最优货币政策规则的目标就是最小化预期的 CPI（对数）与弹性价格下的 CPI（对数）之间的离差，因为此时居民部门的福利最大。

第三种表达式是写成一个本国和外国的产出缺口的表达式，即实际的与合意的就业水平。这取决于劳动努力水平，比如 l/Φ 和 l^*/Φ^*，以及对一价定律的偏离：

$$E_{t-1}(W_t^{-flex} - W_t) = E_{t-1}\{\gamma \ln \frac{l_t}{\Phi} + (1-\gamma) \ln \frac{l_t^*}{\Phi^*}$$

$$+ \gamma[\ln(\gamma + (1-\gamma)) \frac{P_{H,t}}{\varepsilon_t P_{H,t}^*}]$$

$$+ (1-\gamma)[\ln(\gamma + (1-\gamma) \frac{P_{F,t}}{\varepsilon_t P_{F,t}^*})]\}$$

如果一价定律成立,例如,$P_H = \varepsilon P_H^*$ 以及 $P_F = \varepsilon P_F^*$,方括号里面的两项就消失了。

在这种情况下,国内福利的最大化就是国内的最优政策填平产出缺口,因此国内货币政策制定者就应该仅仅关注国内生产商价格加成的稳定。然而,只要一价定律被打破,政策的损失函数就是国内产出缺口、国际周期条件和汇率三个因素的函数。外部冲击是从国外生产率冲击开始的,通过汇率影响到国内对外国产品的消费,进而劳动努力、国内产出,价格(通过汇率传导)。此时,最优货币政策规则就是最小化 $E_{t-1}(W_t^{flex} - W_t)$,所以 $E_{t-1}(W_t^{flex} - W_t)$ 的决定方程也是全文最核心的方程表达式。

2. 在纳什均衡世界中的货币政策规则

假定货币政策当局能够在同期观察并对生产率冲击作出反应,那么国内货币当局所面临的问题就是在给定 $\{\mu_t^*, \alpha_t, \alpha_t^*\}_{t=1}^{\infty}$ 的情况下,最小化 $E_{t-1}(W_t^{flex} - W_t)$。Corsetti 和 Pesenti(2005)给出了国内和国外货币当局在全球纳什均衡条件下的反应函数(参见原文第 295 页)。这个反应函数也可以有三种表达式:冲击和货币政策的函数,产出缺口和对一价定律偏离的函数以及产出缺口和价格加成的函数。

一般来说,应对国内正的生产率冲击(α_t 下降)的最优政策常常是放松本国货币政策($\mu_t = 1/\alpha_t$ 增加),弥合由于生产率改善造成的产出与就业之间的缺口,以便刺激经济,吸收因技术进步而失业的工人。当然,生产率提高会增加产出,也需要增加货币发行。但是,国内利率对国内生产率冲击的最优反应一般却不是完全弥补产出缺口,也不需要稳定国内价格加成,其原因就在于需要平衡国外变量变动给国内经济造成的影响。

在一般均衡状态下,国内货币政策 μ_t 不仅通过汇率渠道,也通过需求渠道对外国企业预期实际利润产生影响。

从直觉上说,提高出口的平均价格是降低外部冲击给利润影响的一个办法。但是外国企业提高出口的平均价格也会造成国内市场进口价格的提高，降低本国居民的购买力和福利。如果本国货币当局采取的货币政策不变，就会缓和国内冲击给外国出口商预期利润带来的不利冲击，使得他们可能降低价格。

因此，国内货币政策立场不考虑名义需求冲击和汇率波动对外国出口商利润的影响就不是最优的货币政策。最优的货币政策就应该是在国外进口品价格加成上升造成消费下降的时候，通过维持企业边际利润不变，保证国内产出接近潜在水平来改善福利水平。也就是说最优的货币政策不是仅仅稳定国内厂商在国内市场销售的价格加成，而应该是稳定按照 CPI 加权平均的全部企业（含国内企业，也包含在国内销售的外国企业）在国内市场销售的价格加成水平。这实际意味着，如果国内的货币政策只考虑对国内企业的影响，而不考虑对外国企业的影响，那么或者它们就会提高价格，或者它们就会减产到潜在产出的水平之下，而这些最终都会降低国内的福利水平。这实际揭示了宏观经济政策国际协调的必要性：如果全球不能达到最高的潜在产出水平，那么在一般情况下，对所有国家都是不利的。

只要汇率传递弹性 $\eta < 1$，最优的国内货币政策立场就是在国外生产率出现恶化的时候收紧，反之则要放松。国外生产成本的波动（α^* 的变化）会造成外国生产商利润的不确定性。如果国外和国内的政策决策者都不去稳定它们的价格加成，国外企业就要提高平均价格。在汇率传递较低的情况下就会导致政策决策者对国家层面的冲击（不管它们源自哪里）作出反应，因为这些冲击会造成全球性的恶果。

应该说，到此为止，Corsetti 和 Pesenti（2005）给出的是一般性的、描述性的、价值判断性的结论，还没有给出我们最关心的问题，对宏观经济政策国际协调的收益大小的判断。从一般公理和直觉上看，宏观经济政策当然应该协调，这个没有问题，但是协调的收益是不是二阶的？这个收益是不是大到足以吸引各国去进行政策协调？这才是根本性的基础问题。

而且，货币政策的决策不仅要考虑对外国厂商价格加成的影响，由于类似的原因，国内货币当局也会对外国货币政策预期 μ^* 的冲击作出反应：如果国外货币扩张的外生冲击降低了国外出口商的价格加成，国内货币当局就还应该通过汇率升值，调整贸易条件来维持国外企业的利润。因此，一般来说，在政策决策者之间就存在战略性的相互依存。只有在 $\eta=0$ 或 $\eta=1$ 的情况下才不需要国内货币当局对国外货币当局的政策变化作出反应。在 $\eta=1$ 的情况下，由于 P_F/ε 不对本国利率的变化作出反应，所以国内货币当局无法通过政策变化降低外国企业利润的波动。反过来，在 $\eta=0$ 的情况下，由于外国出口商的边际成本和销售收入同时受到影响（P_F 不会对汇率波动作出反应），外国的货币政策冲击就不能影响外国出口商的价格加成。总之，在这两种情况下，国内货币当局想稳定国内形势而实际上却做不了什么，国内利率水平也就不需要对国外冲击作出反应。

3. 两种重要的情形：PCP 和 LCP

通过设计货币政策规则能够完全弥补缺乏政策协调而造成的全球效用缺口吗？在存在非对称冲击的情况下，在 PCP 的情况下，答案是否定的。在两个国家汇率完全传递的情况下，纳什均衡政策是：$1 = \dfrac{\alpha_i \mu_i}{E_{t-1}(\alpha_i \mu_i)}$，$1 = \dfrac{\alpha_l^* \mu_l^*}{E_{t-1}(\alpha_t^* \mu_t^*)}$。

在两个国家汇率完全传递的情况下，货币当局的最优策略是稳定边际成本和价格加成，将就业保持在与弹性价格情景下相同的水平（Φ 和 Φ^*）上。国内和全球消费的最优状态是按照生产率冲击作同步变化，而最优的货币政策就是将资源配置维持在与弹性价格情景下相同的状态，也就是如 Obstfeld 和 Rogoff（2000）讨论的那样，满足帕累托效率。

实际上，这个结果提供了 Friedman（1953）有关浮动汇率的一个极端情形：即使没有价格弹性，货币当局也可以通过设计一个合适的货币政策，通过汇率变化使得价格达到充分调整的目的。在

PCP 的情况下，支出转移效应使得汇率和价格变化能够完美替代。

在 Corsetti 和 Pesenti（2005）的模型中，当汇率传递在两个市场并不完美的状态下，纳什均衡的结果与弹性价格均衡的结果就不一样。而在 LCP 的情况下，两个国家的最优货币政策也都不应该是内向的政策。它们的货币政策都必须对冲击作出完美对称的反应才行。在零传递的情况下，两国货币政策的情况应该是：

$$\mu_t = \left[\gamma \frac{\alpha_t}{E_{t-1}(\alpha_t \mu_t)} + (1-\gamma) \frac{\alpha_t^*}{E_{t-1}(\alpha_t^* \mu_t)} \right]^{-1}$$

$$\mu_t^* = \left[\gamma \frac{\alpha_t}{E_{t-1}(\alpha_t \mu_t^*)} + (1-\gamma) \frac{\alpha_t^*}{E_{t-1}(\alpha_t^* \mu_t^*)} \right]^{-1}$$

只要对本国和外国货币政策预期是一样的，即 $\mu_t = \mu_t^*$，汇率就维持不变。

如果企业收入对汇率波动的风险暴露是有限的，那么政策决策者为了实现福利最优化就可以将稳定国内产出和价格放在更优先的位置上，而不管汇率的波动。否则，他们就必须考虑汇率波动对进口价格产生的不利影响。这样，为了降低汇率波动，各国的货币政策立场就必须更具有对称性。

这实际意味着，世界经济中的动力源是生产率的进步，而生产率的进步在各国是不一样的。生产率高的国家当然要取得福利上的优势，生产率低的国家，它们的政策如果不协调的话，福利损失会更大。当然，如果封闭，降低汇率传递（汇率传递本身取决于市场势力，而生产率低的国家市场势力低，不利于抵抗汇率传递）可能降低这种冲击，但是也享受不到别国生产率进步的好处。因此，从本国福利最大化的角度来看，即使是生产率增长落后的国家也还是要开放，不能封闭。也就是要积极参与宏观经济政策的国际协调中。

三 扩展：引入汇率传递和价格加成

下面我们将从三个方向扩展上面的模型。首先，我们重新审视了国际货币合作,并且指出合作收益的多少与汇率传递的程度呈现非线性相关(这一点对理解国际协调的本质至关重要)。其次,我们研究在坚持规则型货币政策下的情形。最后,我们通过对具有不同价格调整机制的经济来检验我们的主要结论的可靠性。

1. 国际货币合作

从设计和执行最优货币政策规则中可以获得国际合作的福利收益吗?为了说明这个问题,可以考虑在两国之间必须遵守这样一个合作协议,即两国的政策决策者共同将这个目标函数最小化:E_{t-1} [$\zeta(W_t^{flex} - W_t) + (1-\zeta)(W_t^{flex*} - W_t^*)$],在这里,$\zeta(0,1)$ 是代表本国议价权力的一个常系数(应该就是本国经济规模在全球的占比)。

为了证明合作收益,可以比较最优政策的合作收益和纳什均衡收益。在三种情况下,合作政策和纳什政策的收益是相等的,也就是没有合作的福利收益。

第一种情况是当所有的冲击是全球性的,如对于任何 t 而言,$\alpha_t = \alpha_t^*$ 的情况。最优的纳什政策就可以写成汇率完全传递情况下货币政策的对称反应。此时的消费和就业正好与弹性价格下的配置相同。

另外两种情形是在汇率完全传导和完全不传导这两种极端假设下,不论货币当局合作还是不合作,也不管 ζ 值是多少,消费和价格的配置都保持不变。在这两种情况下,两个国家的货币政策实际上是独立的,没有政策的溢出效应。反过来说,只有当汇率不完全传递,才会出现不对称冲击的情况,也就才需要宏观经济政策的国际协调。

在 PCP 的情况下,纳什均衡正好与弹性价格配置一样。这意味着名义刚性造成的扭曲和每个国家垄断势力对贸易条件的影响最终没有影响福利结果:在每个国家,不论是事前还是事后,效用水平都是一样的。

在 LCP 的情况下,不论货币当局是否合作,每个国家的最优货币政策都对同样平均强度的实际冲击作出对称的反应，这就意味着汇率是不变的。既然汇率波动是造成国际溢出的原因，在 LCP 汇率不变的条件下，国际货币政策合作就不会带来福利收益。甚至在这种情况下，非合作的政策规就意味着汇率的稳定。

除了这两种极端的情况，一个国家一般可以通过国际合作取得比不变的政策更好的结果，也就是获得协调收益。

2. 在开放经济中恪守政策规则还是相机抉择？

如果各国不再遵守既定的最优货币规则，而采取相机抉择，也就是本国政策决策者在出现生产率冲击 α_t 和 α_t^* 以后，在给定企业价格和国外政策情况下，针对 μ_t 最小化损失函数 $W_t^{flex} - W_t$。国外的政策决策者也类似地处理这个问题。那么在封闭经济中，寡头垄断扭曲就会造成相机抉择政策的通货膨胀倾向。也就是说，给定预期 $E_{t-1}(\alpha_t \mu_t)$，对于每一个已经实现的 α_t 水平，本国政策决策者事前有冲动增加货币供给 μ_t。对国内产品需求的意外刺激推高了国内的劳动努力和国内价格，使之高于预期水平。

当 $\gamma = 1$ 时，最优货币政策应该满足 $\dfrac{\theta}{\theta-1} = \dfrac{\alpha_t \mu_t}{E_{t-1}(\alpha_t \mu_t)}$。

但是在一个开放经济中却不一定是这样：相机抉择的政策受制于国内通货膨胀或通货紧缩的程度取决于国内和国外之间不等的情况（左边大于右边还是右边大于左边）：

$$1 - \eta(1-\gamma) \leq \text{ 或 } \geq [\gamma + (1-\gamma)\eta^*]\dfrac{\theta-1}{\theta}$$

具体来说，如果国内经济规模，特别是国内产品在全球消费中占比足够大的情况下，国内货币政策就会有通货膨胀倾向。在这种情况下，汇率对比重相对小的消费品价格影响小，政策决策者就不太关注进口价格的相反变化。而当 γ 足够小且 η 和 η^* 足够大的时候，情况就反过来了。货币扩张会提高产量和就业，同时也会明显提高消费品的价格。贸易条件的变化就成了相机抉择政策决策时的核心关注（之所以需要相机抉择可能也就是因为国内外产品在消费

中的比重 γ 和汇率传递弹性 η 等参数的组合不确定，最终对贸易条件的影响就不确定，从而货币政策就不确定），造成通货紧缩的倾向。汇率传递程度的下降也会减弱货币扩张带来的不利贸易条件。反之，在给定 α、θ 和 η^* 的情况下，国内市场上较低程度的汇率传递（如较低的 η）常常会与较强的通货膨胀压力联系在一起。

当然，如果政府能够使用恰当的财政工具来对冲寡头垄断扭曲的效应，政策中的通货膨胀、紧缩倾向就会得到纠正。但是，这只能在非常特殊的情况下才成立，即企业的利润没有暴露在汇率波动的风险中。在其他的情况下，相机抉择政策的一阶条件就不可能正好与恪守规则政策的一阶条件相同。

这是因为在相机抉择的情况下，对于给定国内产品和进口产品价格，国内的政策决策者在应对生产率冲击的时候就不会考虑国内货币政策对国外生产商加成的影响。正如我们在前面所分析的那样，国外出口商价格加成的变化将反映在本国更高的进口平均价格上面。相反，在恪守规则的政策中，国内货币政策制定者就会考虑他们的政策变化对外国企业价格加成和进口价格的影响。因此，在调整国内货币政策以应对生产率冲击的时候就会既考虑汇率变化对外国生产商收入的影响，同时也就是在某种程度上考虑了对国内生产商收入稳定的问题。需要强调的是，在相机抉择的情况下，国内货币政策倾向于事前使贸易条件的变化有利于国内的生产者，并且相机抉择的政策立场是关于 η^* 与国内出口商在国外市场汇率传递程度的函数。反之，本国恪守规则的政策并不试图操纵贸易条件，而且货币政策规则是 η 的函数，受到 η 的影响，是与本国消费者相关的在本国市场上的汇率传递程度的函数。因此，相机抉择实际上是纳什规则。

3. 部分调整价格

在基线模型中，价格调整明显是非对称的。国内价格是预先设定的，出口价格在某种程度上是可以随汇率变化而改变的。在这里，我们将模型修改为不同的价格设定方式：假定所有价格都最初是按照消费者货币标价（LCP）的，但是可以部分地对生产率冲击作出反应。换言之，我们现在强调由于汇率的不完全传递，边际成本也不会完全传递到价格中。

我们假设生产率冲击的实现是可以传递的，国内企业可以按照一个给定的系数 φ（劳动努力程度）调整他们的国内价格，并按照一个给定的系数 φ* 调整他们的出口价格。这意味着国内价格可以部分地按照弹性价格水平进行调整：

$$p_t(h) = P_{H,t} = p'_t(h)^{1-\Phi} p_t^{flex}(h)^{\Phi}$$

在这里，$p'_t(h)$ 是黏性价格。类似地，出口按照进口方的货币进行标价：

$$p_t^*(h) = P_{H,t}^* = p_t^{*'}(h)^{1-\Phi^*} p_t^{*flex}(h)^{\Phi^*}$$

在均衡状态下，这两个价格是：

$$P_{H,t} = \frac{\theta}{\theta-1} MC_t^{\Phi} E_{t-1} MC_t^{1-\Phi}, P_{H,t}^* = \frac{\theta}{\theta-1} \left(\frac{MC_t}{\varepsilon_t}\right)^{\Phi^*} E_{t-1} \left(\frac{MC_t}{\varepsilon_t}\right)^{1-\Phi^*}$$

对于外国企业的价格也可以做类似的表达，其中 ζ^* 代表 P_F^* 的调整程度，ζ 代表 P_F 的调整幅度。

这样，在新的价格设定假设下，Corsetti 和 Pesenti（2005）推导出本国最优货币政策应该意味着：

$$1 - \gamma\Phi - (1-\gamma)\zeta = \gamma(1-\Phi) \frac{MC_t^{1-\Phi}}{E_{t-1}(MC_t^{1-\Phi})}$$
$$+ (1-\gamma)(1-\zeta) \frac{(MC_t^* \varepsilon_t)^{1-\zeta}}{E_{t-1}[(MC_t^* \varepsilon_t)^{1-\zeta}]}$$

把它与此前两个国家都采取的内向型纳什政策进行对比就是非常有意义的了。此时，稳定国内价格的政策需要：

$$1 = \frac{MC_t^{1-\Phi}}{E_{t-1}(MC_t^{1-\Phi})}$$

而稳定国内产出的政策则意味着：

$$1 = \gamma \frac{MC_t^{1-\Phi}}{E_{t-1}(MC_t^{1-\Phi})} + (1-\gamma) \frac{(MC_t/\varepsilon_t)^{1-\Phi^*}}{E_{t-1}((MC_t^*/\varepsilon_t)^{1-\Phi^*})}$$

上面的三个表达式是不同的,但都是对内向型政策最优结果的不同表达。当 $\zeta=1$ 时,最优的货币政策意味着国内价格稳定,但与此同时产出缺口却依然存在,得不到填补。这个结果与 $\eta=1$ 的情况相似。只有当 $\phi^*=\zeta=1$ 的情况下,三种表述才是一致的,此时在制定最优的货币政策时就不需要考虑国际协调问题。

总之,Corsetti 和 Pesenti(2005)的贡献在于证明了在封闭经济中标准的货币政策目标并不能应用到开放经济条件下最优货币政策的设计。这实际上也就指出了开放条件下缺乏国际协调或国际考虑或国际博弈的视角将不可避免地造成损失,从而证明了国际协调的收益和协调的必要性。在政策制定中的内向目标(如完全稳定国内产出和国内生产商的价格加成)在相互依存的经济中并不是最优的,因为在此时(外国)企业的利润暴露在汇率风险之下。从直觉上说,这些外国生产者会设定更高的价格以便应对利润的波动,从而降低本国的福利水平。除非外国厂商的价格加成不受汇率波动的影响,内向的政策才能使得外国出口商的利润波动小一些(次优波动)。在最优状况下,消费者价格上升的福利成本等于在弹性价格水平上将本国产出提高到潜在水平的收益。

他们的研究显示,在国内和国际市场上汇率传递的程度,或者说价格加成的汇率风险暴露是制定最优货币政策时应该考虑的一个关键参数。如果企业收入对汇率波动的风险暴露是有限的(这取决于本国的外贸依存度),内向政策制定者就应该更关注国内价格和产出的稳定,而对汇率波动采取"善意的忽视"态度。否则,最优政策的制定就应该具有"国际思维",就必须考虑到汇率波动给外国厂商价格加成,进而进口价格带来的不利影响。从这个角度看,在全球范围内,货币政策的立场就应该相互模仿,以便减少汇率的波动。至少是让外部冲击,比如生产率冲击带来的影响能够均匀地、按比例地、模拟完全弹性价格情景下各国的分担状况。在这个意义上,Corsetti 和 Pesenti(2005)实际上从理论上否认了弗里德曼对浮动汇率隔离作用的判断:因为在现实中,不论是由于价格和工资黏性，还是汇率不完全传导，即使浮动汇率会发挥隔离作用，也会带来不对称的影响效应，从而造成国内产出和价格的波动。而追求国内产出和价格的稳定恰恰使内向的政策，由于忽略这些不对称的影响，不考虑汇率不完全传递以及波动，最终造成进口价格上升，国内福利下降。因此，他们的思路是反其道而行之，努力通过基本面的调整实现汇率的最终稳定，在短期内可能只是在一定程度上稳定，或者说将国内的产出和价格调整到权衡合理的水平上。而要使世界经济恢复到更接近购买力平价的水平上，就必须让汇率有更高的波动才可以。反之依然。

这些研究给宏观经济政策的国际协调以及在此基础上制定相应的货币政策增加了新的视角。在设计政策规则时，如果汇率波动不影响出口商的利润，相互依存的经济体之间的政策合作收益就比较小，所以此时内向的政策就是最优的。甚至当企业利润高度暴露在汇率风险之下的时候，这种情况和结论同样成立。这意味着除了两种极端情况，在更接近现实的中间状态，国际货币协调还是有意义的。这是因为在那两种极端情况下，即使没有国际协议，国内政策的最优反应在全球范围内也是对称的，各国的最优反应是对称的，也就是说此时协调是自然出现的。而在中间状态，也就是在 Corsetti 和 Pesenti（2005）的模型中 $0<\eta<1$ 的汇率传递中间状态，对于大部分国家来说，国际货币合作还是有收益的。

第三节 生产率冲击的不对称性与政策协调的收益

在布雷顿森林体系时代，芝加哥学派认为浮动汇率可以使国内经济免于包括国外货币政策在内的外部冲击[1]，因此他们认为对于

---

[1] 在这方面，货币学派的主要代表人物 Milton Friedman，Harry Johnson 和其他一些学者描述了浮动汇率吸收外国波动的能力。Sohmen（1961）对这些论点提出了不同的看法，而 Mussa（1990）对这些极端的观点进行了更细致的研究。

中央银行来说，只要汇率充分浮动，就没有必要干预外汇市场或与国外中央银行进行货币政策的协调。布雷顿森林解体以后，固定汇率不复存在，Hamada（1974，1979）、Oudiz 和 Sachs（1984）还有 Canzoneri 和 Gray（1985）建立了描述货币政策协调最初的博弈模型[1]。这些凯恩斯模型提供了政策协调的理论原理，但是发现政策协调的收益在数量上是很小的。如前文所述，2000 年以后，Obstfeld 和 Rogoff（2002），Corsetti 和 Pesenti（2001b）以及其他一些文献引入了新的政策协调模型。这些新凯恩斯模型使用了居民部门最优化、垄断竞争、黏性价格和工资分析。但是，在 NOEM 模型中政策协调的收益是高还是低，因而政策协调是不是必要依然悬而未决。Obstfeld 和 Rogoff（2002）指出："在没有有效国际货币政策协调的情况下，独自稳定各国货币的收益是不是一种不当的行为呢？"尽管他们给出的结论是："在合理的假设条件下，答案是否。"显然，话里话外透着不甘心和对有违常理结论的有限肯定。[2]

Obstfeld 和 Rogoff（2000）、Corsetti 和 Pesenti（2001a）发展了一种各国宏观经济相互依存的早期基准模型。按照当时货币政策理论的研究进展，这个基准模型包括每个国家的居民部门最优化、垄断竞争、黏性价格和工资和随机冲击。可以设定基准模型的四个特征使得这种分析框架更简洁更方便而不失一般性：①经常账户是平衡的；②消费效用是对数化的；③支出在不同消费品上的份额是不变的；④货币效用也是对数化的[3]。

按照这个思路，Canzoneri、Cumby 和 Diba（2005）研究了在宏观经济相互依存的 NOEM 模型最初的基准形态下，当部门之间面临不同的生产率冲击情况下，证明了政策协调还是必要的。在他们使

---

[1] Canzoneri 和 Henderson（1990）对第一代政策协调的文献进行了梳理。

[2] Obstfeld, Maurice, Rogoff, Kenneth, (2002). "Global implications of self-oriented national monetary rules". Quarterly Journal of Economics, 117, p. 503.

[3] 事实上，Obstfeld 和 Rogoff（2000）也假设了一个不变弹性的货币效用函数。Obstfeld 和 Rogoff（2002）、Corsetti 和 Pesenti（2001a、b）和其他很多文献则使用了对数形式的货币效用函数。

用的基准模型中，宏观经济相互依存与芝加哥学派的观点相类似：浮动汇率能够使国内的就业和产出隔离于包括货币政策在内的外国经济波动。但是，他们使用的基准模型所具有的特征使得其区别于芝加哥学派：在基准模型中包含了汇率的决定（这当然就意味着引入了浮动汇率）。正是由于这一点，造成宏观经济相互依存变得非常有限。

在基准模型中就业的隔离性使得政策协调的范围变得非常有限。然而，我们应该看到的是，基准模型中的福利最大化聚焦于消费的稳定而不是就业。恰好在基准模型中，国外的货币供给是唯一能够影响国内进口品消费的政策变量[①]。这样，货币政策协调即使在基准模型中就可能发挥非常重要的作用。生产率冲击是一个触发机制，而不同的应对政策之间的比较就体现了协调的收益。

不过，Obstfeld 和 Rogoff（2002）、Corsetti 和 Pesenti（2001b）、Devereux 和 Engel（2003）对基准模型都进行了不同的扩展[②]，都发现在基准模型中没必要进行政策协调。Obstfeld 和 Rogoff（2002）的扩展是将代表性的家户效用函数进行了一般化，校准了他们的模型，并且发现与在国家层面上对冲击进行简单反应的收益（纳什解）相比，协调的福利收益是二阶的。因此，Canzoneri、Cumby 和 Diba（2005）不再进行新的其他扩展，而是回到基准模型，研究为什么在存在消费的政策溢出效应情况下却没有政策协调的必要？他们认为这个原因是非常简单的：基准模型的四个特征意味着没有贸易条件的外部变化，因此弹性价格解就已经是最优的，中央银行是在弹性价格条件下追求纳什解[③]。既然弹性价格解是最优的，那么

[①] 这也是基准模型中简单的汇率决定理论的必然结果。

[②] Corsetti 和 Pesenti（2001b）的扩展包括允许进口商品部分的按照汇率的波动定价，因而提供政策协调的可能。Devereux 和 Engel（2003）的扩展则是分 PCP 和 LCP 两种情况研究固定汇率和浮动汇率的影响。

[③] Benigno 和 Benigno（2003）证明在更一般化的情形中，存在外部贸易条件的变化。这使得依赖于贸易条件变动的预期工作负效用可以被弱化。因而这也可能成为政策协调的收益。Obstfeld 和 Rogoff（2002）以及 Sutherland（2002）也都提到了这个问题。

在这种情况下纳什解和合作解就正好一致。

因此,将协调问题引入基准模型的一个途径就是像对巴拉萨—萨缪尔森假说经验检验中所做的那样,研究生产率冲击对不同部门的不同影响,至少是对贸易品部门和非贸易品部门的不同影响[①]。具体来说,Obstfeld 和 Rogoff(2002)、Corsetti 和 Pesenti(2001b)都假定生产率冲击在贸易部门和非贸易部门间是完美相关的,Corsetti 和 Pesenti(2005)则是由此假定展开分析这样的冲击在各国可能造成风险分担不对称的情况下带来的影响。Canzoneri、Cumby 和 Diba(2005)由此认为,如果改变各种冲击在不同部门之间的关联程度,在理论上,协调的收益可以是二阶的,也可以是一阶的。此时,与在国家层面单独对冲击作出简单的政策反应的纳什解相比,合作解的收益可能是相当大的。Canzoneri 和 Minford(1988)分析了凯恩斯主义模型的结构后认为,在这些模型中协调的收益必然很小,而 Canzoneri、Cumby 和 Diba(2005)则发现在 NOEM 模型中并不是这样。他们还对基准模型进行了校准检验,发现协调收益是一阶的。

尽管 Canzoneri、Cumby 和 Diba(2005)考虑的情景更加复杂,但是他们的模型在形式上却更加简洁、更清晰,容易被理解和扩展,只是数学推导过程依然有些复杂。

一 基准模型(两国三部门模型)

与之前的文献类似,Canzoneri、Cumby 和 Diba(2005)假设了最大化家户和居民部门福利、垄断竞争以及一些名义标准的效用。但是为了简化,分析假定:①经常账户平衡,假设没有资本流动,没有初始债务;②对数的消费效用函数;③居民对各部门产品的消费比例是不变的;④对数的货币效用函数。另外,假设存在贸易品

---

① 其实,对巴拉萨—萨缪尔森假说最新的经验检验也认为生产率冲击在这两个部门是随机过程,差异很大。如果放松完美相关的假定,则纳什解就不再与基准模型中的弹性价格解一样,就会让出了政策协调的潜在收益。

部门和非贸易品部门,而且贸易品部门还分出国内销售和国外销售两部分。生产技术是线性和随机的。每单位劳动产出 Z_N 单位的非贸易品、Z_D 单位的国内销售贸易品以及 Z_E 单位的出口贸易品。Z_N^*、Z_D^* 和 Z_E^* 分别代表国外的变量。这样,当贸易部门出现生产率冲击的时候,国内销售和出口受到的影响是相同的,也就是说 $Z_D = Z_E$,$Z_D^* = Z_E^*$ [1]。另外,本国和外国是对称的。

每个家户都生产向国内和国外销售的贸易品 $Y_D(h)$ 和 $Y_E(h)$ 以及非贸易品 $Y_N(h)$。这样,家户 h 的效用函数就是:

$$U(h) = \log[C(h)] - [Y_D(h)/Z_D + Y_E(h)/Z_E + Y_N(h)/Z_N] + \log[M(h)/P]$$

在这里,家户的消费构成在国内生产的贸易品 C_D、进口的贸易品 C_E^* 和国内生产的非贸易品 C_N 之间是等分的,因此 $C(h) = C_D(h)^{1/3} C_E^*(h)^{1/3} C_N(h)^{1/3}$。$Y_j(h)/Z_j$ 是家户 h 在部门 j ($j = D, E, N$) 投入的劳动。$M(h)/P$ 是货币余额。

按照消费品组合构成家庭的产出组合是:

$$Y_j = \left[\int_0^1 Y_j(h)^{(\theta-1)/\theta} dh\right]^{\theta/(\theta-1)} \quad j = D, E, N$$

$$Y_j^* = \left[\int_0^1 Y_j(h^*)^{(\theta-1)/\theta} dh^*\right]^{\theta/(\theta-1)} \quad j = D^*, E^*, N^*$$

在这里,$\theta > 1$。这些家庭按照下面的价格购买产品:

$$P_j = \left[\int_0^1 P_j(h)^{(1-\theta)} dh\right]^{1/(1-\theta)} \quad j = D, E, N$$

$$P_j^* = \left[\int_0^1 P_j(h^*)^{(1-\theta)} dh^*\right]^{1/(1-\theta)} \quad j = D^*, E^*, N^*$$

这样,家户 h 和 h^* 的产品需求组合就是:

---

[1] 相比之下,在 Corsetti 和 Pesenti (2001a, b)、Obstfeld 和 Rogoff (2000.2002) 的分析中,则是 $Z_N = Z_D = Z_E$ 以及 $Z_N^* = Z_D^* = Z_E^*$。

第四章　国际经济政策协调的 NOEM 模型：几项代表性研究的演进和问题　/　153

$$Y_j(h) = (P_j(h)/Pj)^{-\theta} Y_j \quad j = D, E, N$$

$$Y_j(h^*) = (P_j(h^*)/Pj)^{-\theta} Y_j \quad j = D^*, E^*, N^*$$

从消费结构看国内和国外消费的部门产品 Y_j 的组合是：

$$C = C_D^{1/3} C_E^{*1/3} C_N^{1/3}$$

$$C^* = C_D^{*1/3} C_E^{1/3} C_N^{*1/3}$$

它们在国内和国外家户的价格是：

$$P = 3 P_D^{1/3} P_E^{*1/3} P_N^{1/3}$$

$$P^* = 3 P_D^{*1/3} P_E^{1/3} P_N^{*1/3}$$

这就是每个国家消费者的价格指数。而对消费者来说组合成本最小意味着：

$$P_D C_D = P_E^* C_E^* = P_N C_N = 1/3 PC$$

$$P_D^* C_D^* = P_E C_E = P_N^* C_N^* = 1/3 P^* C^*$$

也就是说，消费者在每个部门产品的开支都是家庭总支出的 1/3。
家户 h 的预算约束是：

$$M(h) + PC(h) + T = M_0(h) + P_D(h) Y_D(h) + P_E(h) Y_E(h) + P_N(h) Y_N(h)$$

在此，T 是税收，$M_0(h)$ 是期初持有的货币[1]。

在家户产品需求组合方程和家户预算约束方程的约束下，家户通过选择 $C(h)$、$M(h)$、$P_D(h)$、$P_E(h)$ 和 $P_N(h)$ 使家户的效用函数方程达到最大化。

我们假定家户是按照国内货币进行标价的[2]。由于在每个国家中的家户一阶条件都一样，所以我们可以关注一个对称的均衡，在这个对称的均衡中，家户变量都等于加总的变量，也就是：

---

[1] 这也意味着在每个国家中，政府预算都是平衡的，也就是有：$M - M_0 = -T$，以及 $M^* - M_0^* = -T^*$。

[2] 有时这也被称作"生产者货币定价"。反过来说，"消费者货币定价"，也就是家户用消费者适用的货币定价。

$$C_j(h) = C_j = Y_j = Y_j(h) \quad j = N, D$$
$$C_E^*(h) = C_E^* = Y_E^* = Y_E^*(h^*);$$
$$C_j(h^*) = C_j = Y_j = Y_j(h) \quad j = N^*, D^*$$
$$C_E(h^*) = C_E = Y_E = Y_E(h)$$
$$P_j(h) = P_J \quad j = N, D, E$$
$$P_j(h^*) = P_J \quad j = N^*, D^*, E^*$$

而且，国内货币标价的价格可以直接换算成国外货币标价的价格：$P_j = SP_j^*$，S 是汇率。另外，贸易在均衡状态下是平衡的：

$$P_E^* C_E^* = P_E C_E$$

从下面的方程组可以计算出固定和弹性价格下的均衡：

$$PC = 3P_D C_D = 3P_E^* C_E^* = 3P_N C_N$$
$$P_D^* C_D^* = P_E C_E = P_N^* C_N^* = 1/3 \, P^* C^*$$
$$M = PC \text{ 以及 } M^* = P^* C^*$$

这样，在弹性价格下：

$$Y_j/Z_j = 1/3\mu \quad j = N, D, E \text{ 以及 } N^*, D^*, E^*$$

在固定价格下：

$$E[Y_j/Z_j] = 1/3\mu \quad j = N, D, E \text{ 以及 } N^*, D^*, E^*$$

在这里，$\mu = \theta(\theta - 1)$ 是加成系数。

在弹性价格解中，就业水平（Y_j/Z_j）是不变的，因此生产率冲击直接传递到产出和消费上[①]，并且受到各国福利最优化的约束。在固定价格解中，就业水平与固定价格的水平相对应，但实际就业和消费水平取决于部门需求。

重要的是，在支出份额不变的情况下，每个国家的部门需求与总支出都是成比例的。所以，如果生产率的部门冲击是完美关联的，总需求政策对每个部门的影响也是等比例的。总需求政策可以

---

① 得到这个结论主要是因为对数化的消费效用，例如，我们把 $\log(C)$ 替换成 $(1-\gamma)$ $C^{-(1-\gamma)}$，在此 $\gamma > 1$，则家户对正的生产率冲击的反应就应该是减少劳动。

使得固定价格模拟弹性价格解，如果冲击不是完美关联的，那么政策制定者就要面临部门选择。

二　在基准模型中的宏观经济依存

首先要找到汇率在基准模型中的决定。不论是在弹性价格还是在固定价格下，基准模型中包含的汇率决定理论非常简单。而且，这在固定价格下的基准模型对表现宏观经济依存具有很强的启示。

1. 基准模型中的汇率决定

对基准模型的定义有三个特征：经常项目平衡（C1）、固定支出比例（C2）以及对数（也就是线性的）的货币效用（C3）。这三个特征对于汇率决定理论有很强的启示。

假设 1：汇率决定

（1）C1 和 C2 意味着 $S = PC/P^*C^*$

（2）C1、C2 和 C3 意味着 $S = M/M^*$

这个证明非常简单。

任何一个具有 C1 和 C2 特征的模型都意味着汇率随一个国家名义开支的波动比例而波动。在具有 C2 和固定价格的模型中，自然可以将名义开支（或者总需求）当作观察货币政策的一个工具。这是因为总名义开支控制总需求，因而控制每一个部门的总产出和就业。在基准模型中，C3 意味着总名义开支等于货币供给，而且可以将货币视为观察各国货币政策的工具[①]。因此，名义汇率的波动就随着货币政策的波动而波动。这样来看，货币政策是非常重要的[②]。

---

① Corsetti 和 Pesenti（2001a）假设中央银行通过设定利率来控制国内的名义支出（欧拉方程）。在这里，这等于假定中央银行设定国内的货币供给。

② 即使中央银行对生产率冲击具有完全信息，货币政策选择什么工具在博弈模型中也不是一个无关的假定。这就如同在双寡头的古诺模型中，数量竞争还是价格竞争的均衡结果是完全不同的。

2. 固定价格下消费、产出和就业的决定

国内家户的行为决定了 P_N、P_D 和 P_E[①]，国外家户的行为决定了 P_N^*、P_D^* 和 P_E^*。那么结合三部门消费占比和货币供给方程，就有：

$$M = 3P_N C_N = 3P_D C_D = 3SP_E^* C_E^*$$

$$M^* = 3P_N^* C_N^* = 3P_D^* C_D^* = 3(P_E/S) C_E$$

并且从假设 1：

$$S = M/M^*$$

这些方程决定了基准模型中的消费，随后也决定了产出和就业（Y_j/Z_j）。

那么问题是在固定价格条件下，货币政策是如何起作用的呢？货币供给 M 的增长导致总需求 PC 的增长，家户消费在每个部门产品上的支出也同比例增长。既然 P_N 和 P_D 不变，C_N 和 C_D 就会增长。然而，由于名义汇率与 M 的增长幅度同比例下降，所以 P_E^*（$= SP_E^*$）也与 M 的增长幅度同比例上升，并且对 C_E^* 没有影响。因为 C_E^* 是由国外货币供给 M^* 决定的，而且国内外的模型是对称的，因此 M^* 变化对汇率的影响也是类似的。

这样，我们就可以得到假设 2：

假设 2：在基准模型中的宏观经济依存[②]

A. 供给侧隔离的情况：

$Y_N = 1/3 (M/P_N)$，$Y_D = 1/3 (M/P_D)$，$Y_E = 1/3 (M/P_E)$

$Y_N^* = 1/3 (M^*/P_N^*)$，$Y_D^* = 1/3 (M^*/P_D^*)$，$Y_E^* = 1/3 (M^*/P_E^*)$

B. 消费的依存：

$C_N = 1/3 (M/P_N)$，$C_D = 1/3 (M/P_D)$，$C_E^* = 1/3 (M^*/P_E^*)$

[①] 其实在这里，家户的行为已经由假设给定了，即在非贸易品、国内消费的贸易品和进口贸易品三个品种上的消费是相等的，而与他们之间的相对价格无关。这一点非常重要，也是与本章第二节回顾论文的核心差异之一。

[②] 在消费者货币定价中，情况就完全反过来了：每个国家的消费不会受到国外政策的冲击，但是出口产品的生产则受到国外货币供给的影响。这样，按照 Canzoneri et al. (2002) 的研究，在消费者货币定价的情况下，在基准模型中，政策协调也是没有收益的。

$C_N^* = 1/3 \ (M^*/P_N^*)$，$C_D^* = 1/3 \ (M^*/P_D^*)$，$C_E = 1/3 \ (M/P_E)$

这两组方程可以由货币需求和汇率决定方程推导出来。

在这个模型中，国内货币政策控制国内消费和产出，而国外货币政策则控制国内进口贸易品的消费。汇率的变动可以使国内经济的供给侧（就业和产出）完全隔离于国外的任何冲击，不论是国外的生产率冲击还是货币政策冲击。

三 基准模型中政策协调

Obstfeld 和 Rogoff（2002）以及 Corsetti 和 Pesenti（2001a）认为，如果生产率冲击在部门之间是完美联系的，政策协调的意义的确就不大。但是如果发生跨部门的生产率冲击，在 NOEM 模型的分析框架下，政策协调的收益虽然不是巨大的，也是不容忽视的（原文是 small 与 little），而且如果在国家层面上对冲击的反应是敏感的，协调的收益就是巨大的。

1. 货币政策的目标

假定中央银行也是以家户福利最大化作为货币政策的目标。但是在 NOEM 模型中也存在两种扭曲使得中央银行可能制造一个意外的通货膨胀：①垄断竞争使得家户提供较少的劳动从而导致价格过高；②铸币税使得家户持有的货币余额太少。另外，假定中央银行遵守货币政策规则，所以货币供给突然增加的可能性也不存在[①]。

假定 $W = U - \log \ (M/P)$ 和 $W^* = U^* - \log \ (M^*/P^*)$，同时假定中央银行承诺的货币政策规则是最大化 $E \ (W)$ 和 $E \ (W^*)$。在纳什解中，本国中央银行对货币供给选择的规则是最大化 $E \ (W)$（这个目标也受到外国中央银行货币供给规则的影响）。在合作解中，中

[①] 在研究封闭经济的文献中，经常忽略财政补贴的扭曲效应。Benigno 和 Benigno（2003）的研究显示了在两国模型中，如何设计生产补贴使得寡头垄断竞争愿望上升，从而抑制提高贸易条件的愿望，这样，就使得纳什解的歧视性达到了弹性价格解的结果。这样，政策协调的收益依然存在，因为在纳什解中产出的效率是低的。不过在此我们不讨论这个问题。

央银行货币政策协调的规则就应该是最大化 $E(W)+E(W^*)$①。

对基准模型的假设有强烈的含义。从家户效用方程和固定价格的劳动需求方程可以得到：

$$E[W] = E[\log(C)] - 1/\mu$$

以及 $E[W^*] = E[\log(C^*)] - 1/\mu$

所以在这里，中央银行能够最大化预期的消费效用，但是不能最小化预期的劳动逆效用②。

令 $V[\beta]$ 代表变动离差，小写字母的变量代表相应大写字母变量的对数值，上标^代表弹性价格的值，则可以有③：

$$E(c_N) = E(\hat{y}_N) - 1/2V[m - z_N],$$
$$E(c_D) = E(\hat{y}_D) - 1/2V[m - z_D],$$
$$E(c_E^*) = E(\hat{y}_E^*) - 1/2V[m^* - z_E^*]$$

同理，

$$E(c_N^*) = E(\hat{y}_N^*) - 1/2V[m^* - z_N^*],$$
$$E(c_D^*) = E(\hat{y}_D^*) - 1/2V[m^* - z_D^*],$$
$$E(c_E) = E(\hat{y}_E) - 1/2V[m - z_E]$$

---

① 这表明在 Canzoneri，Cumby 和 Diba（2005），协调的目标实际已经变成了全球最优。从虚构的世界政府角度看的最优，而不是从单个国家看与他国博弈结果的最优。帕累托最优在一定程度上兼容这两个标准。在这个意义上说，协调的核心问题就变成了如何防止一些国家以邻为壑，占别国便宜，以别国损失为代价增进自己的福利，而这在不对称的现实世界中是不可以避免的。不过如果认为两国居民福利之和的最大化本身就是帕累托最优，那么这个变化对论文的结论不会带来实质性的影响。

② 这个结果倒不一定依赖劳动的线性效用函数，我们也可以在固定弹性的效用函数中得到同样的结果。但是这个结果却依赖于消费效用的对数函数，而这正是我们基准模型的一个特征。这个假定也是维持经常项目平衡中发挥了重要作用。不过，我们应该指出的是，即使我们将劳动的副效用和消费的效用都归纳为固定弹性特征，我们还是有一个很强的启示，即工作的预期副效用与消费的预期效用是等比例的，参见 Canzoneri et al.（2003b）。货币政策的目标就可以被描述成在一个固定弹性效用函数中，最大化消费的预期效用。

③ 更准确地说，弹性价格的劳动需求方程意味着对于 $j = N, D, E$ 以及 N^*, D^*, E^* 而言，$\hat{y}_j = \log(1/3\mu) + z_j$。对数标准化以后固定价格的劳动需求方程意味着 $\log\{E[Y_j/Z_j]\} = E[y_j - z_j] + 1/2V[y_j - z_j] = \log(1/3\mu)$。所以，$E(y_j) = \log(1/3\mu) + E(z_j) - 1/2V[y_j - z_j] = E(\hat{y}_j) - 1/2V[y_j - z_j]$。在均衡状态下，$y_j = c_j$，而且假设 2 给出了 c_j 的简化形式。

这样，通过前面给出的 W 定义方程，Canzoneri，Cumby 和 Diba（2005）推导出国家福利的精确解：

$$E[W] = E[\tilde{W}] - (1/6)\Lambda$$

以及 $E[W^*] = E[\tilde{W}^*] - (1/6)\Lambda^*$

这里，$\Lambda = V[m - z_N] + V[m - z_D] + V[m^* - z_E^*]$ 以及 $\Lambda^* = V[m^* - z_N^*] + V[m^* - z_D^*] + V[m - z_E]$[①]。

对中央银行最好的期望就是，不论是各国独自还是联合起来，消除价格波动并达到弹性价格解。正如 Obstfeld 和 Rogoff（2002）所指出的那样，在基准模型中弹性价格解应该满足帕累托效率[②]。货币政策通过适当的货币供给（也就是调节出适当的总需求），按照部门生产率冲击的等比例变化，就可以使得在给定部门的消费模拟出弹性价格解。如果部门间的生产率冲击不同，中央银行就将面临部门间的权衡，而这些权衡最终体现在隐含于 Λ 和 Λ^* 的效用损失中。

2. 在基准模型中政策协调有用吗？

假设 2 表明，一个国家的供给面是完全隔离的，外国中央银行不能帮助国内的中央银行稳定它的就业水平。不过在基准模型中，中央银行最大化消费的预期效用，而且外国的货币供给是能够影响国内进口消费的唯一政策工具。这样，在基准模型中政策协调还是可以发挥非常重要的作用。

虽然 Obstfeld 和 Rogoff（2002）以及 Corsetti 和 Pesenti（2001a）都发现政策协调的作用不大[③]，但是他们的结论都是基于这样的假定，即生产率冲击在一个国家的各个部门中是完美联系的。这样，

[①] 原文将后面的 Λ^* 误标为 Λ。

[②] 其实，不受帕累托效率约束的解也不会涉及由于寡头垄断而造成的扭曲。如前所说，这可能是由于生产补贴造成的。基准模型特征决定的另一个比较令人吃惊的假设是寡头垄断扭曲与稳定问题（也就是货币政策回应冲击的方式）没有互动关系，它们只是使预期的工作努力更小，工作努力只受到税收补贴的激励，而税收补贴与冲击又是无关的。

[③] Devereux and Engel（2003）也发现了类似的结论。在他们的模型中，只有贸易品，但是消费的单一跨期弹性假设被放松了。

在每一个国家中就有一个在各部门都相同的生产率冲击：$z=z_N=z_D=z_E$ 以及 $z^*=z_N^*=z_D^*=z_E^*$。中央银行的目标就是降低这些波动：

$$\Lambda = V[m-z] + V[m-z] + V[m^*-z^*]$$
$$\Lambda^* = V[m^*-z^*] + V[m^*-z^*] + V[m-z]$$

在纳什政策规则下，$m=z$ 和 $m^*=z^*$。但是这只是偶然发生的。这是因为一个国家国内的中央银行只出台对其国内 N 和 D 部门有利的政策，所以只是偶尔碰巧对外国进口的消费有利。每一个国家的中央银行都会使它的货币供给与国内生产率冲击作同比例的变化。如果这种政策在两个国家同时带来最优的弹性价格解就只是一种偶然的巧合。也就是说纳什政策与合作政策只是偶然碰巧一致。

因此，只有一种明显的路径在我们设定的场景中能够引入政策协调问题：即放宽生产率冲击在各部门是完美关联的假定。这实际也是受到有关巴拉萨—萨缪尔森假定实证研究的启发：在 OECD 国家的贸易部门和非贸易部门中生产率冲击存在相当大的差异。

Obstfeld 和 Rogoff（2002）在他们的模型中计算了三种解：①被动解，即中央银行维持货币供给不变；②纳什解；③合作解。这样，Λ_P、Λ_N 和 Λ_C 就代表被动解、纳什解与合作解中的福利损失。Canzoneri，Cumby 和 Diba（2005）研究发现，相对协调收益的比率，$R=(\Lambda_N-\Lambda_C)/(\Lambda_P-\Lambda_N)$，在相对风险厌恶小于 4 的情况下不会大于 0.08[①]。换言之，协调的收益是二阶的。

3. 基准模型中各部门面临生产率冲击不同情况下的协调收益

但是，Canzoneri、Cumby 和 Diba（2005）证明，当生产率冲击在各个部门之间不是完美相关的情况下，中央银行一般不能独自或合作地达到最优的弹性价格解。这是因为为了模拟给定部门的最优弹性价格解，货币政策必须使部门需求与生产率冲击作同比例的调

[①] Benigno（2001）研究了一个更一般的跨期模型，结果显示，如果最初持有外国净资产，则协调的收益可能就是非常显著的。

整。然而，从技术上来讲，每个国家都有三个部门，但是却只有一个政策工具；两个国家的货币供给也不能分别满足六个需求水平。工具不充分就意味着中央银行必须在部门间作出取舍（可以用效用损失 Λ 和 Λ^* 来表示），这也就留出了政策协调潜在的空间。

为了研究中央银行在这些部门间做的取舍，还要作出进一步的假定。Canzoneri、Cumby 和 Diba（2005）假定在两国之间的部门结构是对称的，因此也可以自然地假定在两个国家中的各个部门间的生产率冲击是对称的。也就是说 z_N 与 z_N^*、z_D 与 z_D^*、z_E 与 z_E^* 具有相同的对数分布。

Canzoneri、Cumby 和 Diba（2005）经过数学推导发现协调的收益取决于部门生产率冲击的协方差，并由此计算出纳什、合作和被动政策中的效用损失。他们认为：

在纳什解中，本国中央银行对一个在 N、D 部门间加权平均的生产率冲击所作出的反应应该反映出这些部门在本国消费福利中的相对重要性并以此作为政策决策时考虑的部门权重，而不会考虑本国出口对国外消费福利的影响。在合作解中，本国中央银行在针对其出口部门的生产率冲击作出政策反应的时候，所考虑的权重不仅要反映这些部门在国内消费福利中的重要性，也要考虑这些部门对国外消费福利的重要性[①]。

Canzoneri、Cumby 和 Diba（2005）发现在基准模型中，协调的收益并不必然是小的：

（1）如果生产率冲击在每个国家的各个部门中都是完美相关的，纳什解和合作解正好一样，所以没有协调收益；

（2）如果在两国中的部门生产率冲击是独立同分布，纳什解和合作解就会存在相同福利收益。这说明了两个重要的问题：首先，协调收益在理论上与在各国层面上对冲击的政策反应的收益是同等

[①] 这个思路与 Corsettti 和 Pesenti（2005）强调应该考虑外国价格加成的思路倒是异曲同工。

重要的；其次，当部门冲击并不是完美相关的时候，在基准模型中货币政策显然就不是非常有效了：即使在合作解中，货币政策协调的收益只接近因为名义刚性造成的福利缺口的1/3；

（3）生产率冲击的过程在部门之间如果是非随机的，或者说生产率冲击是不能完美预测的，名义刚性只在出口部门造成了福利损失。由于在纳什政策中中央银行并不关心其出口产品带来的国外消费福利效应，纳什政策和被动政策正好是一样的。但即便如此，从合作政策中获得的收益也不高。

四 对基准模型的校准

Canzoneri、Cumby 和 Diba（2005）使用美国数据对简单的基准 NOEM 模型进行校准，得到了协调在数量上是重要的结论。由于协调的收益取决于部门生产率冲击的协方差，所以他们使用 OECD STAN 数据库计算部门生产率冲击的协方差矩阵[①]。对贸易品和非贸易的分类比较容易，而在贸易品中，他们将出口占增加值 2/3 的两位码 ISIC 部门归为出口部门，余下的就是国内销售的贸易品部门。

结果显示，当 D 和 E 部门的冲击关联上升时，纳什政策的收益上升而合作政策的收益下降。造成这种结果的原因非常清楚。在纳什解中，本国中央银行只对 D 部门面临的冲击作出反应，但是不会管 E 部门所受到的影响，因为本国中央银行并不关心国外的消费福利。在这种情况下，如果 D 和 E 的关联越高，就意味着本国中央银行对国内部门 D 受到冲击所作出的反应也相当于同样对 E 作出了反应。结果，本国中央银行稳定国内消费福利的努力也同时在客观上起到了稳定外国消费福利的效果。这样，纳什解与合作解之间的收益差距就很小，对政策协调的需要自然就越小。相反，如果 D 和 E

---

① Canzoneri, Cumby and Diba（2005）用增加值除以 FTEs 的就业作为平均劳动生产率，将农业、狩猎、畜牧、渔业（ISIC 01-05）和制造业（ISIC 15-37）作为可贸易部门，将建筑业（ISIC45）和商业服务业（ISIC 50-74）作为非贸易部门。

的关联越低，或者两者存在逆向的关联，那么本国中央银行对国内部门 D 受到冲击所作出的反应也相当于对 E 产生了相反的影响，稳定国内消费福利，抵消冲击降低国内福利的努力也同时起到了降低外国消费福利的影响。也就是说，货币政策对 D 部门的影响越向好的方向推动，对 E 部门的影响就越向坏的方向推动。这一点非常重要，是用浅显的文字表达了模型分析框架的核心逻辑。

他们使用经验数据校准的结果是 D 和 E 部门的生产率冲击相关性大约是 -0.15，此时他们计算出来的协调收益要比被动的政策规则高出 30%。这样，此时政策协调的收益就是相当明显的[①]。但是如果按照 Lucas（2003）提出的消费等价原则，引入了下调收益的时间眼界问题，那么消费者愿意付出多少永久消费以得到纳什解而不是被动解？或者愿意付出多少永久消费以得到合作解而不是纳什解[②]？在 Canzoneri、Cumby 和 Diba（2005）的校准场景中，消费者为了获得纳什解只需要付出 0.0026% 的消费，而为了获得合作解则需要额外付出 0.0034% 的消费。按照这个测算，合作的福利收益依然是很小的。

不过，应该注意到的是，基准模型是高度典型化和简化的。为了方便推导也进行了简化，并且易于得出结论。但是出于简化而对模型形式的选择可能也造成了其他的一些问题。这里只指出，这种简化可能从不那么符合现实的角度展开了对真实名义福利成本的研究。例如，劳动负效用的线性特征就意味着财富的边际效用固定不变，因而劳动的供给弹性就是无穷的，但是经验研究表明劳动的供

---

① 但是这里政策协调的收益定义是最大化 $E(W) + E(W^*)$。即使是在帕累托改进的意义上，在本国收益不变时，本国政府是否愿意外国的收益上升呢？从国际竞争相对收益的角度看，这就是一个零和博弈的问题了。如果本国的福利水平下降但是相对福利上升，在政治和权力竞争方面是收益，但是从经济的角度、政府业绩的角度看却是不利的，是应该避免的。因此，究竟应该如何取舍，实际上已经超越了宏观经济政策国际协调的含义，是国际政治的取舍问题了。所以这里只说协调收益、绝对收益，不讲相对收益，最多是帕累托最优而已，重点还是关注绝对福利水平，最多是在保证本国绝对福利水平不变的情况下，允许本国相对福利下降，听任外国福利水平的提高，也就是两国福利之和最大化的原则（但也是在本国福利水平不下降的前提下）。

② 其实这个时间眼界在政治学意义上就意味着政府的任期。

给弹性非常低,只有在 0.05—0.35 之间①。另外,消费效用的对数函数假定意味着风险厌恶系数等于 1,而大多数模型的校准都远比 1 大。名义变量也造成了就业和消费的非合意波动,降低了劳动供给的弹性(或者相应地造成劳动负效用的凹性),这些都增加了就业负效用的波动,而风险厌恶系数的增加也增减了这些消费负效用的波动。另外,我们还假定价格黏性是唯一的名义变量形式,如果增加了工资黏性就会引起企业作出无效率雇用的决策,增加名义变量的成本。最后,基准模型本质上是静态的,如果考虑到工资和价格黏性,就会增加因为名义变量而造成的低效率。Canzoneri 等(2004)就发现在资本形成、工资和价格黏性和劳动供给弹性没那么高的情况下,部门的福利在名义成本中就明显地高。当然,这也使得分析变得更加复杂了。

还要指出的是,在基准模型中,部门生产率冲击的不完美关联的确带来了政策协调的需要,但是这也意味着货币政策的效能下降。因为当生产率冲击在各部门是完美关联时,货币政策就可以达到弹性价格解。

总之,生产率部门冲击的非对称性改变了之前研究关于 NOEM 模型中政策协调收益过低因而不是必要的这一结论。

---

① 参见 Canzoneri et al(2004)的相关研究。

第五章

宏观经济政策国际协调的历史与启示

有关国际经济政策协调的理论模型都是在人为假设的理想条件下展开的，虽然也考虑到包含一般性的合理抽象，但主要还是为了方便进行分析，所以仅仅是提供了一个原理性的基准分析框架。要让理论研究接近现实，就必须去研究历史。这不仅是为了从历史的发展中把握宏观经济政策国际协调的核心内涵，更是为了从政策协调的历史中寻找现实约束和决策考虑的重点，才可能让理论分析的结论具有更现实的指导意义。也就是说，理论研究要从历史研究中发现需要在现实中面对的问题并总结解决问题的方法。

从历史实践的角度来看，为什么仅有几个被公认为成功的宏观经济政策国际协调的案例？协调有没有现实可行性？

第一节 对宏观经济政策国际协调历史发展脉络的回顾和启示

毫无疑问，宏观经济政策国际协调一定发生在各国政府践行宏观经济政策之后。具体来说，至少是在1929年大萧条以后，特别是在第二次世界大战以后，当宏观经济政策的溢出效应越来越明显以后才会出现的问题。当然，这并不意味着此前各国就没有经济政策，而且这些政策就不需要协调。即使这些政策没有明显的溢出效应,至少也会影响到国际经济环境。在这个意义上说,只要有世界经济活动,只要出现了国际贸易和国际金融,只要存在国际经济交往和国际经济互动,经济政策国际协调的问题就已经出现了。即使是在自由市场经济条件下,各国政府坚持自由放任还是采取贸易保护等政府干预,都会对世界经济,对国际金融与货币制度的稳定,对国际贸易和投资的正常交易产生影响,也就都需要进行政策协调。

这在国际金本位条件下表现得尤其明显:封闭的黄金政策使得金本位面临崩溃的边缘,造成了贸易战和货币战以及国际经济关系的动荡局面。从宏观经济政策国际协调的经典文献看,特别是资深学者的研究看,有不少就涉及对国际金本位时代,特别是第二次世界大战前所谓无体系的国际货币制度时代经济政策国际协调的分析。我们的历史回顾也由此开始。

一 国际金本位时代的政策协调:遵守游戏规则

由于各国政府的权威和信用一般不会超越国界的范围,所以就国际货币本位而言,商品货币就成了最理想的货币本位。黄金由于自身的独特性质而成为最理想的国际货币商品。金本位制就是以一定成色及重量的黄金作为本位货币的一种货币制度,黄金是这种货币体系的价值标准。在国际金本位制度下,黄金充分发挥世界货币的职能,能方便地充当国际支付手段、国际购买手段并作为社会财富的代表,由一个国家转移到另一个国家。但是这并不意味着这种完全自然的,或者如凯恩斯所形容的那样是未开化的货币制度可以无条件的运行。

金本位制度的典型状态是金铸币本位制。它的四个核心特征是:①黄金是本位货币,也就使说各国用黄金来规定货币所代表的价值,每一种货币都有法定的含金量;②货币供给是由黄金产量外生决定的;③金币可以自由铸造,任何人都可以按本位货币的含金量将金块交给国家铸币厂兑换成等量金币;④金币是无限法偿货币，具有最后支付手段的地位。在国际金本位条件下，各国的货币储备是黄金，国际结算也主要使用黄金，黄金可以自由输出或输入。

因此，在国际金本位条件下，一国政府在货币政策上能做的似乎非常有限，而且相当被动。即：按固定的含金量铸造新币，按固定价格买卖黄金，根据货币的含金量买卖外汇。所以我们才可以说，金本位制是一种完全自由的、自发调节的货币制度。

正是由于各国货币的价值标准可以体现为黄金，所以各国货币之间的汇率就是按照其含金量而确定的比价；正是由于货币供给外生决定，所以可以避免出现恶性通货膨胀，但也与经济增长无关，因此伴随经济增长可能出现通货紧缩；正是由于金币可以自由铸造，金块和金币可以相互转换，所以可以在一定程度上调节货币供给量，从而在一定条件下保证币值的稳定；正是由于黄金可以在国际上自由转移，所以保证了货币之间的黄金平价和汇率的稳定，使得金本位制成为一种相对稳定，因而有利于世界贸易和各国经济平稳发展的国际货币制度。

历史上的金本位制除了面临全球黄金存量不足的挑战之外，对于保证金本位制顺利运行来说，更重要的挑战则是各国政策的协调。

为了保证国际金本位的正常运行，各国政府都应该遵守金本位制的"游戏规则"，也就是维持货币的含金量不变与自由黄金政策。在黄金生产增长有限、远不能满足货币需求的情况下，一国增加货币黄金的方式就只有通过国际收支盈余，而这就需要各国政策的配合：货币黄金不足导致价格下降，在汇率不变的情况下出口竞争力上升，贸易顺差造成黄金流入，补充国内货币供给，价格开始回升，从而逐渐纠正失衡状态。这种自动调节就是休谟提出的"物价—金币流动机制"。显而易见，自由黄金政策会使得一国经济增长造成的通货紧缩传递给世界各国来分担，造成其他国家的通货紧缩和衰退。这就会遭到各国的反对，囤积并封锁黄金流出的重商主义就会出现。

在金本位的自由资本主义时代,各国政策协调有三个特点:①统一性。各国政府要维持货币的含金量不变与自由黄金政策等国际金本位基本的游戏规则;②松散性。没有国际机构的监督和领导,没有一定要遵守的规章和协议,所以各国的相机抉择只有义务性而无强制性,金本位制的运行是相当松散的;③自发性。金本位制中国际收支的调节、汇率的稳定、国际储备的分配基本上是随黄金的国际流动自发的形成的,不能存在政策干预。

特里芬(1960)认为,现代国际货币和国际收支问题在很大程度上是由于在法律上相互独立、拥有主权而实际上又相互依赖的各国采取的政策不同、目标优先次序不同而引起的不协调和分歧造成的。如果说黄金供给的外生性是各国无法控制的,那么自由黄金政策造成的输入型通货紧缩和衰退则使得保证金本位制正常运行的游戏规则难以维持。

由于世界经济中各个国经济发展水平的差异,到第一次世界大战前的1913年,英、美、法、德、俄五国占有世界黄金存量的2/3。应该指出,如果这种与各国经济实力相称的黄金分布是金本位制自动调节的结果,那么即使全球出现通货紧缩,国际金本位也不至于瓦解。但是问题在于那时世界黄金存量与世界商品流通的需求相比已经捉襟见肘,自由兑换黄金的制度得不到物质保证。各国政府不仅为了防止出现通货紧缩,而且为了准备战争而进口必要的战争物资,迫切需要掌握黄金这种国际通行的支付手段。因此自由黄金政策不断遭到破坏,逐渐丧失了维持金本位制正常运行的基本条件。

二 两次世界大战之间的政策协调:浮动汇率无锚协调的失败与无体系时代的终结

第一次世界大战期间,各国都停止了黄金兑换并严格禁止黄金出口,国际金本位和固定汇率的基础事实上不复存在。第一次世界大战以后，英、美、法、德、俄五国占有世界黄金存量的绝大部分，极大地削弱了世界其他国家的货币基础，也难以满足世界其他国家对国际贸易结算工具的需要。因此，第一次世界大战结束以后，国际货币体系的重建问题又受到各国的普遍重视。由于世界黄金供给不足和分配不均的原因，传统的国际金币本位制度已经很难恢复。1922年29个国家在意大利热那亚召开世界货币会议。针对当时实际情况，会议建议各国采取国际金汇兑本位制作为解决黄金危机的办法，而英国和法国则采取了金块本位制。与此同时，美国依据其雄厚的经济实力依然实行金币本位制。

采取金汇兑本位制可以将有限的黄金用于国际结算，消除国内货币流通对黄金的需求和银行挤兑，在避免货币危机的同时维持国内金融的稳定。而金块本位制则通过提高银行券兑换黄金的门槛，也可以适当降低纸币的黄金准备率，将节省下来的国内对黄金的需求用于国际结算。因此，这两种制度安排有助于解决世界货币黄金供给远远落后于世界各国对清偿能力的需要的矛盾。

由于金汇兑本位制和金块本位制同时存在，实行金汇兑本位制国家的货币对黄金的联系又要明显弱于实行金块本位制国家的货币对黄金的联系，许多国家不得不在它们的货币基础上让某些与黄金有密切联系的世界主导货币，如美元、英镑和法郎等在它们的货币发行准备中占有一定的比例。当发生国际收支逆差时，这些国家就先动用这些外汇储备，只有在外汇储备用尽以后，才使用黄金作为最后清偿手段。这一方面降低了本国对货币黄金的需求，另一方面则在事实上加重了主导货币国家维持世界货币体系稳定的责任。结果，以美元、英镑和法郎为主导货币的一种新兴国际货币体系开始逐渐建立起来了。

在这种国际货币体系中，采取金汇兑本位制的国家在对外贸易和货币金融方面就要受到主导货币国家的控制和政策影响，其本国货币就会在一定程度上依附于主导货币。一旦主导货币发生危机，依附国家的货币也将发生动摇。在世界黄金生产不足的条件下这实际上也是不得已而为之的措施。只有使用国力强大、黄金储备充足的主导国家的货币作为黄金的补充和世界货币的象征，才能促进世界贸易和世界经济的发展。此时通过国际合作来维持国际货币制度的稳定就变得更加重要了。

然而1929年大萧条使得当时两种主要世界主导货币——英镑和美元都脱离其黄金平价，并且在由各自的政府决定货币发行和汇率以后，法国、比利时、瑞士和意大利等国就组成了黄金集团，仍然试图维持金汇兑本位制和金块本位制。虽然在集团内部可能建立有效的国际协调，但是由于法郎币值偏高，影响出口，致使国际收支恶化，其他国家又受到经济危机和英镑及美元贬值压力的影响，黄金集团最终于1936年崩溃了。

导致国际金汇兑本位制和金块本位制崩溃的原因很多，如第一次世界大战战争赔款对国际金融的影响，国际政治局势的动荡造成对黄金储备的过度需求，主导货币多元化造成金汇兑本位中黄金储备的多元化，世界性经济危机的冲击以及世界黄金储备不足等。但是最重要的原因还是金本位制"游戏规则"遭到了破坏。"物价—金币流动机制"的自动调节虽然可以实现国际黄金的合理分布，但却不利于国内经济的稳定。随着世界经济中各国经济发展水平差异的加剧，国内平衡与国际平衡的两难抉择也越来越明显，各国政府在黄金自由流动问题上的矛盾越来越激化，越来越不愿意遵守金本位制的游戏规则，以使国内经济免于受到国际因素的冲击。

但是，当国际金汇兑本位制最终彻底崩溃以后，进入到所谓的无体系时代，也就是各国在对待国际货币问题上没有了任何需要遵守的规则和惯例。结果汇率大幅度波动，国际贸易的发展受到严重阻碍。1936年9月，美国、英国和法国三个世界主要国家为了恢复世界货币秩序，达成了"三国货币协定"，努力维持汇率稳定。同年10月，又签订三国之间自由兑换黄金的"三国黄金协定"。但是，随着第二次世界大战的迫近，这种国际协定也很快被各国备战的行动冲垮了。

　　Eichengreen（1984）分析了 1922 年日内瓦合作的失败以及 1936 年三国货币同盟的出现。他总结了国际合作最可能出现的四种情况①，但是他分析的结论是在那个时候这些情况都不具备，因而难以实现有效的政策协调。而且那时刚刚脱离金本位，人们在理论和实践的认识上都准备不足，无体系下的政策协调难度又极大，所以最终的失败是不可避免的。

三　布雷顿森林体系下的协调：制度性国际合作的启程与对汇率稳定基本面的关注

　　国际金本位短暂的历史已经足以令人失望，表现为明显的通货紧缩倾向和黄金封锁而难免于崩溃，但是脱离金本位制又使国际货币制度和国际贸易陷入混乱。因此在第二次世界大战以后，怎样吸取历史经验，重建一个国际货币体系就成了一个不得不面对的问题，也成为对那些想领导战后世界经济的国家的挑战。在战前经验的鼓励下，面对只能实行国际合作的唯一出路，各国又重新走到了一起。而且各国在对待货币的黄金准备、各国货币之间的汇率稳定机制和国际货币合作，特别是建立一种专门的国际货币协调机构等方面都形成了一定的共识。

　　作为一种国际货币制度的安排，布雷顿森林体系被设计成在国际货币协调机构辅佐下运行的国际金汇兑本位制。国际货币基金组织的创建本身就体现了参与国在努力探索建立新型国际货币体系方面的诚意。鉴于历史经验，布雷顿森林体系不再是一种刻板的体系，而是一种比金本位制能给予各国更多的自由，以便实行各自的宏观政策（主要是货币政策和财政政策），顺利实现其国内目标，特别是实现国内充分就业的目标，进而维持国际货币

---

① 这四种情况分别是：①在技术专家层面的合作；②存在制度化合作的先例；③协调会保留已有的一些政策和行为；④在国家之间存在广泛的礼让。

稳定的制度安排①。布雷顿森林体系在常态情况下是一种固定汇率制度安排，然而在出现国际收支"根本不平衡"的情况下，经过基金组织和其他有关机构同意，可以实行货币贬值的办法②。在暂时不平衡的情况下，成员国可以申请基金组织在资金上予以支持，甚至对资本流动进行管制，必要时还可以使用诸如外汇限制和进口壁垒等管理手段，但是必须征得基金组织的同意。

在布雷顿森林体系中，为了维持汇率稳定，通过国际组织展开的宏观经济政策国际协调机制得到了确认，而且国际协调的关注点放在了汇率稳定的经济基本面因素上，或者更明确地说是放在了影响国际收支失衡的国内经济基本面因素上。从原则上说，各国政府在国内要使用各种宏观经济政策来达到充分就业和稳定增长的目的；在国际方面则是要求所有国家都可以平等进入的世界市场，实行自由贸易，稳定国际收支和汇率的政策③。在这个意义上看，布雷顿森林体系是一种融入了国际货币合作的固定汇率制度安排，而这种思路事实上为后来宏观经济政策的国家协调奠定了基础。

更重要的是，布雷顿森林体系真正具有历史意义的是各国货币

---

① 这种变化实际上是非常重要的理念变化，因为不仅包括了制度化的国际协调机制，而且更重要的是将各国国内的宏观经济和政策纳入到政策协调的视野中，也就是说，追求国际货币关系的稳定不能仅仅从对外政策，比如国际金本位时代的自由黄金政策入手，也不能仅仅停留在国际收支问题上，而是应该扩展到造成国际收支变动的国内原因上。事实上，不论是后来凯恩斯主义模型还是 NOEM 模型都是这种政策思路的体现。

② 在这里，贬值可以被更多的看成是一种解决国际收支不平衡的手段，而事实上贬值之所以能够平衡国际收支（这里，我们可以合理地假定贬值能够改善国际收支的诸多条件度能够得到满足），从根本上还是因为贬值的价格效应影响了对进口品和出口品消费的组合，并且改变了实际经济资源的配置。

③ 这一点与国际金本位时代的自由黄金政策有些类似，是一种中性的环境要求。事实上，传统的货币政策本身也是一种中性的环境要求，即物价稳定。这实际上是一种市场经济条件下的政策，即政策不应该以经济指标的方向为目标。这一点对于宏观经济政策国际协调而言至关重要，否则，各国都直接追求自身的增长目标，就很可能是一种零和博弈，协调也就无从谈起！！！在这个意义上，美联储在货币政策目标上强调就业，实际是暗含追求自身的潜在增长，除非是在封闭条件下的潜在增长，否则这本身就是一个潜在的问题。因为以美国在世界经济中的影响而言，这显然是一个不成立的假定。正如美元作为国际货币，但是美国的货币政策确实按照一般主权货币的政策规则来决定就隐含了现实的冲突。

的汇率要在基金组织的指导下与其他国家协商的基础上制定，国际合作和协商取代单方面的行动。因此，它在国际货币体系发展中的重大进展是参与国牺牲了它们的一些主权，特别是在汇率决定方面的主权，以换取作为基金组织成员在稳定汇率、促进国际贸易方面的好处。按照国际货币基金组织的章程和宗旨，参加基金组织的国家在国际金融事务中必须遵守一定的行为准则。因此，用国际合作来取代各国政府过去只根据国家利益作出决策的绝对权威，解决将会发生的冲突并作出必要的日常决定，就要求成员国不断就各国的宏观经济政策进行磋商和协调。而恰恰是这种制度安排，各国宏观经济政策的决策才开始从封闭经济扩展到开放经济。可以说，就各国的宏观经济政策进行磋商和协调已经成为国际货币制度正常运行的有机组成部分。基金组织作为常设机构就是这种货币制度正常运转的中心机构，具有管理、信贷和协调的三重职能。它的建立标志着国际协商和国际货币合作在国际货币体系中的进一步发展。

四　后布雷顿森林时代的协调：从宏观经济政策到结构改革

在布雷顿森林体系的固定汇率制度下，制度化的国际货币安排保证了汇率稳定，从而各国可以将关注点更多的集中在保证汇率稳定的基本面。而到了后布雷顿森林体系的浮动汇率时代，汇率问题就再度成为国际协调的重点，并在广场协议中得到了最充分的体现。不过，应该看到的是，广场协议对汇率的关注已经不是对汇率稳定的关注，而是在浮动汇率条件下汇率浮动的关注，而在这背后则实际上体现了对汇率决定背后基本面的关注，或者说是对汇率浮动/稳定合理性的关注。由于有了布雷顿森林体系的实践，特别是随着理论研究的深化，宏观经济政策协调，不仅仅是货币政策，也包括财政政策开始在国际协调中占有越来越重要的地位，并且逐渐延伸到更深层次的结构改革问题。

在这种情况下，外部冲击或失衡常常是引发政策协调的动因。

在第一次石油危机的冲击下，经法国倡议，1975年美、日、德、英、法、意在巴黎郊外召开了一次首脑会议讨论应对冲击的政策协调问题，但是收效不大。直到1978年的波恩峰会，各国终于达成了一个关于联合应对石油危机的政策协调的协议：德国、法国和日本同意采取扩张性的财政和货币政策刺激内需，并以此帮助美国削减贸易赤字；作为交易，美国同意制订一个抑制通货膨胀和能源消费的计划。必须承认，波恩会议是战后宏观经济政策国际协调的一个重要的标志性事件和里程碑，显示了世界经济大国协调制定各国经济政策的可能性，对后来宏观经济政策国际协调的实践具有极大的启示意义。

因此，到20世纪80年代初的第二次石油危机爆发时，恰值欧美各国的宏观经济政策出现大调整，发达国家又一次陷入严重衰退的局面，而发展中国家也出现大规模的债务危机。这样，在波恩峰会七年以后，以美国、日本和德国为首的发达国家再次走到一起讨论如何联手应对这些新问题。在实际谈判中，美日贸易却成为核心议题[①]。1985年，五国财长及中央银行行长就联合干预汇率达成了广场协议，各国第一次公开承认美元定价过高，并承诺要联合干预外汇市场。这次协调结果是美元逐渐贬值，缓和了由于里根政府的银根紧缩政策所带来的美元坚挺和美国的巨额贸易逆差，暂时缓解了美国与日本和德国之间在贸易失衡问题上的尖锐矛盾。

在广场协议成功协调的基础上，1987年，巴黎财长会议上美、日、英、法、德、加六国着重讨论了当时的汇率情况和各国经济发展中的问题，认为目前的汇率已大体反映各国基本经济情况，因而各国要紧密协作，把汇率稳定在现有水平。而此后的卢浮宫协议更开启了各国宏观经济政策国际协调的新阶段，即各国之间的协调逐渐从汇率问题转向重视国内经济政策对其他国家的影响，各主要发达国家均同意调整各自的国内政策。这就意味着，国际经济政策协

[①] 本来应对全球性经济衰退冲击的协调最终变成了以美国和日本为主的政策协调，不仅反映了当时国际经济中最瞩目的失衡关系，更体现出美国对于当时经济冲击的看法和对协调重点的影响力。

调在内容上不仅包括汇率和国际收支平衡等传统的外部问题,而且越来越把各国国内宏观经济政策纳入协调范围。卢浮宫协议开启了国际宏观经济协调的新阶段。并且从 20 世纪 90 年代开始,以美日为主的国际协调开始触及结构改革问题。

如果说在 20 世纪七八十年代,国际经济协调焦点集中在美国试图迫使德、日采取扩张性的经济政策,扩大进口,而德、日则指责美国的"双赤字"政策,要求美国实行紧缩政策。那么从 90 年代开始,随着经济全球化和世界经济一体化进程的加快,各国在承认世界经济相互依存日益明显的情况下,生产、贸易、汇率、财政政策和货币政策方面的国际经济协调全面展开,经济增长、通货膨胀、贸易差额和经常收支、财政赤字、货币目标和汇率等成为主要的协调内容。而且随着新兴市场和发展中国家在国际经济和贸易中的地位日益增强,国际经济政策协调也从发达国家为主逐步扩展,从少数国际经济组织的协调发展到多层次、多方式的协调。既有国际经济组织如 IMF 和世界银行,也有七国首脑会议等不同层次的多边协调,还包括区域性的多边经济协调,如欧盟、亚太经济合作组织(APEC)、金砖国家、20 国集团与各种自由贸易区等协调方式。

2008 年国际金融危机后 G20 升级为首脑峰会,成为宏观经济政策协调的的重要平台。G20 因危机而登上舞台,在联合各国应对金融危机方面和全球经济政策协调方面发挥了不可或缺的重要作用,提出并引导各国关注重大的国际经济问题。但是在危机冲击过后,G20 主导的全球经济协调逐渐开始给人一种务虚感。作为一个较为松散的论坛性质的合作机制,还不是一个真正意义上机制化的国际组织,决策机制也是以一致同意为基础。因此,它的决议效力是来自成员国之间的义务性而不是约束性的条款。由于成员国较多,一般很难达成令每一方都满意的共识,决议只能是各方相互妥协的结果,所以共识的内容还是比较虚化的,难以触碰到深层的实质性问题。这种特征在危机冲击过后尤其明显。

但是应该值得肯定和注意的是,尽管一般认为,各国的结构性改革由于外溢性比较差，所以不在国际经济政策协调的范围内。但是欧债危机证明了结构问题是国际经济政策协调的不容忽视的基础。因此，结构性改革在 G20 的议题中也一度变得越来越重要。不过，G20 结构性改革领域的首要协调方式是政策指引，即为各国结构性改革提供开展指南和智力支持，依然以务虚沟通为主。这其中既有各国不愿意放弃内部政策而让渡部分主权的因素，也有结构改革难度大、耗时长、影响间接而漫长、不易很快看到实效而讷于行的客观原因。然后，政策协调应该扩展到结构改革问题却已经成为一种共识，这无疑是宏观经济政策国际协调发展到 21 世纪最重要的理念认知。

第二节　美日贸易摩擦与政策协调的启示：生产率冲击和妥协[①]

前一节我们回顾了国际经济政策协调的早期历史，总结了发展脉络，但是那时的协调主要还是一种无明确意识的协调。本节从日美贸易摩擦的具体案例来总结起因、目的和手段都非常明确的宏观经济政策国际协调给我们带来的启示。

尽管已经过去了 30 多年，广场协议作为日美贸易摩擦中的一个标志性事件和一次典型的国际经济政策协调的案例，并没有被研究者遗忘，相关的论文和著作依然不断问世，已有的文献也得到修订并再版。而且更重要的是，随着越来越多的决策细节被披露出来，使得我们可以从不同角度深化对政策国际协调的认识。事实上，在漫长的协调博弈过程中，随着双方认识的不断加深，广场协议既不是开始也不是结束。事实上，对美日贸易摩擦的研究不能离开广场协议，但也不能局限于广场协议，才能可能了解协调的演变

---

① 有关这一节的详细内容可以参阅拙作：《日美贸易摩擦再评估：从广场协议到结构性改革》，载《江苏社会科学》2020 年第 2 期，第 48—58 页。

及其深化。

一 生产率冲击：日美贸易摩擦再现了理论模型中的假设

在绝大多数情况下，出现政策协调的需求是因为原有的平衡被打破，而造成失衡的原因或者来自危机的冲击，或者更一般地说，就是生产率冲击。按照 NOEM 的分析框架，本国生产率提高导致价格下降，出口竞争力上升，使得外国消费者消费的进口品增加，不仅挤压了外国的产出，而且造成贸易差额恶化和本币贬值的压力。而这恰恰就是出现日美贸易摩擦的根本原因。

道格拉斯·欧文在《贸易的冲突》中这样描绘了日本的生产率进步："在日本成为出口大国的过程中，其出口构成从劳动密集型产品转向了更精密、更先进的产品。一个又一个产业相继成为日本竞争的牺牲品：从 20 世纪 50 年代的棉纺织品和服装到 20 世纪 60 年代的晶体管收音机、唱片机和体育用品；20 世纪 70 年代的电视机、电子消费品和钢铁；最后再到 20 世纪 80 年代的汽车、半导体和办公设备。"

而在美国方面，自布雷顿森林体系崩溃之后，持续的通货膨胀使美元不断贬值，加剧了对美元的信任危机。伴随着 20 世纪 80 年代初美国的货币主义和供给学派实验，在经历了三年的阵痛之后，通货膨胀终于得到了控制，经济增长也在 1983 年重拾升势。但是随之而来的财政赤字和高利率，以及美国政府对高美元采取善意忽视甚至是放任的态度，造成了美元升值，带来了巨额贸易逆差。而日本又是造成美国贸易逆差的主要来源。

与印象中不同的是，在广场会议召开时的 1985 年，按照汇率法计算的日本 GDP 只相当于美国的 32%，按照 PPP 计算的 GDP 也只相当于美国的 38%，还远没有成为美国的战略威胁，但是日本经济的赶超速度却令人瞠目。对外贸易是日本增长的主要动力，出口占 GDP 的比重从 1960 年的 8.8% 上升到 1985 年的 12.7%，贸易差额则从 2.5 亿美元的逆差转变为 467 亿美元的顺差，而且日本的顺差主要来自美国。1985年对美贸易顺差高达562亿美元，超过了日本对外贸易顺差总额，显示出对美贸易的畸形依赖。在美国方面，自20世纪70年代逆差总量迅速上升，从1971年的46亿美元激增到1985年的1485亿美元，对GDP的占比达到3.4%。相比之下，即使在布雷顿森林体系崩溃前后，美国的贸易逆差不过100亿美元左右，仅占GDP的0.7%。这种前所未有的严峻逆差引起美国国内的极大关注。特别是对日本贸易逆差的占比在1980年一度高达46%。

按照NOEM的分析框架，如果以居民福利最大化作为政策目标，在面临国外生产率冲击的时候，就应该在产出稳定和汇率稳定之间作出权衡。但是美国此前供给学派实践造成的财政赤字和高利率反通货膨胀政策造成的美元升值也必须进行纠正。美国国会对自身的财政赤字一时束手无策，结果关注点转到了对日本的贸易逆差上。面对主要贸易伙伴呼吁美国削减财政赤字的诉求，美国不肯紧缩财政的做法使得日美之间的贸易争端愈演愈烈。USTR在1985年7月对日本发起针对半导体产业的301调查。这在当时尚无先例，贸易战一触即发，全球贸易体系面临崩溃的威胁。

二 日本顺势将焦点转向汇率是《广场协议》能够顺利达成的重要原因

为了防止国际贸易秩序出现危机，恢复贸易平衡是回应保护主义压力最直接的手段。尽管处于顺差地位，贸易失衡的严重局面也使得在顺差来源上高度依赖美国的日本意识到应该进行必要的调整。

日本既了解美国的强硬立场，也清楚贸易关系恶化之后对日本的负面影响。一旦国际贸易体系发生动荡，日本严重依赖美国市场的外向型经济所受到的冲击将受到沉重的打击，甚至可能逆转日本经济的发展势头。因此，对于日本来说，《广场协议》在当时最直接和最基本的目的就是避免一场可能对世界经济，更直接的是对日本经济造成毁灭性影响的贸易战。因此，后来签订的《广场协议》的第十一条就明确指出："美国的经常账户赤字，连同其他因素，如果不加以抵制，保护主义者的压力将导致国家间的破坏性报复进而重创世界经济：世界贸易将萎缩，正是经济增长甚至转负，失业率继续攀升，负债累累的发展中国家将无法确保他们急需的出口收入。"①

在《广场会议》之前，从首相中曾根康弘到一些政策制定者就已经意识到，日本需要改变依赖出口拉动经济增长的模式，转向内需主导，并且在此前就在一些领域实行了自愿出口限制②。但是不难想象，由于国内部门利益的原因，效果并不显著。因此，仅仅强调美国在《广场协议》中逼迫日本进行调整是不完整，日本自身实际上也正在准备进行主动调整。

由于进行结构调整相对困难，日本的调整手段最终落到了汇率上。正好在那时，日本经济的崛起激发了日本公众对日本在国际上发挥更大作用的热情，强日元就成了中曾根政府总体意图的一部分，反映了日本期待在全球政治和经济中地位日益提高后相应提高国际声望的需求。日元国际化也是那段时间的一个热点话题。所以中曾根倾向于以日元升值的方式应对失衡，并希望召开一次布雷顿森林体系式的国际货币会议，体现出日本政治领导人对强日元外交和新国际货币体制的期望。

如果从事后的角度进行总结就不难看出，成功的协调不应该也不可能是谁简单地屈服于谁，而应该是基于内在需求和认知，双方才可能走到一起形成政策协调以及自觉行动。坚持不妥协的针锋相对就不会实现政策协调。

三 政治决策是《广场协议》能够迅速达成的原因

恢复贸易平衡可以分成治标和治本两种方案。结构调整的治本

---

① 参见船桥洋一《管理美元》中的档案文件"法国、联邦德国、日本、英国、美国财政部部长和央行行长公告，1985年9月22日"，中信出版集团股份有限公司2018年3月第1版，第362页。

② 早在1980年初，在美国的压力下，日本出口企业采取了所谓"自愿出口限制"的措施。

方案当然彻底，但由于涉及经济基本面、经济政策、经济结构甚至原有规则的调整，不仅在决策上有难度，执行起来也会出现各种阻力，还需要经过较长的时间才能完成调整并最终恢复贸易平衡。相比之下，调整汇率的治标方案，只要各方达成共识，实际操作中涉及的部门比较少，能迅速采取行动以便对保护主义作出迅速的回应。结果，从汇率妥协入手，迅速缓和矛盾，避免出现危机，就成了当时日本的基本策略，至少实现了拖延并争取了时间。就美国而言，由于货币主义和供给学派经济政策的效果有目共睹，所以在谈判中也会回避财政紧缩等结构性调整的内容。由于美国不愿意紧缩国内需求，所以要降低逆差就只能靠扩大出口，焦点最终也集中在汇率政策上。这样，在贝克表示出不拒绝包括汇率调整在内的所有手段后，日本就主动提出日元升值的汇率调整方案。结果，汇率调整就成为广场协议的核心议题。

汇率的变动对不同部门而言有利有弊，因而政府在决策时很容易陷入无休止的争论。在这种情况下，政治家的选择就成了关键。一般而言，政治领导人首先是要面对财政部对财政赤字的担心；其次是中央银行对利率、货币政策独立性以及通货膨胀的担心；最后是对本国经济增长的担心。对于政治家来说，既要考虑汇率波动对贸易部门和金融部门、对受保护产业和开放行业的不同影响，也要考虑货币升值给一个国家国际地位和国际环境造成的影响。政治决策与经济决策的差距可能就在于时间眼界和全局视野。从这一点来说，政治决策至关重要。

在《广场协议》谈判时，竹下登主动提出日元升值，这成为广场谈判最终得以达成的重要因素[①]。行天丰雄曾经在回忆中提到一个重要细节，那就是在最初的广场协议中原来"一定程度的进一步

---

① 保罗·沃尔克后来回忆说："在会议过程中，最令我吃惊的事情，是时任日本大藏相，后来担任首相的竹下登主动同意日元升值10%以上。他比我们预期的要慷慨、干脆得多。"参见保罗·沃尔克与行天丰雄《时运变迁》，于杰译中信出版集团股份有限公司2018年12月第2版，第305页。

有序升值"表述一度被竹下登删去了"一定程度",以便让信息更明确,但是没有被采纳,因为这样的表述太过直接。相反,美联储主席保罗·沃尔克特别坚持在升值前面应该加上"有序"一词①,反而体现出美国担心美元出现雪崩式贬值的局面。

如何权衡利弊或者以汇率为代价来维护财政政策独立性是达成《广场协议》的关键。各方对汇率浮动的认同是在国家政治首脑斡旋下,以财政部官员而不是素以独立性著称的中央银行官员为主的谈判结果。由于广场会议开得比较仓促,在汇率变动对国际收支影响问题上,各国的学者也没有时间展开深入的分析,没有在货币政策的冲销问题上达成一致,甚至没有关注J曲线效应。也就是说,促使《广场协议》得以签订的关键因素不是哪个国家的经济学家或政策决策者在学理上取得了上风。政治家主导的决策是保证《广场协议》得以达成的重要原因。

四 《广场协议》旨在管理冲突,回避了更深层次的调整

协调是建立在双方妥协的基础上。双方在协调谈判中提出诉求,相向而行,共同努力才是达成成功协调的关键。虽然在《广场协议》谈判时日本政府率先主动妥协是最终达成《广场协议》的关键②,但《广场协议》前后的博弈过程却远不是这么简单。

在《广场协议》谈判中,日美双方都受到国内政治的影响,但起因主要是美国因贸易逆差而产生对日本的敌意③。船桥洋一在2017年指出,美国认定日本是制度和文化的修正主义,就是新兴大

---

① 参见保罗·沃尔克与行天丰雄《时运变迁》,于杰译,中信出版集团股份有限公司2018年12月第2版,第315页。

② 船桥洋一后来明确指出:"1985年春,日本愿意再次通过汇率调整而不是改变财政政策来应对'协调'压力"。参见船桥洋一《管理美元》,于杰译,中信出版集团股份有限公司2018年3月第1版,第126页。

③ 按照美国商务部普查局的数据,1985年美国货物贸易总逆差为1221亿美元,其中对日本一个国家的货物贸易逆差就达到了462亿美元,占比高达37.8%,而同年美国对德国、英国和法国的货币贸易逆差在美国总货物贸易逆差中占比只有9.2%、3%和2.8%。因此,广场协议实际就是美国和日本之间的政策协调。

国和守成者之间的修昔底德陷阱,是追赶者和被追赶者间零和心态的悸动。因此,在政策协调的具体内容上,美国希望自己的经济政策不做大调整,不承担责任或少承担责任,而要求日本通过财政政策扩张内需,从而扩大美国的出口。此时日本财政赤字的增加显然就成了美国以国际经济政策协调的名义强加给日本的调整成本。换句话说,逆差国要将调整的成本转给了顺差国来承担。对于日本来说虽然会认为这是不公平的,但是中曾根意识到,作为相对弱势一方的日本想要提升自己的国际地位,进一步融入国际社会,就要承担维护世界贸易秩序的责任,而权力不过是责任的另一个名称。在他看来,让日元升值就是日本在经济崛起后获得国际声望的途径。让日元升值就是日本承担调节责任,并且规避国内政策的调整压力。

有意思的是,行天丰雄在分析美国贸易收支逆差原因的时候一针见血地指出了财政扩张等基本面问题的核心,但是,他在谈论日本的应对政策时却转而强调汇率的调整,明显暴露了逻辑和认知不一致的分析框架[1]。他认为,供给学派强调税后收益对收入和储蓄的重要性,主张降低税收以刺激经济增长,但是美国出现了两个误判:一个是减税没有增加储蓄,而是增加了消费,另一个是消减联邦支出是非常困难的。结果造成了美国财政赤字的上升、高利率和强美元,最终导致对日贸易的巨额逆差。所以,美国需要作出宏观政策的调整才能带来根本性的改变。在广场协议谈判中,不仅日美,而且欧洲国家都没有意愿改变自己的宏观经济政策,各国的讨价还价就是围绕汇率展开的。结果,在广场协议冗长的公报中,除了一般性引述每个国家的政策原则(如控制政府支出)外,几乎没有谈及更具体的结构调整措施,在公告的总结部分却明确指出:"五国部长和行长同意,汇率应该在纠正外部失衡过

---

[1] 参见保罗·沃尔克与行天丰雄《时运变迁》,于杰译,中信出版集团股份有限公司2018年12月第2版,第309页。

程中发挥作用。要实现这一点,汇率应该比以往更好地反映经济基本面。他们认为,必须落实和加强商定的政策措施,进一步改善基本面。鉴于基本面的现状和潜在变化,主要非美元货币对美元进一步有序升值是可取的。在这样(非美元货币对美元有序升值)是有帮助时,他们准备更密切地合作以给予支持。"在这里非常有意思的是,各国同意改善基本面,但是紧跟着话锋一转,却强调主要非美元货币对美元进一步有序升值是可取的,完美实现了避实就虚的焦点转换。

更有意思的是,尽管《广场协议》没有充分讨论货币政策协调,但是在 1985 年 10 月当日元的升值趋势暂停且随后出现一点下跌时,日本银行没有与财政部沟通就独立地作出了紧缩货币的决策,提高了大约 1 个百分点的贴现率①,这既是为了给债券市场降温,更是为了提振日元。这个显然旨在坚定加强日元币值的举动可能是日本银行认为他们是在积极地回应来自美国要求日元升值的压力,但是沃尔克却认为根本的问题是日本经济扩张太慢,因而为了汇率上的极端短期的利益而实施货币紧缩看上去是错误的。由于担心会引起美元雪崩并危及日本增长,所以沃尔克给日本银行带话说这一政策是"不必要,也是不明智的"②。就 10 月日本银行提高贴现率一事,财政部的大场智满在 1985 年 11 月的巴黎预备会上解释说,日本需要日元升值来减少外部失衡,也需要降息来启动国内刺

---

① 有意思的是,笔者查询了相关数据库的历史数据,都没有发现这次贴现率的变动。日本银行贴现率从 1983 年 10 月 22 日以来一直维持在 5% 的水平上,直到 1986 年 1 月 30 日才正式下调到 4.5%,并没有 1985 年 10 月提升贴现率高达 1 个百分点的记录。不过,日本银行货币紧缩的效果可能反映在一年期国债收益率的微弱变动上。广场协议谈判开始以后的 1985 年 8 月,一年期国债收益率一直稳定在 5.95% 上下的水平上,但是从 1985 年 10 月初开始逐渐上升到 6.2%,而到了 10 月底则跃升到接近 7.5% 的水平,但此后又逐渐下降,到 1986 年初,大体恢复到了广场协议谈判时的水平上。

② 参见保罗·沃尔克与行天丰雄《时运变迁》,于杰译,中信出版集团股份有限公司 2018 年 12 月第 2 版,第 307 页。

激，因此加息是临时的①。由此可见，在《广场协议》刚刚在日元升值取得预期效果后不久，美国就开始转而要求日本调整经济基本面。

在政治家主导的广场协议谈判中没有讨论配合汇率调整所应该采取的恰当的货币政策。这是因为讨论冲销干预太学术化了，不过负责国内事务的大藏省副相山口光秀却对日本银行强调要通过非冲销操作来最大化外汇市场干预的结果②，而10月提高贴现率也正是一次典型的非冲销干预。与此形成鲜明对应的是，在广场协议期间美联储却没有进行非冲销操作③。因此，日本最初的货币政策是与汇率调整协调的，但不管是出于什么原因，此后却表现出明显的冲销特征。广场协议之后，伴随着日元从250日元兑换1美元的水平升值到125日元兑换1美元的水平，日本银行的贴现率也开始从1986年1月30日的5%下调到4.5%，此后连续下调到1987年2月23日的2.5%。

尽管日本使用货币政策对日元升值进行了冲销，但是《广场协议》依然是经济政策国际协调的第一次成功案例。我们不应该对经济政策国际协调本身抱有太过理想化的期待。毕竟基欧汉早已从理论上指出，合作是高度政治的，是一种避免冲突的妥协，使一种建立在合作双方共识基础上的强政治行为④。合作只是管理冲突的手段，不会从根本上解决冲突，因此博弈始终存在。经济政策国际协

---

① 大场智满还强调说，日本银行也没有征求大藏省意见。这实际表明中央银行行长们在货币政策协调上既没有准备也没有意愿。

② 1983年美联储发表的《杰根森报告》，强调了外汇市场干预应该与货币政策保持一致的必要性（这在概念上同非冲销干预相近）。冲销干预本身在持续的市场压力面前似乎并没有成为一个有效的工具。同时，报告也强调了协调国际行动的必要性。

③ 在广场协议后，准确地说是在1986年以后，只有日本进行了冲销干预而德国和美国没有冲销干预的原因可能是：德国认为相比干预的具体规模或货币政策的任何抵消变化，干预信号要重要得多。而美联储则是因为每年两次要向国会报告，不能轻易偏离既定目标。而且由于美联储的独立性，与财政部没有协调过政策。

④ 参见罗伯特·基欧汉《霸权之后：世界政治经济中的合作与纷争》，苏长和，信强，何曜译，上海世纪出版集团上海人民出版社2012年版，第XXII、53页。

调本身就是一种合作，也是一种避免冲突的强政治行为，《广场协议》也不会是例外。

也正是由于这个原因，《广场协议》本来应该关注并应该解决的三个基本问题实际上依然存在：

第一是应该仅仅满足于汇率干预还是应该进行全面的政策协调？或者说是为了达到一时的平衡而治标还是为了可持续的平衡而治本？在这一问题上，日本在对美国进行分析时判断得非常准确，但是反过来在分析自己应该采取的政策时却本能地用升值来规避基本面政策的调整。

第二个是应该日本扩张还是应该美国收缩？从后来的情况看，日本是真的扩张了，但财政扩张的力度明显不足，货币扩张反倒不是美国所希望。不管货币扩张原因是什么，但是，在客观上是一种对升值的冲销干预[①]。虽然日本对这种冲销干预也为后来泡沫经济的崩溃开启了序幕，但是，就冲销本身来说，也不难看出广场协议后展开的博弈。

第三个问题与第二个问题相关，就是谁承担调整的成本？如果财政扩张，不仅会出现财政赤字，国内利率水平会上升，货币进一步升值，经常项目也会出现恶化，大概率会重演美国供给学派的经济后果。在美国还没有走出困境的时候，日本肯定不愿意承担这样的后果。

五 《广场协议》后体现出的政策协调难点：经济基本面调整和政策独立性问题

到 1986 年 3 月，日元兑美元从 250 持续升值到 180，给日本出口商和制造业造成了压力，进而这种压力又传导到日本政府。在这种情况下，同年 10 月底美国和日本共同发布了贝克—宫泽联合公

---

① 对于冲销干预本身，包括美联储在内的各国中央银行都应该是再熟悉不过了，因为正常状况下，平滑经济周期波动的货币政策从根本上来看就是一种对其他政策的冲销干预。

报，其中最重要的是承认汇率大体上符合目前的基本面，虽然这并没有阻止日元此后继续升值到150左右，但是表明了对稳定汇率的公开承诺①。

从对干预效果和恰当程度的担心开始，国际协调就进入到了第二阶段，即如何确定汇率的合意区间以及汇率是否能维持在这个相对稳定的合意区间上。这也成为了《卢浮宫协议》谈判的两个核心问题：如何确定合意的汇率区间？如何进行财政协调以便为汇率稳定提供经济基本面的支持？

从后来的汇率走势看，《卢浮宫协议》指出各国汇率大体处于符合经济基本面的范围内，也就是说广场协议以后的干预基本到位。虽然通过干预外汇市场促使日元升值的国际协调努力已经结束，但协调宏观经济政策的努力却还没有开始。为了给汇率稳定提供经济基本面的支持，美国要求日本采取重大的财政刺激来扩大内需。这主要是由于在汇率被认为调整到位以后，美国贸易差额并没有发生预期的变化。1985年美国的货物贸易逆差总额为1219亿美元，1986年却上升到1385亿美元，1987年进一步上升到1517亿美元。即使在日元对美元出现大幅度升值以后，美国对日本的货物贸易逆差还在继续上升，1985年、1986年和1987年分别为462亿美元、550亿美元和563亿美元②。由于财政扩张是一个在《广场协议》谈判中被刻意回避的棘手问题，旨在促使日本财政扩张的卢浮宫谈判就比广场谈判艰难很多。

尽管在《广场协议》中美国也原则性地写入消减财政赤字和控制政府支出，但是到卢浮宫谈判时，美国的财政政策依然没有实质性动作。1985年美国的财政赤字是2123亿美元（按现价美元计

---

① 此外，政策协调的相关举措还包括日本提交国会补充预算刺激经济、减税、降息。在美国方面则包括降低财政赤字、税收改革和抵制保护主义压力等内容。

② 显然，汇率对国际收支的影响可能远没有人们直观认为的那么重要，企业的市场势力决定了汇率传导，进口弹性与出口弹性的差距以及收入水平对国际收支的影响应该是更重要的因素。

算），相当于 GDP 的 5%，1986 年进一步上升 2212 亿美元，对 GDP 之比依然高达 4.9%。《广场协议》使各国中央银行间进行了有效的政策协调，但是到了 1986 年，日本开始担心美联储会进一步引导美元贬值[①]。因此对稳定外汇市场的诉求在持续增加，而这就意味着协调将超越外汇市场干预而进入到影响实质性的经济基本面形势的财政政策和货币政策的协调。在 1986 年 3 月的东京峰会上，以财政政策为代表的经济基本面调整成了峰会的主题，同时还要尝试建立一种更为制度化的政策协调机制。毫无疑问，这个过程的政治性往往大于经济性。虽然作为 2.0 版的广场协议，卢浮宫谈判也是以政治家主导的，但《卢浮宫协议》的结果却依然和《广场协议》大相径庭。

针对美国自己在财政收缩问题上口惠而实不至，反过来却要求日本扩张财政支出的建议，行天丰雄明确指出，借着引入政策协调，美国试图强加给他们一个只会令美国自己受益的体系[②]。由于自 1978 年波恩峰会以来，日本的财政状况就在不断恶化，年度财政赤字对 GDP 的比例一直维持在 5% 左右。到 1985 年，财政赤字已经占预算的 23.7%。在这种情况下，日本自然强烈反对财政扩张。不论是有意还是无意，日本经济企划厅的研究也表明，美国每消减相当于 GDP 1 个百分点的财政开支，贸易收支的改善占其 GDP 的比例将达到 0.25—0.33 个百分点。相反，日本扩张相当于 GDP 1 个百分点的财政支出，美国贸易赤字的减少只有其 GDP 的万分之二到万分之三。所以，日本的扩张对美国赤字没有多大作用。其政策建议自然是应该美国消减财政赤字以抑制贸易赤字的扩张，

---

① 值得注意的是，广场协议让日元升值以后，日本不再接受一个过强日元，并且倾向于含糊表达日元等合意区间。例如，在卢浮宫协议中宫泽希望把对日元汇率水平的肯定从比较明确的"目前（present）"改成比较含糊的"近期（current）"，且强烈反对具体数字，倾向于一种含混的水平而不是具体的范围，而且在谈判中强调其在汇率范围上所承受的国内政治压力，以避免让步。参见船桥洋一《管理美元》，于杰译，中信出版集团股份有限公司 2018 年 3 月第 1 版，第 251—255 页。

② 参见保罗·沃尔克与行天丰雄《时运变迁》，于杰译，中信出版集团股份有限公司 2018 年 12 月第 2 版，第 322 页。

而不是日本扩大财政开支来增加从美国的进口。应该看到，美国的预算赤字的确在下降，但是它的改善速度远低于市场预期。而且尽管汇率发生了重大变化，但是由于J曲线的原因，美国的外部平衡还在进一步恶化。1987年8月美国国会通过的《平衡预算法案》又将财政平衡从1991年推到了1993年。显而易见，任何国家都不会欢迎财政紧缩。因此，行天丰雄甚至认为，1987年9月19日的黑色星期一就是由于G7协调宏观经济政策的行动没能产生实际效果造成的。沃尔克也提到股市历史性暴跌可能追溯的政策因素①。

毫无疑问，在官方外汇干预之后，如果没有经济政策的配合，基本面得不到相应的调整，那么市场的确会加剧反弹。所以关键的问题是各国将在多大程度上自愿接受部分放弃它们在国内经济政策决策上的自主权。在《卢浮宫协议》中，尽管各方承认失衡会带来严重的经济和政治风险；承诺打击保护主义；承认汇率干预有助于减少失衡②；甚至还达成了统一优化监管经济的指标，包括增长、通货膨胀、经常账户、贸易差额、预算决算、货币和汇率等，然而，所有这些并没有得到落实，寄希望于经济政策协调的《卢浮宫协议》最终成了一纸空文。

六 作为《广场协议》2.0版的卢浮宫协议：协调范围的扩大和协调的失败

如果说《广场协议》的最终目的是要避免美日之间直接的贸易冲突以及由此可能造成全球贸易体制的崩溃，那么协调是成功的。但是船桥洋一却认为，《广场协议》本身实际上并没有什么新意，也没有什么效果。Frankel（1994）认为，广场协议的干预行动是被夸大了，因为市场正在对美日贸易做出反应，美元正在贬值，所以

---

① 参见保罗·沃尔克与行天丰雄《时运变迁》，中信出版集团股份有限公司2018年12月第2版，第351页。

② 从当时美国的贸易逆差数据看，能够达成这样的共识应该也是够困难、够勉强的。

干预本身效果不大[①]。Ito（1987）也认为，广场协议后市场是在对美国的政策转向做出反应，而不是对日本和欧洲的干预做出反应[②]。也许仅有的成功就是拖延了美国国会的保护主义，并且被用来掩饰国内政策的失败[③]。Posen（2016）就指出，来自美国国会的保护主义压力是达成《广场协议》的主要动因，并且将贸易政策和货币问题直接联系起来[④]。

广场协议的干预成功推高了日元，但是，美元的下跌却没有明显改善美国的贸易逆差。对此，日本和德国试图说服美国需要耐心等待J曲线的时滞，并且在1986年1月的伦敦会议上两国提出联合降息作为扩张经济的手段，应对美国的压力和因升值而疲软的国内经济。美国在原则上也希望日本和德国扩张经济，所以日本在广场协议后不久仅仅针对汇率协调的加息反而没有得到美国的认可。但是对于联合降息提议，沃尔克担心会造成美元单边下跌和通货膨胀，但是他的副主席认为两种可能都很低。因此，日本给出继续协调的信号（买进美元）后，美国最终也降息了。这样，在《广场协议》以后，联合降息真的出现了[⑤]。随着日本银行在1986年1月底开始将贴现率从5%下降到4.5%，直到1987年2月连续下降到2.5%，美国的联邦基金利率也从8%降到6%。不过这恰恰成为日本泡沫经济崩溃的起点。

在《广场协议》谈判中，尽管美日欧就汇率、货币政策和财政

[①] 参见 International Monetary Cooperation: Lessons from the Plaza Accord After Thirty years, edited by C. Fred Bergsten and Russell A. Green, PIIE, Chapter 6: The Plaza Accord 30 Years Later, Washington, DC, April 2016.

[②] 参见 International Monetary Cooperation: Lessons from the Plaza Accord After Thirty years, edited by C. Fred Bergsten and Russell A. Green, PIIE, Chapter 7: The Plaza Accord and Japan: Reflection on the 30 th Aniniversary, Washington, DC, April 2016.

[③] 参见船桥洋一《管理美元》，于杰译，中信出版集团股份有限公司2018年3月第1版，第296—298页。

[④] 参见 International Monetary Cooperation: Lessons from the Plaza Accord After Thirty years, edited by C. Fred Bergsten and Russell A. Green, PIIE, 序言, Washington, DC, April 2016.

[⑤] 在这个意义上，我们倒是不能简单地将广场协议后日本的降息行动视为一种冲销干预。

政策进行过讨价还价，不过鉴于 1978 年 G7 波恩峰会火车头战略的经验，各方对财政政策协调还是比较谨慎的。日本和德国更倾向依靠汇率调整而不是财政政策的调整来应对经济失衡，极力反对类似的火车头刺激方案，且各方都意识到汇率调整是转移美国对财政政策压力的手段。在政策协调的选择上，日本的态度是首先汇率，其次是联合降息，而财政政策不能受到冲击。其实，美国也对财政政策的协调比较谨慎。

但是，国内经济政策，特别是财政政策的协调是保证国际经济政策协调最终成功的根本，不论是在《广场协议》谈判还是在《卢浮宫协议》谈判中，各国都不约而同地选派财政部官员出面谈判是非常正确的。然而为了尽快达成协议，避免对国内政策造成冲击，财政部官员们却都集中于讨论汇率协调。虽然是财政部而不是中央银行有更深介入汇率问题的历史传统[①]，虽然各国的中央银行都在法律上被设计成独立于行政的执行部门，但是，各国中央银行的货币政策决策还是以国内经济而不是国际经济走势为依据的。这样，在国际经济政策协调中，就会出现两类冲突：对货币政策和财政政策的角色定位以及制定货币政策和汇率政策的权限。本来在《广场协议》谈判中有非常明确的三大目标，即在短期内解决保护主义对世界贸易体制的威胁、在中期内刺激顺差国需求和抑制逆差国需求以及在长期内实现美国减轻债务和日本进行结构性改革[②]，但是，由于财政部在谈判中的主导地位，

[①] 财政部在汇率问题上拥有传统的主导地位和影响力主要是源于金本位时代管理黄金储备以及外汇平准基金的历史，尽管财政部对黄金市场的干预被限于使用外汇平准基金。广场协议最初的动议者是财政部，也是因为财政部自认为对国际货币政策负有主要责任。在美国，国会授权总统，总统授权财政部处理黄金事务。这些条文和后来的做法，连同政治责任感，给了财政部在汇率和干预政策方面一定的地位。

[②] 从一般意义上讲，判断一个国际经济政策协调是否成功达到目的的标准应该是：是否促进了非通胀下的增长和可持续的经常项目平衡，是否开放并实施了自由贸易，是否加强了联合监管。但不论是从广场协议以及作为广场协议 2.0 版的卢浮宫协议，实际上都拖延了三个核心问题的解决，即：美国拖延消减财政赤字，日本拖延市场开放，德日拖延国内需求刺激。

结构调整、财政和货币刺激却都转移到了汇率上[①]。

从日本对美国的最初要求来看，中曾根在与里根的会见时一开始就击中了要害，要求美国降低财政赤字[②]。但只是到《卢浮宫会议》时，各国的财政部长和央行行长才意识到在外汇市场的干预结束以后，需要将汇率稳定在合意的水平上。为此需要对经济基本面，特别是财政政策进行协调，顺差国扩大财政开支而逆差国需要消减赤字，以便调节总需求，从而达到平衡国际收支的目的。事实上，宫泽与贝克在1986年10月的会晤中就达成了彼此妥协的方案：日本承诺将实施一些重大的财政刺激计划，而美国人将接受日元和美元间的汇率"总体与当前潜在基本面一致"的判断。

但是，《卢浮宫协议》之后，受制于国内政治，虽然日本有扩张财政支出的动作，但是被美国认定为力度不足。卢浮宫机制最致命的内在不足是没有能够在汇率调整与国内财政和货币政策调整之间建立互动机制：各国同意在汇率达到5%的波动区间时将就政策调整进行磋商，但是没有就如何磋商明确可操作的原则。所以，尽管卢浮宫协议就各国经济基本面和国内经济政策的协调达成了一致意见，相比广场协议是一个完善的2.0版，但是却从没有被完整地执行。在谈判中，谁执行什么，如何执行，执行到什么程度等可操作性问题都没有深入地得到探讨，更没有落实在协议的文字中，甚至也没有类似《广场协议》无纸面的干预协议那样的约定。

[①] 相反，就在广场协议联合公告发布之后，为了解决贸易问题，中曾根政府成立了由日本银行总裁前川春雄主持的委员会，并在半年后发布了《前川报告》，基本结论就是日本需要进行结构性改革。参见宫崎勇《日本经济政策亲历者实录》，孙晓燕译，中信出版社2009年第一版，第八章。

[②] 参见船桥洋一《管理美元》，于杰译，中信出版集团股份有限公司2018年3月第1版，前言部分。

七 日美结构调整协议

尽管《广场协议》和《卢浮宫协议》回应了贸易保护主义的压力，但即使是作为快变量，汇率调整对国际收支的影响也具有很大的不确定性。J曲线和汇率传导需要时间，并且随着时间的推移，慢变量的影响还可能进一步削弱汇率调整对国际收支的影响。

直到《广场协议》五年后，从实际数据看，美国从日本的进口非但没有下降，反而从1984年的604亿美元上升到1989年的971亿美元，从日本的进口占美国总进口的比重也从17.7%上升到19.7%，美国对日本的贸易逆差占总逆差的比重更从29.9%上升到40.5%。不过，从日本的数据看，对美出口占日本总出口的比重从1984年的35.6%却下降到了1989年的34.2%，到1990年更进一步下降到31.7%。如果从1987年J曲线反弹的高点看，到1990年已经下降了5个百分点之多。与此同时，日本从美国的进口占总进口的比例却从1984年的19.7%上升到23%。

这一升一降的明显对比[1]，很难否定日本调整对美贸易的努力，反而说明应该从美国角度去寻找日美贸易平衡继续恶化的原因。当然，美国肯定不会接受这个结论，而且按照美国一向的蛮横态度还会继续施压日本。事实上，在经历了《广场协议》的汇率干预和流产的《卢浮宫协议》以后，美国对日本施压的重点也转移到市场开放和结构调整。

在1987年3月日美就"特定行业市场导向协议"谈判（Market-Oriented Sector-Selective，MOSS）在相关行业都达成协议前，美国和日本在1986年就建立了结构性经济对话双边工作组（Structural Economic Dialogue，SED），讨论日本土地使用政策、分配制度、

---

[1] 但是，日本的这种变化却很难说是结构性的，而更可能仅仅是针对美国作出的调整。事实上，从1984年到1989年，日本的出口增长了61.8%，而进口则仅增长了54%。

储蓄率和美国预算赤字等议题，基本与 SII 议题重合，但双方并没有明确各自消除结构性障碍的步骤。

针对贸易平衡问题，美国国会于 1988 年通过了超级 301 条款。据此，USTR 在 1989 年 5 月将日本确定为"优先"国家，即某些不公平贸易最恶劣的实践者，意在说服日本停止不公平贸易，否则可能面临单方面报复，最高可达 100% 的关税。施压进一步加码，而且这次就已经不是针对行业问题，而是升级为美国出口商和投资者的市场准入问题。尽管经历了多年的谈判，但美国贸易逆差长期存在，不仅导致国会在贸易政策中发出更强的声音，而且加大了要求行政部门采取更加激进做法的压力。更重要的是，美方认为日本经济与美国经济不同且不会改变的看法也导致美国放弃与日本传统的谈判解决方式，转而采用新的、不那么传统的方式。而日美结构性障碍倡议（Structural Impediments Initiative，SII）就是布什政府希望打包处理这些问题的一次尝试。

就在 USTR 根据超级 301 条款确定日本为目标进行施压的同时，布什政府于 1989 年 5 月提出了日美结构性障碍倡议，试图解决那些抑制美国对日出口和投资的基本面经济政策和商业规定的问题。SII 是以往双边谈判的合乎逻辑的延续，它强调的是规则而非结果。在 SII 的框架内，减少双边经常账户失衡可能没被视为一个直接的明确目标。因为从长远来看，贸易平衡是由储蓄和投资平衡决定的。在美国看来，正是这些结构性障碍导致了美日贸易关系出现摩擦。这也是对美国国会施压要求更积极地应对日本不公平贸易做法的回应。

日美结构性障碍倡议旨在从日本储蓄率、产品分销体系，以及其他导致长期美日贸易分歧的重要国内政策的调整，甚至包括土地政策、财团体系和定价政策，超越了以前的双边谈判限于督促日本消除明显的贸易壁垒，如进口配额、高关税和政府监管。这引起了日本的反弹，同期出版了一度热销的《日本可以说不》。不过正式会谈还是于 1989 年 9 月开始。到 1990 年 6 月，美国和日本工作组发布了一份报告，指出了各自将如何消除其结构性障碍，还同意了一个为期三年的后续进程以监测遵守情况。1993年，美国国会研究局发布了一篇报告，算是对到那时为止日美贸易摩擦的一个阶段性总结①。

应该承认，日本的贸易盈余从根本上说是由相对较高的储蓄率和相对紧缩的财政政策造成的，过剩的资本压低了日本的利率，并将日元汇率压低到了贸易平衡的水平以下。因此，要从根本上解决贸易失衡，就必须从宏观经济因素基本面的结构调整，从储蓄率、投资和消费入手，而SII正是试图解决这些宏观经济因素。日本的结构改革会改善美国公司在日本的商业环境，但日本必须进行长期的、根本性的改革才能见效，因此美国要求监测日本的行为。在SII谈判中美方还强调，消除这些障碍除了能让美国经济受益，也会为日本消费者带来利益②。

尽管美国应该作出更多的调整，但是迫于美国的压力，日本承担了大部分调整责任。与《广场协议》类似的是，日美双方之所以能够达成SII，关键还是日本的一些政策理念，包括对财政赤字、贸易赤字和政府作用等问题的看法出现一些松动和转变。例如，为公共基础设施投资采取更多的债务融资的扩张政策而不是依靠税收量入为出，不再以追求贸易顺差为目标，努力使经济体系更加开放和市场化等。

八　从日美贸易摩擦看国际经济政策协调的教训和启示

日美贸易摩擦从最初的自愿出口限制，到广场协议和卢浮宫协

---

① 具体内容参见 William H. Cooper (1993)：Japan-U. S. Trade：The Structural Impediments Initiative，https：//digital. library. unt. edu/ark：/67531/metacrs77/m1/1/high_ res_ d/93 - 341e_ 1993Mar15. txt.

② 不过，从更根本的因素上看，决定一个国家贸易平衡的最主要因素可能既不是汇率，也不是储蓄和投资，而是国际收支的收入弹性。克鲁格曼45度线为此提供了一个更完整的解释。事实上，除了德国等少数国家外，大部分国家随着人均收入水平的上升，最终都出现了国际收支逆差。日本在2008年金融危机以后的经常项目收支变化也证明了这一点。

第五章　宏观经济政策国际协调的历史与启示　/　195

议，再到结构性障碍倡议等一系列过程，是在后布雷顿森林体系浮动汇率条件下的一次政策协调尝试①，是维护国际货币和国际贸易体系的一次有益探索。从汇率政策到货币政策，再到财政政策，最后到国内的结构性政策，国际经济政策协调的范围不断扩大，内容不断丰富，认识不断深化。更重要的是将政府的政治意图和决策主导力注入经济政策协调的机制中，从而给国内经济政策决策加入了国际协调与监督的影响因素。即使到了今天，这些也是非常超前的实践，依然是国际经济政策协调的核心与难点。

毫无疑问，顺差国的货币升值虽然会强化其国际地位，不过对一个外向型国家实体经济的冲击也是明显的。如果按照 NOEM 的框架来分析，日本当时在政策目标中降低了汇率稳定的权重而尽量防止出现产出的大幅度波动②。在这个意义上，日本对日元升值的态度是保证广场协调成功的关键。但是，相比单纯的汇率调整，国内经济政策的协调，特别是财政政策的协调则是非常困难的。由于没有将汇率调整与国内财政和货币政策挂钩，《广场协议》本身是脆弱的。美国的单边主义不可能将国内经济政策决策让位于国际协调。所以到了《卢浮宫协议》，财政政策协调就变成一个凸出的同时也是棘手的问题了③。只是到了 SII，迫于美国的压力和日本政策理念的变化，日美贸易摩擦问题才真正进入到实质性解决的路径上。

《广场协议》最初是从反保护主义开始，通过外汇市场干预来解决贸易赤字问题。后来发现，相比迅速见效的外汇市场干预而言，为了稳定干预的结果，进行旨在调整经济基本面的宏观政策协

---

① 1978 年的波恩峰会也是一次非常重要的国际协调尝试，但是不论对实际经济运行的影响还是对此后国际经济政策协调实践的影响都无法与广场协议相比。

② 不过后来的情况是众所周知的，也就是对冲日元升值的货币政策最终导致资产泡沫，结果造成日本经济的长期停滞。

③ 直到 1989 年，美国总统布什还提出了日美结构性障碍倡议（参见 Cooper, 1993），试图解决那些抑制美国对日出口和投资的基本经济政策。当然，这个倡议既是布什政府对难以治愈的贸易逆差做出的回应，也是对美国国会施压要求更积极地应对日本不公平贸易做法的回应。

调可能更重要。而在政策协调问题上，美国拒绝削减财政赤字，拒绝承担可能的国内紧缩压力，而是一开始就把调整的责任推给日本。从广场协议前后的情况看，美国强迫日元升值，而日本权衡了升值的利弊后并最终妥协，虽然同时也相应进行了一些结构改革和财政扩张，但是力度肯定是相对不足的。到了《卢浮宫协议》，当内部政策调整不可避免地摆到桌面上并写入协议以后，却由于协议文字的含混和执行的原因，协议最终依然是不了了之。即使到了20年以后，黑田东彦（2004）依然认为："汇率政策在本质上是国际性的，它必须严格服从国际监管（比如，国际货币基金组织章程第四条款）；而财政政策和货币政策从本质上讲是国内政策，不应受到过多的国外压力。日本政府的错误就是在于轻易屈服了国外压力，选择了扩张性的财政政策和货币政策。"[1]

不论是美国还是日本，不愿放弃国内政策控制权的核心考虑在于国内宏观经济政策只能取决于国内经济的需要而与国际协调无关的审慎动机。美国的财政扩张造成了问题，收缩的选项又会损害国内经济，结果就只能推动其他国家也进行扩张。日本最初顶住了美国要求财政扩张的压力，不过日本后来的货币扩张最终酿成了国内的经济泡沫也是当前学界的共识[2]。因此，维护国内经济政策的独立性的核心不仅在于财政政策，也在于货币政策；不仅在于保持自主性，更在于保持政策审慎，而不是动辄宽松，更不能骤然收紧。但是，直到后来的SII，日本审慎地开始进行渐进的结构改革，虽然没有彻底解决日美贸易摩擦，但是这种基本面的政策导向却达到了缓和和降温的作用。

总之，真正有效的协调必须是基本面政策的协调。基本面的协

---

[1] 黑田东彦：《日本汇率政策失败所带来的教训：以"尼克松冲击"和"广场协议"为例》，载《国际经济评论》2004年第1—2期，第46页。

[2] 相比之下，在《广场协议》和《卢浮宫协议》中，德国一直比较谨慎保守，没有因一时的汇率波动进行大的政策调控，没有时松时紧大幅度改变货币政策，宏观经济形势也就一直稳定，从长期看效果是最好的。

调涉及国内政策的独立性和有效性，才是协调的关键和难点。日美达成 SII 标志着解决贸易摩擦的最终方向，只是在这个过程中，作为顺差国的日本实际承担了大部分的协调成本。

第三节 一体化条件下政策协调的问题：异质性的不对称合作[①]

如果说在日美贸易摩擦和协调中是以日本主动妥协和退让为主基调的，那么在政策协调最制度化，而且已经达到一体化的欧元区，货币政策的高度协调却没有达到预期的效果，甚至出现了相反的趋势，这不能不使我们怀疑宏观经济政策的国际协调的收益是不是真的不高。

欧元区的政策协调是在既定的制度框架下展开的，因此可以说，比随机的国际协调具备更好的条件以达到预期的目标。作为欧盟的一个组成部分，经济一体化进程受法律框架的规制，其主要机制为《欧洲联盟运行条约》。根据条约规定，尽管欧盟各成员国奉行本国的经济政策，但同时也将在超国家层面实施一些协调措施。该条约的关键规定是第 121 条和第 126 条，前者涉及对经济政策的多边监督与协调，后者涉及避免过度预算赤字。

然而，这种最高程度的政策协调在现实中也遇到了一系列的问题。这就从一个极端侧面反映了政策协调可能在现实中存在的挑战，或者说我们目前对政策协调的认识还是远远不足的。欧元区是世界范围内最具备一体化，从而经济政策协调也应该是最顺利、最成功的典范，其在政策协调以后依然出现的一些意想不到的问题就非常值得研究了。在这里我们感兴趣的问题是在这种政策协调最理想的条件下依然出现这些问题的具体原因是什么？而在这些具体原

[①] 本节的详细内容可以参见拙作《论欧元区的波动发展：冲击的异质性影响与趋同的理论逻辑》，载《欧洲研究》2021 年第 1 期，第 1—27 页。

因背后的深层原因又是什么?[①]

一 统一货币政策由于传导机制不同，可能造成趋同也可能导致趋异

2008年国际金融危机引发欧洲主权债务危机持续发酵，特别是以希腊为代表的债务国经济问题严重到了面临退出欧元区的风险。英国脱欧更加剧了欧洲经济局势的动荡，也为欧元区一体化进程蒙上一层阴影。

从经济增长来看，欧元区成立以前，欧元区的南部和北部就存在比较明显的差异[②]。正式创建欧元以后，欧元区的南部和北部经济增长的协同性有所提高，波动幅度都小于欧元区成立前。欧元创设前，北部成员国的经济平均增长率略高于南部成员国，而欧元创设以后，南部和北部欧元区的经济增长率发生了反转，显示出欧元的创设对南部经济增长的推动更加明显。但是，在国际金融危机的冲击下，南部欧元区受到的影响却明显大于北部欧元区，并且使得南部和北部的经济增长对比又发生了逆转。由于成员国差异而暴露出来的欧元区制度缺陷是学界关注的一大重点。

虽然从货币政策来说，欧元区是协调程度最高的经济体，但区内的财政协调和经济监管问题一直存在，而要素流动与产品流动的

[①] 实际上我们关心的问题是，如果连欧元区这样的具备成熟的经济一体化条件，从而政策协调应该完美达到预期目标的地区也出现了问题，那么世界上还有哪些国家能够达到政策协调的目标呢？政策协调还是可行的吗？事实上，从历史上看，由于没有哪个国家是建立在理想的经济一体化基础上的，所以在一个国家内部常常需要财政补贴而不是经济一体化带来的同步发展。这也成了不少人认为欧元区要维系下去，就应该在货币统一之后实现财政统一，潜台词就是在财政统一的框架下用财政补贴来维系欧元区经济发展水平的趋同。这反过来也证明了当时建立欧元区的初衷也不是单纯的经济一体化动机，或者是建立在经济一体化基础之上的。

[②] 从宏观经济数据来看，在欧元区成立以后，尽管经济一体化进程不断推进，内部差异和成员国之间的联动性也呈现出一定的特点。一般来说，根据欧元区各成员国的经济表现差异和地理位置，可以将欧元区分成奥地利、芬兰、德国、法国和荷兰等国的北部欧元区和以意大利、希腊、爱尔兰、葡萄牙和西班牙为代表的南部欧元区（何锐、孙根紧，2018）。当然，也有文献将欧元区成员国分成核心组和边缘组，甚至从核心组中再细分出一个中间组。不过总的来说，核心组和北部成员国大体重合，而边缘组/中间组涵盖了大部分南部成员国（高锦，2015）。

不平衡性导致国家发展的不平衡性成为阻碍欧元区协调发展的障碍。欧元区内差异化的国家是否满足货币一体化条件也成为很多学者关注的另一焦点。一些文献从生产要素，特别是劳动力的流动性和工资弹性来说明欧元区并没有达到货币一体化的条件，而财政协调的不足也是导致危机发生的重要因素。

对欧元区制度缺陷或实现货币一体化的条件的分析都指向了一个共同问题，即成员国之间的差异使得各成员国在面临共同的外部冲击时造成了不同的影响。一般而言，受经济危机影响比较严重的成员国大多经济基础相对薄弱，贸易逆差较大，产业结构单一，过度依靠第三产业，而实体经济特别是制造业竞争力不足。这种不合理的产业结构以及对周期性较强产业如旅游业等的高度依赖使得这些国家的经济在危机面前显得异常脆弱。一般来说，无债务问题国家制造业发达，保持经常项目盈余；轻微债务问题国家，基本保持贸易顺差，制造业占比较高，国内发展主要依靠本国资本，债务问题可控；而债务负担严重国家的经济结构则大多制造业相对落后，国际竞争力较低，在资本和商品完全流动的情况下，形成资本项目和经常项目双逆差。尽管不同国家之间经济结构的不同是普遍存在的客观现象，单纯分析这些差异并不能解释欧元区成员国之间的经济分化，但是却可能构成这些国家之间在面对共同的外部冲击时表现出不同的结果。

也有一些研究涉及货币一体化①对欧元区经济的影响。应该说，学界对货币一体化在促进贸易增长的问题上已经基本达成共识，但总量上的增长并不代表结构上的优化，更无法得出区内经济整体发展，或者说共同协调发展的结论。针对差异化国家的综合经济增长能力的研究还有待补充，而这恰恰正是理论和实践中亟待解决的问题。货币一体化带来的金融一体化效应也是影响区内经济发展的一

---

① 在我们这里，货币一体化就意味着货币政策的一体化，或者说是货币政策的高度协调，其实已经不是协调，而是高度一致。而这也正是我们在研究宏观经济政策国际协调时要研究货币政策的原因。

个重要机制。资本从经济实力较强的国家流入经济实力较弱的成员国的特征明显。但是，在外部投资环境较好的情况下，资本向投资回报率更高，经济基础较弱的南部欧元区流动，使其投资增加并促进经济发展。但是，当外部投资环境恶化时，资本就可能回流，从而对资本流出的那些国家的经济造成巨大冲击。结果，货币一体化使得资本流动造成经济波动的问题进一步加剧。

一体化促进经济发展存在先决性条件：只有在资本充裕的环境下，一体化才可以推动各国实现经济增长。但是在这一过程中也助长了成员国之间的分工和分化：原本综合实力相对较强的国家将进一步加强研发以提高核心竞争力，而综合实力相对较弱的国家却会进一步减少研发等核心竞争力的投入，转而专注于一般制造业、旅游业、房地产业等非核心能力部门。这样，当面临国际经济危机冲击时，大量资本回流导致综合实力相对较弱的国家将遭受外部负面的经济冲击、资本外流以及本国发展放缓的三重压力。结果欧元区在经济危机冲击下不是趋同而是呈现分化和趋异。

何悦和孙根紧（2018）针对欧元区内部各成员国的不同经济表现，将欧元区分为南北两个区域，评估了货币一体化对欧元区不同地区经济发展的影响。他们发现，统一的货币政策使得南部和北部欧元区表现出差异化特征：在欧元创设初期相对平静的国际环境中，货币一体化对南方欧元区的促进作用较为明显。但是，随着时间的推移，货币一体化对经济实力更强的北部欧元区经济增长的促进作用开始上升，而对南部欧元区经济增长的刺激却逐渐减弱。特别是经济危机爆发后，货币一体化对南方区没有促进作用，相反却对北方区表现出明显的正向作用。

因此，不论是从资本流动和伴随资本流动带来的创新行为，进而对各国经济增长的长期影响看，在客观上存在发展差异的各个成员国之间体现出来的一体化协同效应是不对称的：即在经济正常运行和高涨发展中互补和共进，但是，在面临危机冲击时却会出现资金向相对发达的成员国回流，从而再次拉大发展潜力和差距，走势出现分化和逆转。此时，相对发达的成员国经济增长可能会下降，但是下降幅度将明显小于相对落后的成员国。

二 不能对最优货币区内生性抱有太高的期望

最优货币区理论最初强调的是构建条件，比如，要素自由流动、金融一体化、开放程度、产品多样化程度、通货膨胀趋同、劳动力流动和工资弹性等，都是暗含把达到最优货币区的条件看成事前的和外生的。但是，此后出现的最优货币区内生性理论则反其道而行之，认为有关货币联盟事前需要具备的标准在一定程度上可以在形成之后得到满足，例如，统一货币有助于内生出统一的劳动市场，有助于区内金融市场的一体化，有助于成员国经济周期的同步化并在遭到冲击时呈现同步波动。

早在 EMU 建立的时候，1992 年 6 月 10 日就有 62 位德国经济学家在法兰克福发表了公开声明——《欧洲货币联盟——对欧洲决定性的考验》。他们认为在尚不具备前提条件的情况下，贸然引入 EMU 可能会造成经济与政治的双重灾难（Renate，2009）。事实上，按照《欧洲联盟条约》（*Treaty on European Union*）在国债利率、汇率、通货膨胀、财政赤字和债务规模等方面的指标，首批加入 EMU 的国家除芬兰外，其余十国或在财政赤字，或在外债方面都没有严格达标。这或许意味着在欧元区的创设过程中，最优货币区内生性理论可能不乏拥趸。

经济趋同是 EMU 正常运行的前提，但经济趋同是一个长期渐进的过程；应该制定严格而非宽松的价格稳定机制；由于市场化，特别是劳动市场还不成熟，欧盟还不是一个最优货币区；小国可能面临更大的竞争压力和失业率；欧央行的设计缺陷无法从制度上保证价格稳定的最终目标；由于经济结构和发展水平的差异，各成员国对物价稳定（从而货币政策目标）的标准也难以达成共识，甚至各国的公共财政政策也不能完全配合。

尽管按照最优货币区的内生理论，统一货币有助于内生出成员国经济趋同。然而，欧元的实践经验与理论假设并不一致。通过对欧元区国家加入欧元区前十年经济的绝对收敛与包含结构特征的条件收敛进行分析，李昕（2014）发现，货币统一仅对欧元区国家表现出弱的条件收敛①。具体来说，虽然交易成本的降低有助于促进区内各国的贸易依存，但是，劳动力流动受到制约，劳动价格没有出现收敛，以单位劳动成本调整的各国实际汇率和外部竞争力呈现发散而非收敛的状态。交易成本的下降虽然有助于促进各国的贸易依存，但是成员国总体贸易水平没有出现明显增长，这意味着欧元创设以后可能仅仅通过交易成本的下降带来了贸易替代效应而贸易创造却并不明显。创设欧元所带来的一体化收敛和发散效应并存，特别是由于成员国之间不同结构的收敛与发散效应并存。但是，像新古典经济增长理论所强调的那样，最终使得经济增长向自身稳态收敛的原因还是在于通过贸易和投资实现的技术转移和扩散。考虑到 FDI 的影响以后，欧元区各成员国之间的经济收敛趋势有所上升。当然，统一货币后统一的基准利率使得资本定价更容易表现出实际收益率的差异，从而有利于资本流动，相比劳动流动更明显地促进了经济增长的收敛。

姚大庆（2012）使用引力模型检验了欧元区国家间的共同边界效应。他发现在欧元区核心国家之间不存在共同边界效应，而在全部欧元区成员国间存在较为明显的共同边界效应②。这说明，由于扩大过快，现在的欧元区一体化程度难以达到最优货币区的要求。贸易中的共同边界效应说明欧元区贸易和要素流动一体化的程度是有欠缺的，也并未如预期的那样通过劳动力的自由流动缩小各国失业率差异。徐坡岭和贾春梅（2018）认为，从实际运行来看，欧元

---

① 条件收敛的问题与宏观经济政策国际协调理论所说的结构模型差异的障碍有异曲同工之处。

② 欧元区的核心国家主要是指法国、德国、意大利、荷兰、比利时和卢森堡，全部欧元区国家是指他在研究时的 17 个成员国，即奥地利、比利时、塞浦路斯、爱沙尼亚、芬兰、法国、德国、希腊、爱尔兰、意大利、卢森堡、马耳他、荷兰、葡萄牙、斯洛伐克、斯洛文尼亚和西班牙。

区成员国之间不仅没有因为使用单一货币、执行统一货币政策而实现经济趋同，相反，各国之间的发展差距还呈现出扩大的趋势。各成员国在要素市场、技术水平、制度、文化等方面的差异决定了各自不同的发展水平和发展速度，但在单一货币政策下，统一的名义利率和名义汇率却进一步放大了初始异质性的影响。杨晓龙和姜冉（2014）的研究甚至发现，货币一体化加大了欧元区各成员国技术效率的差异，人均 GDP 差异也加大了欧元区各成员国技术效率的差异，且货币一体化通过作用于经济发展，进而加剧欧元区成员国技术效率差异的扩大。

克鲁格曼（2010）就曾经一针见血地指出："欧元区乱局并非政客的肆意挥霍，而是精英的自负——这里所说的精英指的是在欧洲大陆远未具备推行单一货币的条件之前就推动欧洲从事这一试验的那些人。"

应该说，欧元创设以后欧元区成员国的发展并没有对最优货币区内生性理论给出肯定性的证明，这其中的原因肯定是多方面的，但是如果我们将欧元区视为最严格的货币政策国家协调的典型案例，并且相对非欧元区国家而言，各国之间的发展和结构差距已经受到充分重视并且在各国的政策决策者之间具有强烈趋同意识的情况下，最理想和最严格的货币政策协调不仅没有在加总层面给欧元区带来明显的优势[①]，而且还可能进一步加剧各成员国之间的分化。这种情况即使不能否定宏观经济政策国际协调可以带来收益的理念，至少也使得我们应该意识到要让宏观经济政策的国际协调取得帕累托改进的效果，恐怕还要进行更多的研究。如果考虑到即使对于欧元区这样理想的环境和条件也没有充分显示出最理想的货币政策协调的结果，那么对更一般意义上的宏观经济政策国际协调可能带来的收益，可能就不能给予太高的希望。

[①] 在这方面，斯蒂格利茨在《欧元危机》一书中对欧元创设以后欧元区的表现也作了有说服力的论述。

三 欧元区内部的不对称性和异质性

在欧元区已经达成共识并且在既定的制度框架内已经得到很好贯彻的政策协调情况下，统一的货币政策本身并没有给欧元区的发展带来明显的助益，甚至还显现出明显的问题。结合我们在前面两部分的分析中都涉及的原因、问题和表现，我们在这里不得不对欧元区成员国内部的异质性、不对称性以及相应的影响进行专门的分析。

按照《欧洲联盟条约》的要求，货币趋同需满足以下五条名义财政标准：①通货膨胀标准：通货膨胀率不应超过通货膨胀率最低的三个欧盟成员国的算术平均值1.5个百分点；②利率标准：长期利率不得超过物价最稳定的三个欧盟成员国平均利率算术平均数2个百分点；③预算赤字标准：赤字不得超过国内生产总值（GDP）的3%；④公共债务标准：政府债务不得超过国内生产总值的60%；⑤汇率标准：允许的最大浮动范围为不超出中间汇率+/-15%。但是在现实中，由于种种原因，在统一的货币政策和关税同盟中，这些都是难以实现或维持的。

1. 统一货币政策的不同结果

欧元的核心是欧洲中央银行体系，而欧洲中央银行体系又是由欧洲中央银行（European Central Bank，ECB）和欧元区的19个成员国中央银行组成。ECB负责制定欧元区统一的货币政策，各成员国中央银行则仅仅负责实施。但是，ECB在制定货币政策时主要关注欧元区整体发展水平，忽视了各个成员国层面的异质性，受到不少学者的批评。

Wickens（2007）在NOEM模型的基础上，发现欧元区成员国的价格在长期会趋异，而非最优货币区内生性所预期的价格趋同。Lee（2009）讨论了在欧元区成员国经济状况存在较大差异的情况下的最优货币政策设计，实证分析表明，ECB统一的政策利率对于欧元区核心大国是最优的，然而，对部分其他小国成员而言，则未必是最优的。Georgiadis（2015）研究发现，欧元区共同货币政策在成员国的传导存在不对称性，而这种不对称性就源于成员国经济结构特征的差异。邹宗森、刘庆林、张永亮（2016）通过反事实研究，在假设欧元区成员国依然可以自主制定并执行独立货币政策的情况下，设置政策利率，以控制通货膨胀率、调节产出缺口和避免利率大幅波动作为其目标函数，考察各成员国央行在权衡产出缺口、通货膨胀目标偏离和利率波动时制定最优货币政策的差异性，进而反映成员国央行之间最优货币政策目标的差异以及各国央行货币政策核心关切对 ECB 现有通货膨胀目标制货币政策[①]的偏离。结果发现，各成员国央行之间以及各成员国央行与 ECB 的目标函数本身就存在差异，从而会导致各国在根据本国经济运行实际状况设定目标通货膨胀率和政策利率时存在较大差异。换言之，ECB 根据欧元区整体水平设定的政策利率和目标通货膨胀率无疑会倾向于权重占比较大的国家，例如，德国和法国，这对于经济结构与大国差异较大且经济周期不同步的外围小国是非常不利的。

事实上，成员国之间的通货膨胀率水平也的确出现了持续的差异。欧元区各国通货膨胀率水平对于实际供给冲击、实际需求冲击和货币政策冲击的响应存在明显的差异性。在一些经济增长较快以及要素和产品市场流动性较低的成员国，成本压力以及货币政策传导渠道的低效率导致了通货膨胀，加之这些经济基本面的结构性因素不受欧洲央行的直接控制，使得近年来欧元区的通货膨胀率水平差异扩大。这些都增加了欧洲央行实施统一货币政策的难度。

通过对欧元区主要竞争力指标和外部失衡指标的分析可以看出，欧元区成员国竞争力出现明显分化，外部失衡状况差异性较大。一方面，如果只采用货币政策，欧洲央行对于成员国间价格水平差异的扩大是无能为力的。另一方面，由于成员国失去了独立的

[①] 毫无疑问，货币政策对于控制通货膨胀水平的高度关切反映了德国传统货币政策目标对 ECB 的影响。

货币政策和汇率政策调节工具，经济失衡的调整只能借助于其他经济政策尤其是财政政策，政策工具的缺失以及对于财政政策的过度依赖进一步加剧了经济失衡。

尽管欧元区成员国有统一的名义汇率，然而由于各成员国的实际需求和生产成本存在差异，导致其通货膨胀率水平产生差异。新成员国加入欧元区以后降低了它们在国际金融市场上的风险溢价，刺激了国内需求，也诱发了通货膨胀。最重要的是，通货膨胀率的差异影响了各成员国的实际汇率水平，必然在一定程度上削弱其国际竞争力。毫无疑问，成员国间价格水平和国际竞争力的持续差异以及过度外部失衡会对欧元区的稳定产生威胁。

小国若要维持与大国的协动，需要额外付出其他政策努力，因为 ECB 的货币政策可能与本国的政策需求背道而驰，此时财政政策便成为各成员国调控经济运行、应对外部冲击的最主要手段。肇始于美国的金融危机冲击欧元区后，成员国货币政策权限缺失因而过分倚重财政政策，不可避免地发生了主权债务危机。

2. 通货膨胀不同的原因

《欧洲联盟运行条约》（Treaty on the Functioning of the European Union，TFEU）第 127 条指出，ECB 的首要目标是维持价格稳定[①]。在欧元区运行的 20 年中，通货膨胀率水平相对比较稳定，大体运行在 0—2% 的目标区间内，显示了 ECB 控制欧元区整体通货膨胀率水平的卓越能力。但是不可否认的是，欧元区成员国之间通货膨胀的差异一直非常明显。在同一货币体制和同样的政策调控下，是什么因素导致了欧元区各经济体通货膨胀率的差异？这个问题实际上涉及如何评估欧元以及统一货币政策功效等一系列的重要问题。

各成员国之间的通货膨胀差异使欧洲央行在为整个欧元区制定货币政策时无法兼顾所有成员国的利益。由于存在若干通货膨胀率

---

① 当然，价格稳定是欧洲中央银行的核心目标，在这个条款中还规定欧洲中央银行的行为必须与开放的市场经济、自由竞争和资源的有效配置的目标相一致。

较高的成员国，欧洲央行为了达到2%的通货膨胀率目标可能不得不采用更为紧缩的货币政策。更严重的是，大规模存在的通货膨胀差异使欧洲央行制定的货币政策在达到总体通货膨胀接近2%这个目标的同时，依然有个别成员国存在通货紧缩的可能性。同时在一个名义汇率和名义利率都较为一致的货币联盟中，通货膨胀差异产生的影响也是不稳定的。由于在欧元区内短期名义利率是相同的，通货膨胀率的差异会导致实际利率的不同，通货膨胀率更高的国家实际上享有更低的实际利率，而更低的实际利率将又会促进投资，进而导致更高的通货膨胀。因此，在欧元区这样的统一货币区内，通货膨胀差异的存在是不可忽视的一个重大问题。

影响通货膨胀差异的因素具体还可以进一步分成自身因素：包括劳动力成本、巴拉萨—萨缪尔森效应、财政政策等，而外部因素则包括：欧洲央行货币政策、输入型通货膨胀、商业周期因素和价格收敛效应。但影响欧元区成员国之间通货膨胀差异的主要因素大致可以归纳为如下几个方面：

（1）巴拉萨—萨缪尔森效应。OECD（1999）（李慧中，2012）提出生产率较低的国家在赶追生产率较高的国家时，生产效率的迅速提高所带来的整体物价的上涨。其背后的原因则是服务业在整个经济中所占的比重。由于贸易部门劳动生产率的提升造成名义工资水平上升在劳动力充分流动的背景下，非贸易部门也出现工资水平上升的现象，从而造成整体通货膨胀水平的上升。虽然巴拉萨—萨缪尔森效应并非对所有国家都具有解释力，但是，总的来说，巴拉萨—萨缪尔森效应对欧元区通胀的影响在一般理论逻辑上是成立的。

（2）输入性通货膨胀的差异。Balaza等（2004）发现虽然采用统一的货币而有相同的名义汇率，但是，由于各国的国际贸易占GDP的份额不同，以及进出口产品国别分布不同和产业组成的不同会导致在面对相同的汇率变动时对价格的传导效应是不同的，结果造成欧元区各成员国之间的输入性通货膨胀程度有所不同。即使面临同样的汇率冲击,各成员国之间的价格水平变动也会有很大差别。

(3) 劳动力市场结构差异。Angeloni 和 Ehrmann(2003)的研究表明名义价格刚性的差异是导致欧元区各成员国通货膨胀差异的主要原因。Benigno 等(2005)发现名义工资刚性对欧元区成员国通货膨胀差异的作用也不容忽视。不过,Beck 等(2009)采用失业率和单位劳动力成本价格的变动作为本国劳动力市场特点的指标展开的研究表明,劳动力市场结构对欧元区各国的通货膨胀差异没有显著影响。Sanchez(2009)认为,服务行业由于受到不充分竞争的影响,劳动生产率提高速度较慢,但受制造业劳动生产率提升及工资上涨的影响,行业之间产生成本的价格传递效应推动服务行业价格虚高,进而形成通货膨胀压力。

(4) 各国不同的财政政策。Beck 等(2009)指出,财政政策在欧元区通货膨胀变动中起着不可忽视的作用。从数据来看,通货膨胀率远高于欧元区平均水平的希腊与爱尔兰都是扩张性财政政策的国家,高通货膨胀国家往往都是高负债国家。Duarte 和 Wolman(2008)指出,由于欧元区缺乏统一的财政政策,因此给通货膨胀差异带来的冲击显而易见。

(5) 不同经济周期。由于各个国家在经济周期中所处的阶段不同,通货膨胀率自然存在差异。经济周期一般使用产出缺口(有效产出与潜在产出之间的差额)来衡量。Giannone 和 Reichlin(2006)指出,在欧元区各成员国之间,经济周期虽然已经在较大程度上同步,却依然存在差异。Egert 等(2007)指出,像爱尔兰、希腊这样的通货膨胀远高出欧元区成员国平均水平的国家显现出正的产出缺口,而德国这样的通货紧缩国家则显现出负的产出缺口。

(6) 价格收敛效应是指欧元区成员国在货币一体化过程中发生的价格趋同现象。Rogers(2007)认为,由于经济一体化要求成员国之间物价趋同,因此成员国原有的价格体系就需要重新调整。在经济一体化条件下,单一货币导致的透明价格及增值税等税率的趋同也会促使欧元区各成员国间价格趋同。这种低物价向高物价靠拢形成的价格"追赶效应"将明显推高新成员国的物价水平。虽然新成员国的经济规模通常较小，对欧元区的总体物价水平影响有限，但是这种非对称冲击还是造成了成员国之间通货膨胀的差异。Angeloni 和 Ehrmann（2003）认为，由于初始价格存在一定差距，单一货币下成员国之间的价格趋同是一个渐进的过程，由此造成新成员国的通货膨胀持续高企。

（7）其他因素。Sanchez（2009）认为，一些结构性因素，如消费结构和产业结构等也是影响通货膨胀差异的重要因素。例如，西班牙等南欧国家的房地产市场泡沫推动了国内通货膨胀水平上升。制造业比重较高的成员国往往属于低通货膨胀国家，而服务业为主的成员国通货膨胀水平常常较高。此外，一些非市场因素也是导致通胀差异的重要原因，比如政府管制价格，直接或间接的税收及市场竞争差异对通货膨胀差异的影响都不容小觑。

李慧中和沈雨沁（2012）对欧元区内各成员国之间的通货膨胀差异进行了不同的归纳，认为主要是由国别差异因素所造成的。这些因素又可以分为以下三类：第一类是各成员国在初始时期的国别因素差异，如各国初始时期经济发展水平的差异所导致的巴拉萨—萨缪尔森效应和价格水平的差异所导致的价格收敛效应；第二类是各国的政策因素，如各国财政政策；第三类是各国本身经济状况和经济体结构特征，如各国进出口产品结构不同所造成的输入性通货膨胀差异、市场结构差异以及在经济周期中所处的阶段不同。

第一类国别差异因素能够随着时间推移逐渐减少，即随着各国经济发展水平和价格水平趋同，巴拉萨—萨缪尔森效应和价格收敛效应所导致的通货膨胀差异也会逐渐减少；第二类政策因素则需要各成员国之间的政策协调，即要减少由财政政策等所导致的通货膨胀差异；第三类因素则很难通过短期调整或政策协调消除，因为诸如输入性通货膨胀和本国市场结构本身的差异是无法通过短期政策调控改变的。所以欧元区各成员国间的通货膨胀差异将持续存在。

宏观政策协调可以改善通货膨胀的差异，但不能从根本上解决问题。

欧元区通货膨胀差异对欧元区经济失衡起到了重要的推动作用，是欧元区未来可持续发展的巨大挑战。首先，高通货膨胀通过实际有效汇率路径抑制相关国家的商品竞争力；其次，欧洲央行单一的基准利率大大降低了高通货膨胀国家的融资成本，客观上刺激了政府和私营部门的债务膨胀并导致危机；最后，通货膨胀差异也会对产业结构的产生影响，进而影响到欧元区经济整合（赵娜和刘桓，2016）。

3. 造成汇率传递效应不同的原因

美国国家经济研究局（NBER）主席费尔德斯坦在2011年底发表的《欧元和欧洲的经济状况》的论文中认为，欧元的创立是导致几个欧元区国家发生主权债务危机、欧洲主要商业银行财务脆弱以及大多数欧元区国家高失业率和贸易赤字上升的根本原因。欧洲的灾难不是官僚主义的管理失误，而是在一些经济结构、财政传统和社会意识存在非常显著差异的国家间推行单一货币的不可避免的结果。无独有偶，斯蒂格利茨在《欧元危机》一书中也表达了类似的观点。

姚大庆（2013）发现对欧元区创始国而言，汇率波动效应的异质性不显著，但随着欧元区的不断扩大，汇率波动效应的异质性加强了。欧元区国家从美国进口受汇率波动影响较小，但是对美国出口受汇率波动影响较大；欧盟创始国间汇率波动异质性较小，而新成员国汇率波动效应的异质性较大。这种异质性是由各国的经济发展水平、产品竞争力、金融市场发达程度和经济一体化水平等因素造成的。具体来说，对于人均 GDP 相似的国家，由于对产品的消费档次、结构比较一致，贸易受到汇率波动影响的差异较小，汇率的价格弹性比较小。而人均 GDP 差异较大的国家，贸易受到汇率波动的影响则较大；产品竞争力越强的国家其出口受到汇率波动的影响越少。美国对欧元区多数国家的出口不受汇率波动影响，说明美国产品的国际竞争力较强。而欧元区出口不受汇率波动影响的国家都是产品竞争力较高的国家。出口受汇率波动影响大的国家，其出口产品中食品和矿产品比重较高，而制造品特别是机械运输产品的比重偏低；一国金融市场的发展水平越高，期货、期权等金融衍生工具越发达，则进出口商规避汇率波动的成本越低，贸易受汇率波动的影响越小。出口受汇率波动影响大的国家均是金融市场业务量相对较低的国家；在欧盟创始国的范围内，汇率波动效应的异质性不显著，说明经济一体化程度是引起汇率波动异质性的重要因素。

王玉柱（2015）认为，欧元大幅贬值可被视为欧元币值趋向均衡汇率的回归过程，但是由于欧元区内部结构性问题的存在，德国仍将享有非对称性汇率竞争优势。这又是由于通货膨胀和长期利率的差异造成的购买力平价和利率平价差异。对此，瞿红艳（2011）提出了三个大的方面的原因：区域经济发展不均衡性影响货币政策效应的作用机制，统一货币政策加剧区域经济发展不平衡性的作用机制以及欧元区的制度安排。理论上说，最优货币区必须满足工资和价格具有弹性、财政转移具有高度流动性以及劳动力自由流动三个基本条件，而欧元区正是缺乏这样的机制安排。

既然欧元汇率波动对欧元区不同国家的影响具有异质性，欧洲单一货币的推行就可能引起不同国家经济绩效的差异，进而导致国际收支失衡、金融风险积聚等后果。换言之，欧元区的建立并没有显示出最优货币区的内生性，相反欧元区的过快扩大和运行机制本身可能恰恰强化了各成员国之间事实上的趋异。

4. 名义趋同与搭便车问题

尽管从后来的经济表现看，在欧元正式开始流通前加入欧元区的第一批成员国也各有差异，但是一般来说可以认为这些国家加入欧元区的条件是比较成熟的。与第一批欧元区成员国相比，新成员国无论在经济发展水平和经济结构，特别是在经济规模上与原有的成员国存在较大的差距，因此它们加入欧元区会使得欧元区原有的分化问题进一步加剧①。

加入欧元区最明显的收益首先将是可以节省外汇交易成本，而且已有的贸易和投资往来越密切，这种收益就越明显。其次，消除了欧元区老成员向新成员投资的汇率风险，有助于成员国之间的资本流动，而这对于迫切需要大量投资的新成员国至关重要。此外，加入欧元区还可以分享受欧洲中央银行发行欧元的铸币税收益，并享受统一货币后的物价稳定以及欧元区内价格统一和高透明度，特别是真正统一大市场所带来的好处。最重要的是一些经济发展水平相对较低、在国际资本市场上融资成本比较高的新成员国，在加入欧元区以后能够享受到欧元在国际金融市场上的信誉，进行低成本的融资。当然，从冰岛和爱尔兰的情况看，这也可能成为金融稳定的隐患。

不过，正是由于加入欧元区的诸多诱惑，使得不少国家宁愿放弃货币政策自主权，努力加入欧元区。而在如何推进欧元区东扩问题上，多数学者主张从欧元区准入机制改革入手解决欧元区东扩困境。意大利早在1991年就因担心自身难以满足趋同条件而抛出一个对趋同标准进行变通的"动态解释"方案。所谓"动态解释"是指成员国经济指标的变化趋势是否一直朝向《马斯特里赫特条约》（以下简称《马约》）规定的绝对值标准。显然，与静态的绝对值标准相比，"动态解释"方案要宽松不少。虽然欧元启动前夕，意大利的宏观经济全部达标，顺利进入欧元区，并未享受"动态解释"方案带来的好处，但方案中蕴含的变通思想始终为徘徊于欧元区外的中东欧国家所关注。

一些等待加入欧元区国家的学者（科勒德克，2018）认为，如果如某些学者与政治家所提出的那样让各国经济发展达到相似的水

---

① 斯洛文尼亚于2007年、马耳他和塞浦路斯于2008年、斯洛伐克于2009年、爱沙尼亚于2011年、拉脱维亚于2014年、立陶宛于2015年分别加入欧元区，欧元区成员国也从最初的12个扩展到19个，一度实现了快速扩张，但是随后又放慢了步伐。这其中的诸多变化，特别是双方对加入欧元区考量权衡的重点值得揣摩。

平才能加入欧元区未免不切实际，也没有必要。因为新成员国使用欧元能够加快缩小收入差距的进程。那些主张在赶上更发达的经济体之后再实现货币趋同的观点是错误的，因为货币趋同本身就能够成为实现真正趋同的一种额外工具，而真正的趋同是欧洲在实现一体化过程中迫切需要的。他们强调，有些经济体，例如，希腊与意大利，在欧元诞生之时，它们就未能满足与可接受的债务水平相关的财政标准。从全面的角度考虑，将欧元持续存在和改革所需的成本及其带来的收益，与退出和废除欧元所需要的成本及其带来的收益进行比较，前者的优势显而易见。欧元的继续存在没有绝对的确定性，却有极高的可能性。显然，我们不难从中看出搭便车的心理。

贾文华和季哲忱（2019）也认为，在国家主权及民族文化范畴内的政治认同问题是欧盟及欧元区公众目前不支持欧元的主要因素。因此，欧盟的当务之急并不必然是以统一欧元区预算甚至建构财政联盟为核心的深化改革，而是平复因多重危机导致的对欧元区的疑惑。

从欧元区的快速扩张看，原有的矛盾并没有得到缓解和修复，在货币一体化条件下最严格的宏观经济政策国际协调所面临的考验依然存在，这种情况在一定程度上也折射出欧元的创建与扩容并不完全出于学者对经济收益的考量和估算，使得欧元区所承载的内涵变得更加复杂。

至此，我们已经回顾了历史上进行国际货币协调的几次尝试。这些尝试最早可以追溯到20世纪20年代的巴塞尔会议和1922年的热那亚会议。布雷顿森林体系已经超越了针对某种规则的合作，而且限制了以邻为壑的政策范围。在接下来的第一次石油价格冲击造成的滞胀时期，主要工业化国家试图通过伦敦和波恩峰会协调经济政策以便使世界经济在1977/1978年实现重新启动（jumpstart）。1985年的《广场协议》和1987年的《卢浮宫协议》关注的是外汇干预的协调。在 1987 年 10 月股灾后 G7 中央银行协调联合降息和提供流动性保障。如果说 21 世纪初期人们对当时称之为全球经济失衡问题的协调在没有危机压力的情况下变成了相互指责和推诿，那么到了 2008 年国政金融危机以后，G20 的协调开始增加了财政政策协调等结构性问题的内容，而在欧债危机期间，与 1997 年亚洲金融危机的协调类似，实际变成了一种救助者为危机国开药方，提出条件的讨价还价的过程。但是与亚洲金融危机不同的是，由于欧债危机期间的救助在很大程度上是在欧盟和欧元区内部完成的，因此这个救助过程实际上也在一定程度上强化了欧元区内部的政策协调机制。

　　对全球经济失衡、1997 年的亚洲金融危机救助和 2008 年国政金融危机后 G20 的协调与对欧债危机的救助并不是我们典型意义上的标准政策协调，所以我们只作简单回顾。从我们回顾的所有政策协调案例看，从国际金本位崩溃后的协调直到欧债危机救助中具有强约束性质的政策协调，包括《广场协议》在内，都与我们在理论模型中假设的政策协调情景具有较大的差距。而这可能也恰恰证明了有关政策协调在最乐观的意义上可能更多的体现在一些国家在开放条件下主动权衡利弊的政策考量中，而不一定体现在国际谈判桌上。也就是说，真正的协调可能更多的是一种单方面的主动行为。当协调变成了谈判桌上的讨价还价，可能已经更多的变成了一种不对称的博弈，一种不得不面对但又尽量推诿、拖延和规避的行为而很难被视为一种真正的协调。

第六章

宏观经济政策国际协调的扩展：
基于一个极简模型的模拟

对宏观经济政策溢出效应研究最初的直接目的是为了说明国际经济的互动，但是却构成了宏观经济政策国际协调的基础。从溢出的机制上看，已有的研究主要是从贸易渠道展开的，而对溢出力度，特别是溢出给本国经济造成的影响则取决于包括是否考虑GVC等一些现实状况的分析假设。出于简化分析考虑，主流的基准模型一般都是两国模型，而且是对称的模型，以便对所有可能的枝节问题也都采取了极尽简化的假设。虽然对宏观经济政策国际协调研究基准模型的研究主题还是测算协调的收益，对协调目标函数的基本假定还是依照NOEM的思路从两国福利之和最大化的视角展开，但是这些文献已经为我们奠定了进行扩展研究的重要基础。

在本章中，我们试图对这些模型进行进一步的简化，这样做主要是出于如下三方面的考虑：①进一步简化的目的是为了适当放松一些严格的假设，以便更接近现实世界的情景，同时简化逻辑关系和数字模拟的难度，降低技术难度，让基础逻辑表现得更突出和简洁；②不再纠结于协调的收益，而是探讨外部冲击的异质性影响和协调的政策策略及工具选择，这无疑是宏观经济政策国际协调的核心问题；③由于本章的分析既要涉及外部冲击，还要涉及传导和政策应对，自变量多，方程多，进行形式化的研究不仅难度大，而且在最好的情况下也难以避免类似DSGE那样的结果，很难在说明复杂的逻辑关系整体框架和展示传导机制之间两全。我们知道，在这里使用简单的数字模拟同样不能解决这个问题，甚至模拟本身也难以避免逻辑关联的错误，但至少可以提供一种可供讨论的研究。

第一节 一个基准模型

从最底层逻辑上看，常规的宏观经济政策国际协调首先是界定负溢出，然后通过货币政策（汇率和利率）的调整来降低负溢出的影响。所谓协调，就体现在货币政策的应对选择上。协调一般有两方面的含义：首先，可能产生负溢出的国家应该有所预见，从而调整自己的政策；其次，受到负溢出影响的国家应该调整宏观政策以便降低负溢出对本国经济的不利影响，同时也要考虑到应对政策可能造成的负溢出。由于直接效应大于间接效应，所以在政策协调中，前者相对来说应该就是一个重点[①]。但是在现实中，产生负溢出的国家不仅常常是处于主动地位，而且常常是强势一方，因而政策协调就常常是受到负溢出影响国家提出的倡议，而最终效果自然也不理想。另外，在政策协调中之所以主要集中于货币政策，不仅是因为它比财政政策见效快，而且可以被政策决策者当作一个自主的外生变量，在行政上的决策程序也更直接。

尽管在我们的研究中将加入以前文献中被简化掉的一些假设，但是为了明确地展现传导机制，以便从分析协调收益转入分析协调策略，同时也为了进一步减低分析难度，我们首先对以往基准模型中一些相关度比较低的环节再次进行了大幅度的简化，然后在逐渐放松一些假定，加入一些以前没有考虑的因素，以适应我们分析目的的变化。

我们的基准模型建立在 Canzoneri、Cumby 和 Diba（2005）的

[①] 不仅是为了简化分析，而且考虑到后续冲击等不确定因素，很多文献也仅仅考虑的是单期博弈。我们在这里也不例外。

基础上。

一 作为分析基础的宏观运行：两国三部门基准模型

与一般的宏观分析一样，我们使用对数的消费效用函数[①]。值得指出的另一个比较重要的初始假定是经常账户平衡。这不仅意味着没有资本流动，也意味着没有产生债务的金融关系。

与 Canzoneri、Cumby 和 Diba (2005) 一样[②]，我们也假设存在贸易品部门和非贸易品部门，而且贸易品部门还分出国内销售和国外销售两部分。每单位劳动可以生产出 Z_N 单位的非贸易品，Z_D 单位的国内销售贸易品以及 Z_E 单位的出口贸易品。Z_N^*、Z_D^* 和 Z_E^* 分别代表国外的变量。假定生产技术是线性的，当贸易部门出现生产率冲击的时候，国内和出口受到的影响是相同的，也就是说 $Z_D = Z_E$，$Z_D^* = Z_E^*$。

每个家户都生产为国内和国外销售的贸易品 $Y_D(h)$ 和 $Y_E(h)$ 以及非贸易品 $Y_N(h)$。这样，家户 h 的效用函数就是：

$$U(h) = \log(C(h)) - [Y_D(h)/Z_D + Y_E(h)/Z_E + Y_N(h)/Z_N]$$

在这里的初始状态是，家户的消费构成在国内生产的贸易品 C_D、进口的贸易品 C_E^* 和国内生产的非贸易品 C_N 之间是等分的[③]，因此 $C(h) = C_D(h)^{1/3} C_E^*(h)^{1/3} C_N(h)^{1/3}$。$Y_j(h)/Z_j$ 是家户 h 在部门 j ($j = D, E, N$) 投入的劳动。

从消费结构看的部门产品 Y_j 的组合是：

[①] 与一般的基准模型相比，我们省略了货币余额的效用，也就是假设家户没有跨期平衡的问题。另外，也省略掉作为外生变量的政府税收。

[②] 由于我们的分析都是建立在 Canzoneri、Cumby 和 Diba (2005) 的基础上，所以为了阅读的顺畅，我们没有重述相关符号的定义，即使我们对这些符号有所修改，相信读者也不难理解变化后符号的含义。

[③] 我们保留了初始消费结构等分的假定，但是由于增加了贸易品之间的替代问题，所以在弹性价格下只保留了非贸易品和贸易品在消费结构中的比例各为 1/3 和 2/3，但是放松了进口贸易品消费和国产内销贸易品消费之间比例不变的价格，但贸易品在总消费中所占比重依然稳定在 2/3。

$$C = C_D^{1/3} C_E^{*1/3} C_N^{1/3}$$

$$C^* = C_D^{*1/3} C_E^{1/3} C_N^{*1/3}$$

它们在国内和国外家户的价格是：

$$P = 3P_D^{1/3} P_E^{*1/3} P_N^{1/3}$$

$$P^* = 3P_D^{*1/3} P_E^{1/3} P_N^{*1/3}$$

这就是每个国家消费者的价格指数。而对消费者来说组合成本最小意味着：

$$P_D C_D = P_E^* C_E^* = P_N C_N = 1/3 PC$$

$$P_D^* C_D^* = P_E C_E = P_N^* C_N^* = 1/3\ P^* C^*$$

也就是说，消费在每个部门产品的开支都是家庭总支出的1/3。家户 h 的预算约束是：

$$PC\ (h)\ = P_D\ (h)\ Y_D\ (h)\ + P_E\ (h)\ Y_E\ (h)\ + P_N\ (h)\ Y_N\ (h)$$

这样，家户通过平衡 $C(h)$、$P_D(h)$、$P_E(h)$ 和 $P_N(h)$ 使自身的效用函数达到最大化。

由于国内货币标价的价格可以直接换算成国外货币标价的价格：$P_j = SP_j^*$，S 是汇率。另外，贸易在均衡状态下是平衡的，我们有：

$$P_E^* C_E^* = P_E C_E$$

从下面的方程组可以计算出固定和弹性价格下的均衡价格解：

$$PC = 3P_D C_D = 3P_E^* C_E^* = 3P_N C_N$$

$$P_D^* C_D^* = P_E C_E = P_N^* C_N^* = 1/3\ P^* C^*$$

由此，可以得到货币供给为：

$$M = PC \text{ 以及 } M^* = P^* C^*$$

这样，在弹性价格下：

$$Y_j/Z_j = 1/3\mu \quad j = N,\ D,\ E\ \text{以及}\ N^*,\ D^*,\ E^*$$

在这里，$\mu = \theta(\theta-1)$ 是加成系数。家户的支出份额不变，且家户的支出遵从一阶条件的货币供给。

假定就业水平 (Y_j/Z_j) 是不变的，因此生产率冲击直接传递到产出和消费上，并且受到各国福利最优化的约束。

二 两国宏观经济依存与汇率

由于两国之间的溢出会受到汇率变化的影响，并且汇率也是防止受到溢出影响或进行协调的主要政策工具，所以明确基准模型中汇率的决定就变得非常重要。在基准模型中包含的汇率决定理论非常简单。

1. 基准模型中的汇率决定

我们在前面提到，以前的基准模型有两个特征：经常项目平衡（$C1$），固定支出比例[①]（$C2$）。我们暂时也遵循这些假定，而在后面随着一些假定的放松，会再进行说明。

从国际收支角度看，汇率随一个国家名义开支的波动比例而波动，也就是说可以将名义开支（或者总需求）当作观察货币政策的一个工具。这是因为总名义开支控制总需求，因而控制每一个部门的总产出和就业。在基准模型中，总名义开支等于货币供给，而且可以将货币视为观察各国货币政策的工具。名义汇率的波动就随着货币政策的波动而波动。这样，货币政策是非常重要的。由此我们可以得到

假设1：汇率决定

$S = PC/P^*C^*$；以及 $C1$、$C2$ 意味着 $S = M/M^*$

2. 固定价格下消费、产出和就业的决定

国内家户的行为决定了 P_N、P_D 和 P_E，国外家户的行为决定了 P_N^*、P_D^* 和 P_E^*。那么结合家户固定支出比例和家户支出遵从一阶条件的货币供给，就有：

$M = 3P_N C_N = 3P_D C_D = 3SP_E^* C_E^*$

$M^* = 3P_N^* C_N^* = 3P_D^* C_D^* = 3（P_E/S）C_E$

并且从假设1：$S = M/M^*$

这些方程决定了基准模型中的消费，随后也决定了产出和就业

[①] 在这里我们可以放宽为在贸易品和非贸易品之间的固定支出比例。

(Y_j/Z_j)。

货币政策发挥作用的传导机制是：货币供给 M 的增长导致总需求 PC 的增长，家户消费在每个部门产品上的支出也同比例增长。如果 P_N 和 P_D 不变，C_N 和 C_D 就会增长。而如果名义汇率与 M 的增长幅度同比例贬值，所以 P_E^*（$=SP_E^*$）也与 M 的增长幅度同比例上升，但是对 C_E^* 没有影响。这是因为在固定价格的条件下，C_E^* 是由国外货币供给 M^* 决定的。由于国内外的模型是对称的，因此 M^* 变化对汇率的影响也是类似的。

这样，我们就可以得到假设 2：

假设 2：在基准模型中的宏观经济依存

A. 供给侧隔离的情况：

$Y_N = 1/3\ (M/P_N)$，$Y_D = 1/3\ (M/P_D)$，$Y_E = 1/3\ (M/P_E)$

$Y_N^* = 1/3\ (M^*/P_N^*)$，$Y_D^* = 1/3\ (M^*/P_D^*)$，$Y_E^* = 1/3\ (M^*/P_E^*)$

B. 消费的依存：

$C_N = 1/3\ (M/P_N)$，$C_D = 1/3\ (M/P_D)$，$C_E^* = 1/3\ (M^*/P_E^*)$

$C_N^* = 1/3\ (M^*/P_N^*)$，$C_D^* = 1/3\ (M^*/P_D^*)$，$C_E^* = 1/3\ (M/P_E)$

基准模型中的两个假设：经常项目平衡、固定的支出份额，使得我们的模型推导得以简化，能够构建一个有限的宏观经济依存模型。在这个模型中，国内货币政策控制国内消费和产出，而国外货币政策则控制国内进口贸易品的消费。汇率的变动可以使国内经济的供给侧（就业和产出）完全隔离于国外的任何冲击，不论国外的冲击是生产率冲击还是货币政策冲击，但与此同时也会造成其他的影响。

三 政策协调：被动规则、纳什规则与合作规则

与 Canzoneri，Cumby 和 Diba（2005）、Obstfeld 和 Rogoff（2002）以及 Corsetti 和 Pesenti（2001a）不同的是，我们的研究不再纠结于协调的收益，而是看生产率冲击对于两国宏观经济的影响，据此分析在被动政策规则、纳什政策规则和合作政策规则的可行性。

我们假定中央银行以家户福利最大化作为货币政策的目标，但有时也会进行必要的调整和改变，在国际竞争中考虑经济增长、国际收支平衡以及经济的可持续性问题。事实上，这将是一个非常关键的改变。

1. 被动的货币政策规则：分析基准

所谓被动的货币政策规则就是不论外国发生的生产率冲击对本国经济造成了什么样的影响，本国的货币政策都不发生变化，即中央银行维持货币供给不变，被动的承受冲击而不作出任何政策应对。

我们的分析一般都是从以下五个维度展开。在基本假定下有：

产出[①]：$Y = 1/3 Y_E + 1/3 Y_D + 1/3 Y_N$

货币需求：$M = 1/3 (P_E^* C_E + P_D C_D + P_N C_N)$

消费福利：$C = 1/3 C_I + 1/3 C_D + 1/3 C_N$

价格水平：$P = 1/3 P_I + 1/3 P_D + 1/3 P_N$

以及国际收支：$Y_E = Y_I^*$ 和 $Y_I = Y_E^*$

其中产出涉及各国经济规模和经济实力的竞争；假定消费实物总量的需求是相对稳定的，所以货币需求意味着价格水平的变化，与购买力平价公式相互印证；消费福利是 NOEM 模型的微观基础和最优标准，并且一般与劳动努力等因素联系起来，但由于我们已经假定劳动供给是稳定的，所以在生产率不变的情况下消费福利就等同于消费量；在货币供给一定的情况下，如果生产率提升导致价格出现下降，则消费量自然会增加，从而福利提高；国际收支则反映了一国经济运行的可持续性。

我们还应该明确的假定条件是：①各国市场对贸易品需求的总量是一定的，这样才可能存在进口贸易品和国产内销贸易品之间的替代问题；②各国的劳动供给是稳定的，不会增加，也不会减少；③假定充分就业，也就是当货币增发时只能造成通货膨胀，而不会

[①] 需要在此说明的是，Y_E、Y_D、Y_N 既包括中间投入品，也包括增加值，因此它们的和并不等于总产出 Y。但是毫无疑问，我们可以合理假定它们存在一定的线性关系，因此可以通过调整系数的方式建立这个等式，即使生产率提高以后也依然可以维持这个等式关系。

出现供给增加以应对增加的需求。

以下我们在两种不同的假设情景下从以上五个方面分析生产率冲击对两国经济的影响。

我们在此有必要加以特别说明的是，这两种情景的差别主要是：①不考虑贸易品之间的替代。实际上是假定在三种商品上的消费额是不变的，因而当生产率冲击发生以后，两国的价格都会下降，造成消费量上升以维持市场均衡，福利也会增加，但是生产率提高的国家最终产出和销量也会增加，国际收支出现顺差，受到冲击的国家情况则相反；②在贸易品之间存在替代的情景下，假定消费者对三种商品的消费量是不变的[①]，或者更准确地说是在贸易品（含进口贸易品和国产内销贸易品）与非贸易品之间的消费量比例也是不变的[②]。而在货币供给不变的情况下，这就意味着贸易品的消费量是不变的。这样，在发生生产率冲击，价格下降以后，就会在进口贸易品和国产内销贸易品之间出现替代，因而会影响产出和国际收支平衡，按照消费实物量度量的消费福利也会发生变化。

这两种情况各有各的道理。不存在替代的角度似乎更符合经济学的一般逻辑：对物质量的追求和满足是无止境的，因此只要价格下降，在既定的需求约束下需求量就会相应上升，从而维持总需求额不变。存在替代可能更符合我们的生活感受，比如一日三餐，又比如每一个学者对台式机的需求量也是大体稳定的，因此如果进口贸易品的价格下降，那么在既定的需求量中价格低的进口贸易品的需求量才会替代价格高的国产内销贸易品的需求量。所以我们将对这两种情景都展开研究。

从上面的差异我们大体也可以估计到，如果不存在替代，消费量上升，福利一定会提高，而如果存在替代，则一定是在既定需求量约束下在进口贸易品和国产内销贸易品之间形成零和的价格竞

[①] 这一点是至关重要的一个假定。之所以会出现替代，就是因为总的需求量一定，才会在进口贸易品和自产内销贸易品之间出现量的增加交替和结构变化。

[②] 我们在此总是假定外国出现生产率提高的情况，因而本国的非贸易品不会受到冲击。

争。当然，不论哪种情况，价格总水平都会下降。

（1）不考虑贸易品之间的替代

在一个对称的两国模型中，假设外国生产率提高了50%，即产量增加到原来的150%。在货币供给不变的情况下，为了达到市场出清，$PC=1.5P'C$，P'需要下降2/3，即$P_E^{*'}=2/3P_E^*$以及$P_D^{*'}=2/3P_D^*$。同时我们假设外国生产率的提高不会扩散到外国的非贸易品部门，因而P_N^*保持不变。与此同时，本国生产非贸易品和贸易品的生产率和价格都没有发生变化。我们还假定家户对各部门产品消费额和比例都是不变的，也就是说不存在替代效应，因而就有总的消费$PC=3P_DC_D=3P_I^*C_I=3P_NC_N$，且$P_DC_D=P_I^*C_I=P_NC_N=1/3PC$。

假定这个两国模型是对称的，所以本国的情况也是一样的。

由于$P_I^{\prime*}=2/3\ P_I^*$，本国实际获得的消费福利就会增加，即由于$2/3P_I^*\ C_I'=P_I^*\ C_I$，故有$C_I'=3/2C_I$，从而进口品的消费福利上升50%。此时，总消费福利就相应地变为$C'=3/2\times1/3C_I+1/3C_D+1/3C_N$，即$C'=7/6C$。与此同时，本国的产出没有发生变化，进口额也没有发生变化，经常项目平衡。

从外国的情况看，$P^{*'}C^{*'}=3P_D^{*'}C_D^{*'}=3P_EC_E^*=3P_N^{*'}C_N^{*'}$，且$P_D^*C_D^*=(1/3\times2/3)\ P^{*'}C^*$，$P_N^*C_N^*=P_EC_E^*=1/3P^{*'}C^*$。所以，价格总水平下降到原来的8/9。由于国外生产率的提高，使得国外的贸易品部门产出提高了50%，价格也因此下降为原来的2/3，结果造成了贸易品的市场需求量和销售量都上升了50%[①]，因而最终外国内销和出口贸易品的销售额都没有发生变化。与此同时，由于外国进口的本国贸易品价格没有变化，所以总消费量和总消费额都保持

[①] 在这里需要指出的是，这个价格的下降不是由于供求关系的变化，而可以大体理解为是仅仅由于生产成本的变化造成的。所以当市场需求上升以后，只要投入的劳动不变，产量就会上升到原有水平的一倍。这样，就不会造成工资水平上涨而拉动因生产率提高造成的价格下降再度上升。也就是说只要市场需求的增长不超过50%，则价格水平就稳定在原来的2/3不变。反过来，由于我们在这里假定本国消费者在进口贸易品上的支出额在总支出中占比不变，所以当进口贸易品价格下降1/3以后，对进口贸易品的需求就会随之上升1/2，最后保持在进口贸易品上的总支出额不变，即$P_I^*\ C_I=2/3P_I^*\ 3/2\ C_I=P_I^*\ C_I$。

不变，经常项目也保持平衡①。结果，外国的总福利提高到原来的 7/6（$C'^{*} = (3/2 \times 1/3) C_D^* + 1/3 C_E^* + 1/3 C_N^*$），产出也提高到原来的 4/3（$Y'^{*} = (3/2 \times 1/3) Y_D^* + (3/2 \times 1/3) Y_E^* + 1/3 Y_N^*$），价格水平则变成原来的 8/9。

在这种情况下，从两国关系看，由于外国生产率的提升，价格下降而产出增加，使得两国的福利水平都得到了提升。但是在本国产出没有增加的情况下，国外的产出水平则出现了明显上升。由于存在国际贸易，外国生产率提升造成的福利效应溢出到本国，因而外国在劳动供给和劳动努力不变的情况下产出的提升幅度超过了外国福利水平的提升程度②。此时，虽然没有国际收支的失衡问题，但是两国在经济增长方面出现的差距成了本国货币政策决策中不能不加以关注的问题。

如果使用比较完整的公式进行表达，那么在基准模型中，对于实现了生产率提升的外国，我们有：

在冲击发生前：

$Y^* = 1/3 Y_E^* + 1/3 Y_D^* + 1/3 Y_N^*$ 和 $P^* C^* = 3 P_E^* C_E = 3 P_D^* C_D^* = 3 P_N^* C_N^*$

$U^* = 1/3 P_I C_I^* + 1/3 P_D^* C_D^* + 1/3 P_N^* C_N^*$ 和 $P^* C^* = 3 P_I C_I^* = 3 P_D^* C_D^* = 3 P_N^* C_N^*$

由于我们假定两国经济规模对等，因此我们可以假定在初始状态下两国贸易品和非贸易品的价格相等，进口贸易品、自产贸易品和非贸易品的实物消费量也相等：

$P_I = P_D^* = P_N^* = 1/3 P^*$，$C_I^* = C_D^* = C_N^*$，

所以此时国际收支平衡，即 $C_E^* = C_I^*$ 或 $C_E = C_I$

---

① 当然在这里，假设进口贸易品和国产贸易品之间不存在替代至关重要。只有这样，在外国市场上，外国国产的贸易品价格下降以后，本国的出口贸易品销量才不会受到影响，从而保持国际收支的平衡。

② 说到底，在消费额不变且价格下降的条件下，两国消费福利的提升都来自外国产出的提升。

生产率冲击后市场出清意味着 $C'_E = 3/2C_E$，$C_D^{*'} = 3/2C_D^*$，则有：

$P_E^* C_E = P_E^{*'} (3/2) C_E$，故有 $P_E^{*'} = 2/3 P_E^*$，以及 $P_D^* C_D^* = 1.5 P_D^{*'} C_D^*$，即 $P_D^{*'} = 2/3 P_D^*$

注意：此时仍然假定在三种产品上消费额的结构不变。

生产率冲击发生后的外国市场出清条件（同样假定在三种产品上消费额的结构不变）是：

$P^{*'}C^{*'} = 3P_D^{*'} C_D^{*'} = 3P_I C_I^* = 3P_N^{*'} C_N^{*'}$，且有

$P^* = P_I + P_D^* + P_N^*$

$P^{*'} = P_I + 2/3 P_D^* + P_N^* = 8/9 P^*$

这样，$C^{*'} = 3/2 C^*$，$P_D^{*'} = 2/3 P_D^*$，$P^{*'} = 8/9 P^*$，且有 $P^* C^* = P^{*'} C^{*'} = M^*$

对称的，在本国则有：

外国生产率冲击发生前：

$Y = 1/3 Y_E + 1/3 Y_D + 1/3 Y_N$ 和 $PC = 3P_E C_E^* = 3P_D C_D = 3P_N C_N$

$U = 1/3 P_I^* C_I + 1/3 P_D C_D + 1/3 P_N C_N$ 和 $PC = 3P_I^* C_I = 3P_D C_D = 3P_N C_N$

我们依然假定在初始状态下两国贸易品和非贸易品的价格相等，进口贸易品、自产贸易品和非贸易品的实物消费量也相等：

$P_I = P_D = P_N = 1/3 P$，$C_I = C_D = C_N$

生产率冲击后市场出清意味着 $C'_I = 3/2 C_I$，则有：

$P_I^* C_I = P_I^{*'} (3/2) C_I$，故有 $P_I^{*'} = 2/3 P_I^*$

注意：此时仍然假定在三种产品上消费额的结构不变。

生产率冲击发生后的外国市场出清条件（同样假定在三种产品上消费额的结构不变）是：

$P'C' = 3P_D' C_D' = 3P_I^* C_I = 3P_N' C_N'$，且有

$P = P_I^* + P_D + P_N$

$P' = 2/3 P_I^* + P_D + P_N = 8/9 P$

这样，$C_I' = 3/2 C_I$，$P_I^{*\prime} = 2/3 P_I^*$，$P' = 8/9\ P$，且有 $PC = P'C' = M$。

结果，本国的消费福利提升了，即总消费福利 $C' = (3/2 \times 1/3) C_I + 1/3 C_D + 1/3 C_N$，即 $C' = 7/6 C$。价格水平下降了 $P' = 8/9\ P$，总的货币需求没有变化 $PC = P'C' = M$。本国的产量没有发生变化 $Y = 1/3 Y_E + 1/3 Y_D + 1/3 Y_N$，进口额也没有发生变化 $P_I^{*\prime} C_I' = 2/3\ P_I^* 3/2 C_I = P_I^* C_I$。与此同时，外国的总福利提高到原来的 7/6 [$C^{*\prime} = (3/2 \times 1/3) C_D^* + 1/3 C_E^* + 1/3 C_N^*$]，产量也提高到原来的 4/3 [$Y^{*\prime} = (3/2 \times 1/3) Y_D^* + (3/2 \times 1/3) Y_E^* + 1/3 Y_N^*$]。在货币供给不变的情况下，尽管外国贸易品出口产出增加，但是由于价格下降，出口额没有增加。而本国没有变化，出口额也没有变化，结果两国的国际收支平衡。

（2）贸易品之间存在替代的情景

我们在上面的分析中实际上忽略了一个现实的问题，即进口品与国内生产的贸易品和非贸易品是否完全没有替代性？从生活经验中我们不难理解，即使贸易品和非贸易品之间替代程度可能比较低[1]，至少在各国生产的贸易品之间应该存在一定的替代性，因而贸易品在进口和自产两方面的消费结构实际上是可变的。前面的分析事实上只是我们分析的一个起点。只要假定在进口贸易品和国产贸易品之间存在替代弹性，在达到稳态均衡时，两个国家在进口品、贸易品上的消费量的结构就可能发生变化。非贸易品则保持不变。

对本国而言，进口品价格下降 1/3 不仅会导致进口增加，而且会替代国内为满足国内市场而生产的贸易品消费[2]。在国外劳动供给不变和需求没有超过产出增长的情况下，对进口品需求的增长不

---

[1] 从现代国际贸易的发展看，一些非贸易品实际也可以附加在贸易品上进行贸易，因而也有一定的替代性。

[2] 假定居民对贸易品和非贸易品的消费都远远没有达到满足的状态，且进口贸易品和国产内销贸易品之间存在完全替换的情况下，那么当进口贸易品价格下降，支出在进口贸易品上带来的边际效用最高，那么居民就会将增发的货币用于进口贸易品的消费。

会导致进口品价格上升（回到初始的价格水平）①。虽然从长期看，国内市场对国产贸易品需求量的下降将导致本国劳动供给过度，工资水平下降，进而导致价格下降。但是和单期博弈一样，我们在此也忽略了跨期的影响，而在短期分析中我们假定存在工资刚性。在稳态均衡的情况下，本国内销的贸易品和从外国进口的贸易品价格也应该是相等的。如果需求的价格弹性都是1，且在这个两国模型中，两国的规模是对称的，也就是说当来自外国进口品价格下降1/3以后，进口量可以增加1/2而不会引起价格变动（因为国外的劳动供给也不会增加，而如果增加不到1/2，则对进口品的需求不足会使得外国工人减少劳动供给以维持福利水平）。另外，由于采取被动型的货币政策，货币供给不变，所以国内市场需求额的约束条件也不变，即$PC=M$。这样，在进口贸易品价格下降以后，进口贸易品销售量和国产内销贸易品销售量之间结构会发生变化。

本国在进口品的价格下降后（原价格的2/3）的其需求量上升50%。这样，国内对进口贸易品的需求量为总需求量的1/2，即对进口品的需求量从原来的1/3上升为$1/3+1/6=3/6$以后，对国内生产的贸易品需求就会相应的被替代1/2，也就是$1/3-1/6=1/6$。也就是说，国内对贸易品消费总量不变的情况下，进口贸易品由于价格下降，消费量增加了50%（$1/3 \times 3/2 = 3/6$）对进口贸易品消费量的上升正好与原来对国内贸易品需求量的下降相同。这样，对国内贸易品的消费量就变成了$1/3-1/6=1/6$。但是与此同时，本国对贸易品（进口贸易品和国产内销贸易品之和）与非贸易品之间的消费额比例依然是不变的。

我们假定，在国外生产率提高以后，在原2/3的价格水平上，出口贸易品的产出也只能变成原来的3/2，也就是增加50%。再增加就会使得外国出口贸易品（本国进口贸易品）的价格上升。因而外国

---

① 这是因为外国贸易品价格的下降是由于劳动生产率提高造成的，所以只要外国的劳动供给不变，对外国生产的贸易品的国内需求没有随价格下降增加50%以上，就不会出现价格上升的情况。当然，我们在此假定需求的价格弹性等于1。

的均衡出口产出也只能是原来的3/2。结果，本国进口贸易品的消费额就是 $2/3P \times 3/2C = PC$ 不变。如果进口的增加达到1/2，我们假定进口价格就会出现阶梯性的上升，恢复到初始水平。此时，进口品的价格就与国产内销贸易品的价格相等，从而达到了稳态均衡的状态。

反过来，国内市场国产贸易品的价格水平不变，在国产贸易品消费量被进口贸易品挤占一半以后，国产贸易品的消费额就变成 $P \times 1/2C = 1/2PC$。也就是说，此时在国内市场上，总的产出将在原均衡水平5/6的水平上达到均衡。同时，在国内整个消费篮子中，进口品、国产贸易品和非贸易品的消费量占比从各占1/3 等额变成了分别占1/2、1/6 和1/3。也就是说，国内总产出从占国内总消费的2/3 下降到1/2 =（1/6 +1/3）[1]。本国对外国产品量的依赖相对增强[2]，即进口相当于总产出的占比从1/3 提高到1/2。而更重要的是，国内供应国内市场的总产出也从原来的2/3 下降到1/2，减少了1/6。

而从本国的出口看，由于本国出口的贸易品价格没有变化，因而在外国市场上受到外国为内销生产的贸易品的挤压。由于在外国生产的内销贸易品价格不变的情况下均衡产量提高到了原来的3/2 水平，即增加了1/2，所以本国的出口贸易品也将被挤压出1/2。结果，在外国市场上的整个消费篮子中，进口品、外国产自销贸易品和非贸易品的消费量占比从各占1/3 等额变成了分别占1/6、1/2 和1/3。也就是说，本国的出口也会被挤压1/2。

综合考虑本国生产贸易品在国内和国外市场的销售情况，销售量将分别都减少1/2。这样，最终产出就只有原产出水平的2/3。

---

[1] 此时国内生产的贸易品在国内市场上完全被外国生产的贸易品进口所替代。

[2] 一个比较简单但是略微粗糙的表达是，国内的初始状态为 $1/3P_E^* + 1/3P_N + 1/3P_D = PC = M$，国外生产率冲击发生以后，$2P_E' = P_E$，而在新的稳态均衡条件下，$P_E' = P_D'$。在需求的价格弹性等于1，且外国进口增加一倍下降后的价格不会变动的情况下，最终的消费构成应该是 $(1/3 +1/3) P_E^{*\prime} + (1/3 - 1/3) P_D' + (1/3) P_N = P'C' = M$，即 $2/3P_E^{*\prime} + 1/3P_N' = P'C' = M$。

当然从长期看，这还不是最终的结果①。

从全球的产出水平看，原来的组合是 $1 + 1 = 2$，而现在组合是 $2/3 + 4/3 = 2$。也就是说在被动货币政策规则下，当两国的总需求额都没有变化的情况下，两个国家的增长格局发生了变化。生产率提高的国家产出的增长挤掉了生产率不变的国家的产出，这个结果也是在完全符合市场竞争规则的情况下取得的。也就是说，大体相当于我们前面回顾的文献中的帕累托最优的结果。

从国际收支，也就是本国进口贸易品的销售额和本国出口贸易品的销售额来看，在外国产量和销售量增长而本国产量下降，外国贸易品价格相应下降而本国贸易品价格不变的情况下，本国的进口额不变但出口额下降，国际收支将出现逆差。这种情况不仅使得本国对外国产品依赖度上升，对本国经济的稳定运行提出了严峻的挑战，而且由于本国相对衰落且处于逆差而难以为继的状态，亟须采取宏观经济政策的国际协调②。然而在这种情况下，由于本国在提高生产率竞争中处于劣势，因而也就没有太多的实力和谈判筹码与国外进行宏观经济政策协调的谈判。

如果使用比较完整的公式进行表达，在基准模型的分析中，如果考虑到从外国进口的贸易品对本国外销和内销的贸易品之间的替代问题（加入替代弹性等于1，且为了简化分析，我们假设当需求超过供给以后，即在生产率冲击以后，在 $2/3P$ 价格上的需求超过 $3/2C$ 以后，价格会直接恢复到原来的水平），对于本国，我们有：

$C_I = 1/3Y$ 上升为 $C_I' = (1/3 + 1/6) Y = 1/2Y$

与此同时，$C_D = 1/3Y$ 下降为 $C_I' = (1/3 - 1/6) Y = 1/6Y$

本国出口的情况也类似，由于受到外国内销贸易品价格下降的

---

① 我们在此要特别指出的是，在贸易品存在替代，或者说对贸易品需求量固定的情况下，即使货币供给不变，本国和外国都会出现货币需求下降的情况，从而出现通货膨胀。而且幅度是相同的，不会引起汇率的变化。我们对此暂时不展开分析了。

② 这里不仅是我们前面说的重大变化，而且相对于经典的协调文献，我们在这里事实上将政策目标变协调为竞争，变全球福利最大化为本国相对经济规模的竞争，或者至少不会相对衰落。

影响，$C_E^* = 1/3Y^*$ 下降为 $C_E^{*\prime} = (1/3 - 1/6) Y^* = 1/6Y^*$，而外国内销贸易的需求则从 $C_D^* = 1/3Y$ 上升为 $C_D^{*\prime} = (1/3 + 1/6) Y^* = 1/2Y^*$。

由于我们在开始假定本国的出口价格没有受到影响，本国的出口额 $P_E C_E^*$ 将变成 $P_E (1/2C_E^*)$，即下降50%，而本国的进口额 $P_I C_I$ 将变成 $2/3P_I 3/2C_I = P_I C_I$ 不变，所以本国将出现国际收支逆差。

在产出方面，本国 $Y = 1/3Y_E + 1/3Y_D + 1/3Y_N$ 将变成 $Y' = (1/3)(1/2) Y_E + (1/3)(1/2) Y_D + 1/3Y_N$，减少了 $1/3Y$，即相当于原来的 $2/3$，而国外的产量将变为 $Y^{*\prime} = (3/2 \times 1/3) Y_D^* + (3/2 \times 1/3) Y_E^* + 1/3Y_N^*$，即相当于原来的 $4/3Y^*$，而全球总产出不变①。

从国外的情况看，相应的情况是：初始状态是 $1/3P_I + 1/3P_N^* + 1/3P_D^* = P^* C^* = M^*$，且 $P_I = P_N^* = P_D^*$。生产率冲击发生以后，$P_D^{*\prime} = 2/3P_D^*$。如果 P_E 和 P_N^* 不变，则 P_D^* 的下降在需求的价格弹性为1的情况下，外国生产的内销贸易品的销售量将出现同比例的上升（假定外国的劳动努力程度不变），即在外国消费的自产贸易品上升到总消费的 $1/3 + 1/6 = 1/2$②。这样，在本国向外国出口的贸易品价格不变的情况下，本国对外国的贸易品出口将被替代一半。也就是说，由于外国技术进步，本国的出口产品在外国市场失去一半的竞争力和市场份额。外国还会出现国家收支顺差。

2. 本国货币政策决策的纳什规则

毫无疑问，在面临外国生产率冲击的情况下，即使不考虑双方在产出方面的增减变化，本国至少应该采取相应的宏观经济政策以应对难以持续的国际收支挑战。在我们的基准模型所包含的变量中，最直接和最迅速的应对手段就是通过货币政策调整汇率，从而

---

① 显然，在这种情况下，外国生产率的进步变成了一个零和游戏。

② 同样，这也是因为由于外国生产率提高了一倍，在外国劳动努力不变的情况下，只要市场需求也正好增加一倍（需求的价格弹性等于1），则外国生产的贸易品的价格就会维持在原来50%的水平上不变，对本国出口外国贸易品的竞争力就会持续存在，直到将本国出口到外国的贸易品完全替代为止。

抵消外国生产率提高给本国贸易品出口带来的价格压力。而纳什规则就是货币政策决策完全单方面地从本国角度进行决策①。

我们以下的分析都是假设在进口贸易品和国产贸易品之间存在替代关系的条件下展开的。因为在这种情况下两国国际收支出现不平衡，经济运行的可持续性受到直接挑战，迫切需要进行政策应对。

第一种情况是，货币政策目标是恢复国际收支平衡②，也就是试图通过货币供给的变化来调整汇率，抵消外国生产率冲击对国际收支造成的不利影响。从这个目的出发，如果要使 P_I^* 上升 1/3，S 就应该上升 1/3，也就会让本币贬值 33%。根据 $S = M/M^*$，在国外货币政策不变的情况下，本国的货币供给 M 就要上升 1/3，以便抵消外国生产率冲击给本国出口造成的价格效应。也就是说，本币贬值也会降低本国出口外国的贸易品的外币价格，从而在出口贸易品本币价格不变的情况下维持原有的出口量，恢复到原来的出口额。因为只要本币贬值的幅度相当于外国生产率提高带来的价格下降幅度，就可以在外国市场上维持原有的竞争力。与此同时，本币贬值也会提高外国出口到本国的贸易品的本币价格，抵消其源自技术进步带来的价格优势，将其销售量压回到原有的水平，同时以本币标价的价格也不变，从而维持原有的进口额，最终恢复国际收支平衡。

---

① 其实，就一个完整的宏观经济政策国际协调来说，第一步应该是出现生产率冲击的国家在预见负溢出的基础上调整宏观政策，然后才是受到冲击的国家考虑应对负溢出。从间接效应小于直接效应的角度看，受冲击的国家采用合作策略还是纳什策略本身的影响远没有出现生产率冲击的国家采取合作策略还是纳什策略进行政策决策的影响大。而且，由于出现生产率冲击的国家常常处于主动和强势地位，所以受冲击的国家往往也别无选择，只能应对，此时采取纳什政策不论从动机还是效果上讲也都无可厚非。所以，我们还是从受冲击国的角度来讨论纳什政策效果。

② 事实上，尽管在教科书中，货币政策目标被明确规定为物价稳定，但是从各国货币政策的实践来看，多目标是非常常见的情况。美联储的货币政策框架除了物价稳定之外，还包括最大就业和适度的利率水平。中国人民银行则包括稳定物价、充分就业、促进经济增长和平衡国际收支四项内容。当然这些目标在不同情况下是有不同侧重的。这也是我们在此进行假定的现实依据。

第二种情况是，如果货币政策目标是国内价格总水平的稳定，那么当进口贸易品价格下降1/3，且在对国内自产内销贸易品的替代完成以后，进口贸易品消费额在总消费额达到1/2且价格维持在初始价格水平2/3的情况下，国内价格总水平就会下降1/6。如果要维持国内市场的价格稳定，则货币供给就要增加1/6，低于恢复国际收支平衡目标下的货币扩张幅度。

第三种情况是，如果货币政策的目标是维持经济增长，那么就需要通过货币供给的变化使汇率的变化能够抵消外国生产率冲击，也就是在本国进口贸易品外币价格下降的情况下维持其本币价格的稳定，同时本国出口贸易品的外币价格也可以下降相应的程度。这样，才能保证国产内销和出口贸易品的市场竞争力，维持本国的产出水平。由于进口贸易品的外币价格下降了33%，因而本币就要贬值33%，本币增发33%。这种情况虽然与第一种假定类似，但我们也将看到一种比较复杂的局面。

不论货币政策的目标是什么，这三种情况都将导致本国货币增发。当然，货币增发具有两重影响：其一是贬值效应，这主要体现在进口贸易品的本币价格和出口贸易品的外币价格上；其二是通货膨胀效应，这将对本国市场上销售的全部商品的本币价格造成影响[1]。

具体来说，在第一种情况下，在进口贸易品和国产内销贸易品之间存在完全替换的情况下，在外国发生生产率冲击，以外币计价的贸易品价格下降1/3以后，如果本国货币也相应贬值了1/3，以本币计价的进口贸易品价格就会上升，恢复到与本国内销贸易品价格相等的初始水平。我们还进一步假定，由于本土偏好的作用，此时进口贸易品消费与国产贸易品消费量就会依然维持相等[2]。从进

---

[1] 增发货币给进口贸易品带来的贬值效应比较好理解，而且由于外汇市场传导快，时滞短，但是在国内市场上三种产品价格相同的情况下，通货膨胀效应则是通过对三种产品的过度需求造成价格上涨的。贬值是标价效应，而通胀是需求效应。

[2] 在此，我们也可以将价格相当的进口贸易品和国产内销贸易品统一视为贸易品。这样也不会改变我们的分析结论。

口贸易品的情况看，由于本币价格回到初始水平，销售量也回到了初始水平，则此时国内市场上因消费进口贸易品而形成的货币需求又回到了初始状态。结果，为了恢复国际收支平衡，通过本币贬值而增发的货币却因此变成了过剩的货币供给，即在国内市场上的货币供给过剩了1/3。在三类产品价格相等的情况下，过剩的1/3货币就会均衡的支出在三种产品上，也就是说每种产品的需求额增加1/3，即总需求额相当于原来需求额的4/3。在三种产品的产出已经达到潜在水平因而不变的情况下，且我们已经假定总消费量在短期内没有变化，则每种产品的价格也要相应上涨1/3。也就是说，在这种情况下，国内出现了33%的通货膨胀。

在外国市场上，本国的出口贸易品由于本币贬值，折算成外币的价格就出现下降，从而在国外市场上具有与国外生产的内销贸易品进行竞争的能力，因而出口量没有变化。结果，本国出口贸易品的外币收入虽然下降了，但是折算为本币以后出口收入没有发生变化。前面我们已经看到，本国进口的贸易品由于本币价格没有变化，销量也没有变化，进口的本币支出也没有变化。所以最终本国的国际收支维持了平衡。

不过对于国外而言，在一方面，出口贸易品的外币价格下降了，但是出口量由于本国货币的相应贬值，使得外国出口贸易品的本币价格没有发生变化，结果外国出口贸易品的本币出口额没有变化，但是以外币计价的出口额却下降了，且下降的幅度正好等于本币贬值的幅度。而在另一方面，外国进口本国贸易品的外币价格由于本币贬值而下降，在外国生产率提高以后依然能够维持在国外市场上的竞争力，销售量不变。结果，外国进口的本国出口贸易品的外币销售额也下降，且下降的幅度正好也等于本币贬值的幅度。这样，外国的国际收支也保持了平衡。

显然，当本国面临外国的生产率冲击，如果以国际收支平衡为目标，采取扩张性货币政策，最终就会维持国际收支的平衡，但是代价却是本国的通货膨胀①。而国外也维持了国际收支的平衡。但是外国在提高生产率以后，由于本币的贬值，在本国和外国市场上都没有取得价格优势。在这个意义上说，本国成功抵御了生产率冲击，而外国却没有因此取得生产率提高后的收益，因此对于本国而言，是一种典型的纳什政策，并且是以邻为壑的。

在第二种情况下，由于本国货币政策以物价稳定为目的，货币供给就只需要增加1/6，增长幅度仅仅是第一种情况的一半。与此同时，本币也相对外币贬值1/6。在这种情况下，在国内市场上，进口外国贸易品的外币价格下降了2/3，而本币贬值以后进口外国贸易品的本币价格也就相应上涨原价格的1/6，也就是相当于原价格的4/6上涨到5/6，因此单纯的贬值效应并不能使进口贸易品的本币价格完全回到原来的水平。不过此时进口贸易品并没有从市场出清，因而依然会在国内市场上挤掉部分国产内销贸易品的销售。由于外国生产率的提高，本国进口贸易品的产量提高了50%，也就是说在PCP情况下②，在市场销量消化掉增长的50%以前就不会出现价格上涨。这样进口贸易品以其价格优势就会替代50%的国产内销贸易品。即使考虑到通货膨胀效应，也将全面提升国内市场上各种商品的本币价格，不会因此消除进口和国产贸易品之间的差价。

事实上，由于本币贬值不到位，没有彻底消除进口贸易品在本国市场上以本币标价的价格优势，直到增长的进口贸易品全部销售为止。因此在结果上与贸易品之间存在替代的基准情景一样，国内产出下降，但是进口额有所上升。进口贸易品的国内销售量上升了50%，而贬值使得PCP情境下进口贸易品的本币价格还有所上升，所以进口额反而增加了。

在国产贸易品的出口方面，由于通货膨胀的影响，本国出口贸易品的本币价格上涨了1/6，而本币贬值效应使得出口贸易品的外

---

① 如果延长分析期间，则本国还是会出现国际收支赤字。

② 一般来说，生产率提高的国家多为发达国家，其产品具有较强的市场势力，大多采取生产者定价的方式。

币价格又回到了初始水平。然而在外国市场上，当生产率提高以后，与外国生产的内销贸易品相比，本国出口贸易品的外币价格依然偏高1/3，从而导致本国出口量下降，被外国内销贸易品的增产所替代50%。换言之，本国出口本币价格上涨了1/6，但是出口量下降了50%，所以本币计算的出口额还是下降了。

结合前面的进出口情况，本币进口额上升而出口额下降，本国依然存在国际收支逆差（逆差水平与第一种情景相比维持不变）。这意味着如果货币政策仅仅以国内物价水平的稳定为目标，增发1/6，依然会出现国际收支逆差，经济依然是不可持续的。在这个意义上，本币还应该继续贬值。因为要实现国际收支平衡，本币贬值就不能仅仅以物价水平的稳定为限。

对于第三种情景，维持本国的经济增长无非有两种方式：其一是使本国贸易品的价格下降到与外国产品相同的水平，其二是将本国进口外国贸易品的本币价格提高到初始水平。显然，将本国产品的价格降低到外国产品的价格水平就需要紧缩货币，而这显然是不利于长期增长的，因此一般不具有可行性。而我们前面已经讨论了通过本币贬值将使外国产品的本币价格提高到初始水平的情况。这种情况可能在短期内奏效，但是货币增发也会很快造成国内产品的价格上涨，即使与此同时也推高了进口贸易品的价格而维持了国际收支的平衡，最终也会付出通货膨胀的代价，不利于长期增长。但是由于宏观经济政策的国际协调往往是为了应对短期的冲击，所以常常低估长期内的不利影响，因而第二种情况更可能出现，结果也就类同于第一种情景。

总之，我们应该看到的是，由于增发货币，在本币贬值的同时也造成了国内的通货膨胀，所以尽管相当于进口贸易品降价幅度的货币增发和贬值可以恢复国际收支的平衡，在抵御外国生产率冲击的同时也意味着抑制了它们借助生产率提升而获益，而更重要的是本国将付出通货膨胀的代价。当然，本币贬值可能因为贬值效应和通胀效应的时滞不同而在短期内发挥预期的作用，但是从较长时期看却是不利的。

所以，总的应对政策应该是，本国经常项目的平衡必须是通过贬值实现以牙还牙，让本国出口的贸易品通过贬值获得的竞争优势来抵消外国出口贸易品的因生产率提高而获得的竞争优势。但是，问题在于，如果我们承认通过生产率提高所获得的竞争优势是一种技术竞争优势，虽然提高了两国的福利水平，但也因此提高了外国的相对福利和绝对实力，因此在国际权力竞争的语境下，本国就必然作出应对。而通过贬值获得的竞争优势就是一种政策竞争优势，是一种没有带来绝对福利增量的零和博弈。而且货币增发在造成贬值效应的同时还会带来通货膨胀，因而不论货币政策的目标是什么，纳什政策规则都不会真正扭转受到生产率冲击国家所面临的不利局面。而且，最终的贬值能否达到预期的目的？大幅度的贬值会不会遭到外国报复从而酿成双输的贸易战，都还是值得具体研究的问题。

大概正是由于这种情况，Obstfeld 和 Rogoff（2002）才提出在国际收支和产出缺口之间进行抉择和平衡的问题。或者说完美的宏观经济政策的国际协调需要在稳定（对生产率冲击更加顺周期的反应以提高世界效用）和波动（全球支出和汇率的波动）之间进行最优对称权衡。他们认为，完全对称的冲击可以通过调整全球支出 z 来应付，而对于完全怪异变形的不对称冲击可以通过调整汇率进行应对。

而一旦从这个角度来考虑政策决策，就已经进入到合作的政策规则了。

3. 宏观经济政策国际协调：合作的货币政策决策

货币政策的纳什规则只考虑本国的平衡，结果在客观上造成了冲突和对抗，可能得到一种类似囚徒困境中相互背叛的最差结局。只要预见到这一点，两国就可能开始探讨合作解。但是，我们必须指出的是，虽然在这个两国模型中两个国家的规模可以是对称的，但是由于两国在技术进步和研发方面的实质差异，提升生产率的国家总是处于相对主动和强势的地位，其所发起的竞争也是符合市场竞争的规则，所以正如我们看到的那样，面对生产率冲击的一方即使采用纳什政策也很难得到满意的结果；即使能够恢复国际收支平衡，也要付出通货膨胀的代价。在这种情况下，政策协调的最终博弈结果可能也是不对称。但是不论最终结果如何，政策协调依然是一个值得和应该努力的方向。

按照合作的一般原则，合作双方都应该能享受到合作剩余，也就是双方福利的绝对水平都应该得到提升，而不是像此前我们回顾的主要文献中所强调的双方福利之和的提升[1]。而我们上面的分析中已经显示出，单纯依靠汇率工具，本国只能以侵占外国的市场份额为前提才能避免本国产出下降。所以要实现真正的宏观经济政策的国际协调，就必须变换一下思路。

前面的分析已经表明，如果外国出现了生产率冲击，而本国进行货币扩张，则结果是零和的。但是，当外国发生生产率冲击以后，如果外国率先进行货币扩张，使得国外市场突破原有的预算约束，不仅使得消费支出增加可以消化增加的产出，而且进口支出也可以增加，就有可能缓解外国所受到的冲击。其实从货币经济学的基本原理看也应该是外国增加货币的经济发行，以便适应产出增长的需要，否则也会出现通货紧缩，最终抑制增长。所以，合作的前提就应该变成两国需求的增长，而且最关键的是提升生产率的国家必须进行领导性的货币扩张[2]。因为只有需求的增长，才可能消费因生产率提高而增加的产出。

---

[1] 从理论上说，只要合作双方福利之和有增长，即使分配不令人满意，也可以通过事后的再分配进行矫正。但是在现实中这却涉及诸如对合作收益的测度以及福利转移的测度等一系列复杂的问题。而且强调双方福利之和的增长往往就是强调福利绝对水平的增长或类似帕累托最优那样的表述：即一方福利的增长至少不会导致另一方福利的下降。但是这样的思路只关注到绝对福利水平的正和博弈。只要涉及竞争，不论是国际关系中的权力竞争还是企业之间市场占有率的竞争，就必然关注到相对福利而进入零和博弈。

[2] 关于这一点，还是因为在我们所描述的整个过程中，生产率提升的外国一般处于主动和强势的地位。

事实上，外国中央银行在生产率上升以后增加货币供给，既是正常的货币政策操作，也是宏观经济政策国际协调的要求。由于我们的模型是两国对称模型，外国消费构成的初始状态就是：$1/3P_I + 1/3P_N^* + 1/3P_D^* = P^*C^* = M^*$（这个实际上假定了三种产品的消费额和消费量同时恒定，且比例相等），且 $P^{*\prime}C^{*\prime} = 3P_D^{*\prime}C_D^{*\prime} = 3P_I C_I^* = 3P_N^{*\prime}C_N^{*\prime}$。

当制造业贸易品的生产率提升50%以后，如果货币供给和劳动努力不变，则有 $Y_D^\prime = 3/2Y_D$；$Y_E^\prime = 3/2Y_E$。这样，在本国市场上 P_E^* 就会下降33%，在外国市场上 P_D^* 也会下降33%，即 $P_E^{*\prime} = P_D^{*\prime} = 2/3P_E^* = 2/3P_D^*$，呈现出类似于金本位时期在工业革命后出现通货紧缩的状况。为此，中央银行必须增加货币的经济发行。但是，外国的中央银行只能控制外国的价格水平，所以不得不事实上遵循纳什规则。在外国国内消费量的份额不变（主要是指贸易品和非贸易品之间的份额不变，在进口贸易品和国产内销贸易品之间则存在替代关系）的情况下，货币只要增发1/9即可维持价格水平的稳定。我们在此假定由于外国进口本国的贸易品价格和外国自产非贸易品价格没有变化，外国自产贸易品价格的下降使得消费的边际效用上升，造成增发的货币全部流入外国自产贸易品的消费上，并且当消费增加50%，因而价格恢复到初始水平以后也正好释放完新增加的购买力。结果，在外国市场上对三种产品的消费构成就变成了 $1/3C_I^* + 1/3C_N^* + 2/3C_D^{*\prime} = C^{*\prime}$。这种情况是可能的，因为在 C_I^* 和 C_N^* 生产率没有提高，劳动供给没有提高，因而产量没有提高的情况下，增发的货币单独增加 $C_D^{*\prime}$ 的消费也是可能的。只是这个时候可能在 $C_D^{*\prime}$ 与 C_I^* 之间出现替代，以便平衡消费者对同为贸易品的进口贸易品和外国自产内销贸易品之间的需求。

由于我们在这里设定的两国模型是对称的，所以本国也要进行相应的货币扩张才能保证本国价格水平的稳定。但是在此时本国的情况与外国的情况看上去是类似的，即外国是 $1/3C_I^* + 1/3C_N^* + 2/$

$3C_D^{*\prime} = C^{*\prime}$,而本国是 $2/3C_I' + 1/3C_N + 1/3C_D = C^{*\prime}$。因而两国都应该增加 1/9 的货币供给以便维持价格总体水平稳定。

在外国,进口品的价格是不变的,外国货币供给的增加可能仅被对外国生产的内销贸易品需求的增加所吸收。只有在这种情况下,市场出清,外国内销贸易品的价格才可能回到初始水平,从而才不会出现本国出口贸易品被挤出市场的情况。在本国市场上的情况也类似,进口贸易品的价格由于生产率提升而下降。在需求的价格弹性等于 1 的情况下,价格下降和货币增发带来需求上升。只要将外国生产率提升增产的 50% 进口贸易品全部消化,本国市场上进口贸易品的价格也才会回到初始水平。这样,本国生产的内销贸易品的销售也不会受到影响。

对于增发货币的贬值效应,由于两国是对称的,因此贬值的效应也是对称的,所以相互抵消。这一点是国际协调不同于受到生产率冲击的国家在纳什策略下采取单方面货币扩张并得到不同结果的关键。另一个重要的差异就是合作策略要求两国同时进行货币扩张[①]。

因此,在对称的两国模型中,两国的货币扩张程度相同,价格水平保持不变,因而汇率水平都保持不变。外国由于生产率的提升产出得到了增长,国际收支可能恢复平衡也可能出现顺差[②],而本国的产出也维持在了原有的水平上,但是国际收支可能恢复平衡也可能出现逆差。不过相比前面分析的本国纳什政策,避免了国内出现通货膨胀,消费福利也提高了。不过,本国可能对这种增长差距和国际收支状况不满,但这就是市场规则运行的最好结果。本国要

---

① 事实上,即使出现背叛行为,如外国承诺扩张货币而实际没有扩张,那么就回到了纳什策略的情景,扩张货币的一方也可以恢复国际收支平衡,但是不具有长期的可持续性。而从长期看,最终获益的可能就是外国。

② 当然,外国是否出现国际收支顺差,或者本国是否出现国际收支逆差,取决于我们关于销售达到产出增长后价格变动的假设,即价格的变动是阶梯式的。如果在市场出清的点上假定价格依然维持初始水平的 2/3,则国际收支平衡;如果假定在出清点上价格回到初始水平,则国际收支失衡。从现实的逻辑看,在最终的均衡状态下,由于外国生产的贸易品价格要回到初始水平,但是在此之前交易形成的国际收支不受价格变化的影响。

想扭转这种不利局面，就只能卧薪尝胆，也去推动本国生产率水平的提高。

在这个意义上，本国是否争取宏观经济政策的国际协调，本质上就变成了在国内物价稳定与增长相对落后（以及可能的国际收支逆差）之间的权衡与选择①。也就是说，由于两国都增发了货币，因而可以增加需求，去消费因生产率提高带来的产出的增加，从而避免前面分析的在货币不增加因而总需求不增加的情况下出现进口贸易品和内销贸易品之间零和博弈性质的替代。同理，也只有两国货币同时增加，才能既消费增产的内销贸易品，也同时消费出口的贸易品。当然，这两方面努力的结果都是使提升生产率的国家受益，而两方面的共同努力只是使受到生产率冲击的国家避免了通货膨胀。

当然，这也是最理想的简单情况。因为我们在此讨论的情景仅仅是对称的两国模型，否则情况又会变得复杂起来了。

总之，在出现生产率冲击以后，两国同时通过货币扩张来稳定物价，就可以很快恢复到原有的均衡状态。不过，潜在的问题依然是存在的：首先，本国中央银行的扩张会因此抵消掉外国厂商的创新努力；其次，货币扩张的效果不一定是如同预期的那样具有完全的部门（产品）指向性。显然，在现实中这样的协调，不论是有意还是无意的，都是比较少见的。

第二节 不对称博弈下的宏观经济政策国际协调

在上面的基准模型中，为了分析方便，我们做了一些简化假定，即外国和本国是对称的。这样虽然不会影响我们的分析结论，但是

---

① 这种情况实际就是 Obstfeld 和 Rogoff（2002）提出的，在价格稳定和产出缺口之间进行抉择和平衡的问题。

却多少偏离了现实世界的情况。为此，我们有必要通过放松这些假定，看一看在引入一些现实情景后，已有结论会发生怎样的变化。

与前面不同的是，由于国别规模的差异，造成不对称博弈，实际上大国处于盟主博弈的主导方。我们在此更感兴趣的是由于国际收支平衡的假定，在各国经济规模不等的情况下，在两国模型中，国际收支平衡假定就意味着小国的开放程度高于大国。在这种情况下，之前有关结论是否依然成立？或者生产率冲击的效应大小会有什么变化？

一 大国和小国

从宏观经济政策国际协调的历史发展看，能够大幅度提高生产率的国家一般都是实力雄厚，研发投入和教育水平更高的发达国家。因而当本国受到外国的生产率冲击时，由于在经济规模和实力方面处于相对不利的地位，也很难促使更强势的外国进行政策协调以改变本国的不利地位（尽管本国的福利水平也提高了）。正如信息化的发展也会提升发展中国家的福利水平一样，但发达国家无疑将在数字经济浪潮中获得更大的收益一样[1]。

这里所说的大国与小国仅仅是指经济规模上的差异，或者在我们的模型中更具体地说是产出方面的差异，而不包含各国在人口和疆域方面的差别。作出这样的假定主要是因为生产率提高的国家往往是这样的经济大国。因为经济大国常常具有较高的研发投入水平，在此前也具有相对较高的生产率及其技术基础。从现实的情况看，生产率较高，且不断实现技术创新的国家大多是经济发达的大国。我们在此假定外国与本国的经济规模之比是 10∶1。

如果 $Y^* = 10Y$，两国的经济规模不再对称，生产率冲击后市场出清对外国应该意味着 $C'_E = 3/2 C_E$，但是相应地，$C^*_E = 10\ C_I$，也就

---

[1] 不过，从新兴经济体在技术革命的背景下不断提升自身在全球经济中的比重这个事实看，即使新兴经济体在宏观经济政策国际协调方面处于不利地位，也不是影响经济增长的决定因素。

是说，本国的进口就根本无法消化外国对出口的需要。如果在初始状态下处于均衡状态，那么，在这个两国模型中外国的开放程度就应该要小得多，也就是必须有 $C_I = 1/3Y = 1/30Y^* = C_E^*$。只有在这种情况下，两国才能处于国际收支平衡状态。也就是说，即使不考虑贸易品之间存在替代的简单情景，仅仅是为了实现初始状态的国际收支平衡，以进出口对总产出之比作为测度，则本国开放程度就应该是外国开放程度的 10 倍[1]。相应地，外国国内消费的自产贸易品和非贸易品在其总产出中的占比就会上升。同样为了简化分析，我们假定外国国内消费的贸易品和非贸易品在产出中的占比依然是 2∶1，这样，三个部门的占比分别应该是 1/30、19/30、10/30[2]。

(1) 不考虑贸易品之间的替代

由于外国的出口在总产出中占比不高，因而生产率提高通过出口效应来拉动产出的增长也就变得有限了。在市场出清的情况下，只要生产率和产出都提高 50%，那么市场出清的价格就会稳定在原有水平的 2/3 而不会再次上升。

即只要 $Y_E' = 3/2Y_E$，$Y_D^{*\prime} = 3/2Y_D^*$，则依然有 $P_E^* C_E = P_E^{*\prime} (3/2) C_E$，

故有 $P_E^{*\prime} = 2/3P_E^*$，以及 $P_D^* C_D^* = 1.5P_D^{*\prime} C_D^*$，即 $P_D^{*\prime} = 2/3P_D^*$。

但是由于 $Y^* = 1/30Y_E^* + 19/30Y_D^* + 10/30Y_N^*$，

所以最终 $Y^{*\prime} = 1.5/30Y_E^* + 28.5/30Y_D^* + 10/30Y_N^* = (1 + 0.5/30 + 9.5/30) Y^* = 4/3 Y^*$。

这意味着内销贸易品增长对产出的拉动将大大高于外销贸易品对产出的拉动，但是产出的总增长则与此前的 33% 相同[3]。

---

[1] 在现实中也的确如此，小型开放经济很多，而大型经济体的开放程度则一般不高，尽管它们的贸易量在全球是举足轻重的。

[2] 我们之所以这样设定是想保持原来贸易品消费（含进口和国产内销之和）对非贸易品消费之比是 2∶1，而此前是 1/3∶1/3∶1/3。

[3] 显然，只要贸易品的生产在总产出中的占比不变，生产率提高以后带来的产出增长就不会发生变化，改变的只是内销与出口贡献的比例。

从外国市场的情况看，虽然国产内销贸易品的销售量上升了，但是由于价格下降，并且进口贸易品的价格和销量都没有变化，国际收支平衡，非贸易品的价格和销量也没有发生变化，因而对货币的需求没有发生变化，但是外国总的价格水平出现了下降。

从本国的情况看，不论是在国内市场还是在外国市场上，由于国产自销贸易品和进口贸易品之间都不存在替代关系，所以当外国生产的进口贸易品价格下降以后，本国的贸易品价格和销量都不会受到影响，非贸易品也一样，国际收支平衡，所以最终的结果也是得自进口贸易品的消费福利上升，对货币的需求不变，但本国市场上的价格总水平下降。

由于本国进口贸易品在总产出的占比低于外国内销贸易品在外国总产出中的占比，所以外国价格总水平的下降程度高于本国，而且外国的总产出增加。

（2）贸易品之间存在替代的情景

如果考虑到从外国贸易品价格下降以后对本国外销和内销的贸易品之间的替代问题（且依然加入替代弹性等于1，且为了简化分析，我们假设当需求超过供给以后，即在生产率冲击以后，在 2/3P 价格上的需求超过 3/2C 以后，价格会峭壁式地上升，直接恢复到原来的水平），情况就会发生变化。

对于本国，在市场出清的情境下我们依然有：

$C_I = 1/3Y$ 上升为 $C'_I = (1/3 + 1/6) Y = 1/2Y$

与此同时，$C_D = 1/3Y$ 下降为 $C'_I = (1/3 - 1/6) Y = 1/6Y$，国产非贸易品的销量和价格都不变。

本国出口的趋势也类似，但是受到外国内销贸易品价格下降的影响，与此前的情况完全不同的是，本国的出口将被完全挤出外国市场。这是因为在外国贸易品消费占总消费 2/3 的情况下，生产率提升以后，内销贸易品的价格下降为原来的 2/3，产量则可以从 $19/30Y^*$ 提高到 $28.5/30Y^*$。在假定外国对贸易品需求量不变的情况下，则仅仅外国生产的内销贸易品的产量就已经超过了外国市场对贸易品的需求总量。因此，外国自产的内销贸易品凭借价格优势，就足以将本国出口的高价贸易品全部挤出外国市场[①]。

这样，本国将出现国际收支逆差而外国将出现国际收支顺差。

在产量方面，本国 $Y = 1/3 Y_E + 1/3 Y_D + 1/3 Y_N$ 将变成 $Y' =$（1/3）（1/2）$Y_D + 1/3 Y_N$[②]，减少了 $1/2 Y$，即仅相当于原来产出的 1/2。但本国的消费福利水平 $C' =$（1/3）（3/2）$C_I +$（1/3）（1/2）$C_D + 1/3 C_N$ 维持不变，即贸易品实际消费量不变，只是国产贸易品和进口贸易品的结构出现了变化，国产贸易品下降而进口贸易上升。

从国外的情况看，初始状态下对货币的需求是 $1/30 P_I + 19/30 P_N^* + 10/30 P_D^* = P^* C^* = M^*$，且 $P_I = P_N^* = P_D^*$。生产率冲击发生以后，$P_E^* = P_D^{*'} = 2/3 P_E^* = 2/3 P_D^*$。如果 P_E 和 P_N^* 不变，则 P_D^* 的下降在需求的价格弹性为 1 的情况下，外国生产的内销贸易品的销售量将出现同比例的上升（假定外国的劳动努力程度不变），即在外国消费的自产贸易品产量上升到（19/30）（1.5）$= 28.5/30 Y^*$[③]，而在货币供给和总需求不变的情况下，总销量最多只能上升到 $20/30 Y^*$。这样，在本国向外国出口的贸易品价格不变的情况下，本国对

---

① 在外国货币供给不变的情况下，从而总需求额不变的情况下，由于外国自产内销贸易品的需求额不变，但增加的产量已经被国内市场消耗，而本国出口贸易品价格不变，即使不考虑本土偏好，本国的出口额就不变，但由于外国价格总水平下降，会出现要求外国中央银行增发货币的呼声。当然，如果我们假定外国市场上在三种产品上的消费额比例固定不变，那么同样在货币供给不变的情况下，由于外国国产内销贸易品价格下降而产量上升，所以增产部分可以全部出售而销售额保持不变，此时本国在外国市场上的出口贸易品由于价格不变，为了维持固定的销售额比例，则销量也不变。显然，这样的假设结果距离现实生活的经验比较远，因而没有纳入我们的分析。

② 在这里有一个重要假定，就是外国生产的内销贸易品在国内市场没有完全销售出去的情况下也不会转而进入本国市场进行出口销售。

③ 同样，这也是因为外国生产率提高了 50% 以后，在外国劳动努力不变的情况下，只要市场需求正好增加 50%（需求的价格弹性等于 1），这样外国生产的贸易品的价格就会稳定在原来 50% 的水平上，对本国出口外国贸易品的竞争力就会持续存在，将本国出口到外国的贸易品部分替代。

外国的贸易品出口将被完全替代。结果,外国还会出现国际收支顺差,即出口额 $P_E^{*\prime} C_E^{\prime} = 2/3 P_E^* 3/2 C_E$ 维持不变,而进口额为零,因而出现顺差。相应地,国外的产量将变为 $Y^{*\prime} = (3/2 \times 1/3) Y_D^* + (3/2 \times 1/3) Y_E^* + 1/3 Y_N^*$,即相当于原来的 $4/3 Y^*$。

所以,外国生产率进步最终带来的零和游戏的性质也没有发生变化。

这种外国顺差而本国逆差,外国产量大幅度增长而本国产量大幅度下降的情况,不仅使得本国对外国产品依赖度上升,对本国经济的稳定运行同样提出了严峻的挑战,而且由于本国相对衰落且处于逆差而难以为继的状态,亟须采取宏观经济政策的国际协调。但是非常明显的是,在这种情况下本国没有太多的实力和谈判筹码与国外进行协调谈判。而且一旦外国进行货币扩张以适应产量增长后增加需求的呼声,最终反而会呈现出本国货币相对升值的不利局面。即使本国和外国同时进行货币扩张,由于外国价格水平的下降幅度大于本国,因而外国的货币扩张也强于本国,本国货币依然会相对升值。

(3)宏观经济政策国际协调:合作的货币政策决策

在发生生产率冲击以后,在国产和进口贸易品之间存在替代的情况下,从本国的货币需求看,原来的货币需求:

$M = 1/3 (P_E^* C_E + P_D C_D + P_N C_N)$

就变成了:

$M^{\prime} = 1/3 (2/3 P_E^{*\prime} 3/2 C_E + P_D C_D + P_N C_N)$

因此没有发生变化。

但是从外国的货币需求看,原来的货币需求:

$1/30 (P_I C_I^* + 19 P_D^* C_D^* + 10 P_N^* C_N) = M^*$

就变成了:

$1/30 ((2/3) P_D^* (20) C_D^* + 10 P_N^* C_N) = M^{*\prime}$

也就是说外国的货币需求实际下降为原来的 0.776 (23.3/30)倍。

从价格稳定的角度看,本国的价格水平从:

$P = 1/3\ (P_I^* + P_D + P_N)$

变成

$P' = 1/3\ (2/3 P_I^* + P_D + P_N)\ = 8/9 P$。

与此同时，国外的价格水平从：

$P^* = 1/30\ (P_I + 19 P_D^* + 10\ P_N^*)$

变成

$P^{*'} = 1/30\ ((20)(2/3)\ P_N^* + 10 P_D^*)\ = 23.3/30 P \approx 4/5 P$。

这同样意味着外国的货币扩张要强于本国，本国货币相对升值，本国经济状况面临更大挑战的局面。

这还意味着，按照我们前面的思路，如果两个国家都采取货币扩张，以便使需求适应生产率提高以后产量的增长，得到的并不是一个合作的结果，而更像是一个典型的双边纳什政策。这种双边纳什政策虽然是最可能出现的市场反应①，但是从国际实力竞争和国际收支平衡的角度看，却是不利于小国的。因此，试图通过这种看似合作性的国际协调，说服大国采取合作的政策以抵消自身生产率提升换取的国际竞争优势，实际效果也并不能帮助小国化解生产率冲击，而且从全球福利提升效应的角度看也是不合理的。

在这种相对更接近现实的假设条件下，本来能够得到双赢的合作策略也依然无法得到预期的结果。也许正是由于这样不可避免的结局，才使得各国努力开展以生产率竞争为主要手段的国际竞争。这是一种典型的、不可避免的经济竞争，想通过宏观经济政策的国际协调来制衡这种因为市场力量造成的诸多优势，从公理、理念或者增进全球福利的角度，从市场运行原则上看也都应该让努力提高生产率的国家享有其应有的收益。更不应该在结果上限制提升生产率的国家取得应有的竞争优势，更不应该将其优势转让给没有对生产率提升做出贡献的一方。但是，反过来看，这也恰恰是宏观经济

---

① 首先是因为没有国际协调机构，其次是小国也无力说服大国，最后大国生产率的提升也的确提高了小国的福利水平，因而各行其是。

政策国际协调在理念和现实中所面临的挑战。

二 从两国模型到多国模型

两国模型主要是为了简化研究的难度，但同时也人为地强化了两国之间的互动，使得我们在前面的两国模型中在规模对比方面不得不作出极端化的假定（两国产出之比高达10∶1）。在现实世界中，两国博弈是在全球经济博弈的背景下展开的，因此有必要将两国模型扩展为三国模型。

从技术上考虑，当第三国出现以后，已经具有了扩展为全球模型的可能。因为我们可以将三国模型视为两国博弈之外，将世界其他国家作为一个整体加入模型中。这样，尽管将其他国家视为一致行动人，但是从在两国博弈之外引入第三种外部影响这点来看，这种变化就是根本性的。

对于三国模型的设定，我们可以基于两国模型的思路笼统地分为本国、外国和第三国，在这种情况下，我们对本国和外国在规模上的差异就不用那么极端。例如，假定外国的规模是本国的两倍。我们还可以假定，第三国的规模是外国的两倍。这样，本国、外国和第三国的经济规模之比就是1∶2∶4，也就更接近现实世界的情景。

按照前面的分析思路，除了由于三国经济规模的差异和国际收支平衡的要求使得我们原有初始状态中三个部门的系数有所变化之外，另一个变化就是进口/出口的来源国/目的地国增加了一个。由于我们在这里集中关注的是本国和外国的互动，所以与第三国的互动就不重点分析，只是在对本国和外国的分析中加入第三国的影响。

（1）不考虑贸易品之间的替代

由于外国依然是生产率冲击的发动者，所以我们首先分析外国的情况。

生产率冲击使得外国的贸易品产出在劳动努力不变的情况下得

到了提高，因此对两国（本国和第三国）的出口量和本国内销量都增加了 50%。相应地，按照 PCP 定价的原则，价格也下降到初始水平的 2/3。在其他国家生产率和货币供给不变的情况下，凭借价格优势得以将增产的产出全部销售（因而价格维持在下降到初始水平的 2/3 水平上不变，即需求的价格弹性等于 1）。对于外国的销售额而言，尽管价格下降，但是由于销量上升，因而可以保持销售额不变。这样，相比此前的情景，外国的产出实现了增加①。消费福利明显上升，但是价格水平出现下降，国际收支保持平衡。

此时对于本国来说，与前面的情景没有明显变化。由于外国进口产品降价对本国内销贸易品和第三国进口贸易品不存在替代，因此外国生产率冲击对本国的产出没有影响，对价格水平影响的方向也不会发生变化，但是由于加入第三国，程度会有所下降。在不存在贸易品之间的替代，且需求的价格弹性等于 1 的情况下，外国进口贸易品的价格下降的幅度就等于外国进口贸易品销量的上升幅度，因而对国际收支和货币需求也没有影响，但是实物消费量的增加提高了本国的福利水平。只是由于进口贸易品价格下降，本国的价格水平也呈现下降，但国际收支保持平衡。

（2）贸易品之间存在替代的情景

从国外的情况看，贸易品部门的生产率提高以后不论是自产内销还是出口的贸易品产量都增长了 50%，价格也都下降为原来的 2/3。在货币供给和有效需求不变的情况下，外国内销贸易品和出口贸易品的销售额不变，但是销售量、福利水平和产出都上升了。相对此前两国模型的情景，尽管出口量（向本国和第三国）增长，但是只要贸易品在总消费中所占比重不变，则这种变化只是结构性的调整而不涉及总量。也就是说，外国的贸易品借助生产率提高和价格下降的优势，挤占了第三国出口到本国和本国自产内销贸易品

---

① 在国际收支平衡的初始假设下，由于第三国的经济规模大于外国，所以使得外国的开放程度有所上升，但是，只要非贸易品在外国的产出中的比例保持不变，出口和内销的贸易品在外国产出中占比就不会变化，只是在出口本国和第三国以及内销的内部结构调整而已。

的市场份额。与此同时,对外国来说,由于第三国的经济规模是外国的两倍,在国际收支平衡的假定下,内销贸易品在外国总消费中的占比就会下降,从而外国价格水平的下降幅度就没有两国模型时那么大。这样,即使从价格稳定的角度看,外国对货币宽松的需求就没有那么强烈了。

从本国的角度看,从外国进口贸易品的情况不变,或者更准确的说是当外国进口贸易品价格的下降幅度和销量的增长幅度相等,从而在本国市场上外国进口贸易品的销售额和国际收支差额不变的情况下,由于从第三国进口贸易品的价格也不变,因此总体情况也与两国模型的情景类似,只是来自生产率冲击的影响在程度上有所下降。也就是说,国内产出也受到外国进口品增长的部分替代,但消费福利上升,本国国内价格水平的下降幅度与两国模型相比也有所减缓。所以本国货币宽松的需求也随之减缓。

(3) 宏观经济政策国际协调:合作的货币政策决策

在三国模型中,由于冲击主要来自外国,而第三国的情况不变,所以对于本国来说,三国模型和两国模型基本没有差别。唯一的变化可能是本国自产内销贸易品的下降幅度变小。因为在本土偏好的情况下,外国出口贸易品生产率提高和价格下降首先冲击的是第三国对本国的出口贸易品市场份额,甚至由于第三国的经济规模和对本国的出口都大于外国,所以外国生产率提高带来的增产不会影响到本国自产内销的贸易品。但是本国对外国的出口还是会减少。

对于外国而言,尽管由于第三国经济规模大,在贸易平衡假定下外国对第三国贸易品的出口大于对本国的出口,但是只要外国生产的非贸易品在总产出中占比不变,外国贸易品出口量的增长和内销贸易品替代进口贸易品,外国的产出将出现上升,但是在外国国内的市场上价格总水平的下降幅度可能有所减轻。

综合本国和外国的情况,从稳定价格水平的角度看,相比两国模型而言,本国对货币扩张的需求下降而外国对货币扩张的需求也出现下降，因此两国的政策需求趋向一致，而且差异可能缩小，因此协调的难度下降。

第三节　现实条件下的宏观经济政策国际协调

对于宏观经济政策国际协调的研究，首先是看溢出的程度，其次是看溢出后对宏观经济政策目标的影响与调整的需求，最后才是在被动规则、纳什政策与合作政策之间进行权衡。

当然，我们在上面展示的模型只是一种非常简化的基准分析，尽管我们也作了一些扩展，放松了一些为方便分析所施加的严格假定，但是现实的情况还是要复杂得多。由于在模型中加入这些因素将使得分析难度大大上升，我们在这里再将几种有代表性的情况考虑进去，仅仅看它们对基准模型将产生什么样方向性和程度上的影响而不进行更详细地分析和模拟。

一　GVC条件下的宏观经济政策国际协调

如果说布雷顿森林体系崩溃以后有关浮动汇率隔离效应的谬误和失败促成了宏观经济政策协调理念的出现，那么从那时开始，全球经济的结构性变化可能给宏观经济政策国际协调的理念带来了更大的冲击。这其中，全球价值链的产生可能是最值得一提的事件。

从垂直分工到区域生产网络，到产业内贸易和产品内贸易，再到全球价值链，经济全球化的发展使得全球经济的一体化程度不断提高。正是在这个背景下，欧洲出现了欧元区，亚洲经济的一体化也成为越来越受瞩目的现象。除了我们在第一章中提到的对贸易效应的高估或低估之外，还有生产效率的提升以及技术扩散的加速，还有周期的协同与宏观经济需求的和谐化等一系列新问题的影响。

首先，由于存在GVC，在我们前面的两国模型中，两国的生产率都得到了提高（已经有大量文献证明，中间投入品贸易本身就可以提升生产率）。这种情况就已经与我们在前面假设的外国生产率冲击有所不同了，至少冲击以后不久就可以带动本国生产率的提升，降低冲击的强度。其次，在 GVC 条件下，两国的贸易联系更多地体现为中间投入品贸易，这也与我们在前面模型中仅考虑最终品贸易不同。也就是说，两国之间的贸易量增加，但是最终品贸易不变，因此只在三国模型中出现影响。从这两个角度看，考虑到 GVC 以后，政策协调中两国的需求差异至少看起来没有贸易联系迅速上升而表现得那么大。

假定是本国和外国组成 GVC，而第三国是最终产品的出口市场，那么外国生产率提高，在 GVC 的条件下生产率提高的效应就可能是对称性的，也就是带动了本国生产率的提高，甚至与外国竞争力的增长是相同的，因此最终就体现为对第三国的出口增长效应。与此同时，本国和外国之间的进出口以及和内销贸易品之间的变化和替代就不明显。

更乐观地看，如果面向国内的贸易品生产部门与面向国外的贸易品生产部门联系更紧密了（不论是因为 FDI 或中间品贸易的技术溢出效应，也不论是由于 GVC 导致的规模效应），生产率的趋同和价值链上的紧密关系不仅使得协调的收益下降了，而是使得协调变得更自觉，更和谐了。这就有点像 Samuelson（2004）分析情景的反例，生产率进步的同步性使得两国出现潜在矛盾的可能性下降了。

即使从悲观的角度看，如果两国在价值链合作中呈现出垂直分工固化，或出现所谓的雁行发展模式，尽管它们之间在经济周期和对外部冲击的反应是趋同的，但是生产率的变化是不对称的，生产率冲击的不平衡性加大。例如：部门生产率冲击变成 GVC 生产率冲击，处于不同 GVC 位置上的各国生产率变化不同，发达国处于 GVC 附加值的高端，技术进步更快，而新兴市场被固化在 GVC 低端，那么两国之间的在国际收支和产出方面的差距就会越来越大，对宏观经济政策的需求也就会出现分歧，并且事实上进入以邻为壑的零和博弈，并且由于本国处于弱势一方，难以有效推进预期中的政策协调。

当然，相比单纯的两国模型而言，由于 GVC 增加了对第三国的出口且两国都能够从中获益，因此增长差异和政策协调的需求和难度可能都有所下降。

二 结构性政策协调：抑或是纳什政策的协调结果

我们已经知道，政策协调问题的出现实际上是建立在对浮动汇率隔离效应谬误的基础上的。所以之前我们顺着传统的 MF 思路，从浮动汇率隔离失败开始，讨论宏观经济政策的国际协调。但是，宏观政策不仅有货币政策，也有财政政策，只是协调常常是因为短期的压力，应对短期的冲击。因而此后几乎全部的政策协调都集中在货币政策的协调上，并且与汇率波动联系在一起。这主要是因为货币政策首先具有时效快的特点，其次具有明显的双边效应和溢出性。相比之下，同样被视为宏观经济政策的财政政策就受到了明显的忽视，其原因正好相反，即时滞长，溢出性不明显。

从政策协调的起源上看，就是货币政策和汇率调节国际收支的失败。从理论上说，这主要是由于收入弹性的影响超过了汇率的影响。因此对于小国、弱国和发展中国家来说，要抵御外部冲击，更重要的是应该依靠结构政策，防止出现由于经济发展程度的差异造成的脆弱性。这可以看成是面临盟主博弈时的无奈，而相应进行的结构改革也可以看成是一种赶超努力，当然也还可以看成是一种纳什策略。不过，由于这些结构性政策的外溢程度不明显，因而也说不上国际协调，或者对结构调整的国际协调只是一种长期的国际倡议而很少有约束性和可验证的执行指标。但是，将结构政策纳入长期的政策协调却是必要的。

在应对外部冲击的问题上，真正的问题和解决问题的关键还是在于内部。外部冲击只是一个条件，内部的状况才是决定冲击造成影响的关键，也是造成面对相同冲击而在各国表现出异质性影响效应的根本原因。面对冲击，正如本书在前面重点所分析的那样，采取迅速而直接的传统政策工具固然重要，但是真正能够持久解决问题的方式还是在于一个国家内部结构的调整。在这个意义上，宏观经济政策的国际协调只是一种临时性的应急措施，而内部的结构调整才是关键。

从我们前面的模型分析来看，实际上只是对非常简单的情景的研究，也就是只考虑了一些短期因素，比如消费、价格、贸易和产出，甚至包括了货币需求，但是并没有包括一些更长期的因素，比如投资，而投资则是与我们在前面假定的生产率冲击密切相关的。

加入结构性政策是必要的，但是这不仅使得我们的分析模型更加复杂，而且已经超出了宏观经济政策协调的常规边界。加入这些结构性因素不仅会使得我们设计的系统更加复杂，难以进行传导机制的分析，而且联立求解也会变得非常困难。但是我们不能因为技术的困难而否定结构的影响。我们不做重点研究，只是借此提出要实现协调的目标，最关键的还在于进行国内的结构调整，才可能真正解决问题。尽管结构调整常常旷日持久，且充满了不确定性，难以应对紧迫的政策协调需要。

从这个角度看，我们也可以理解为什么在 G20 的政策协调中结构改革渐渐成了一个关注点，而这可能恰恰是传统的宏观经济政策国际协调理论所忽略或遗漏的。

三 其他几种特殊溢出传导情景

我们还可以从影响溢出效应的一些因素来扩展对政策协调的研究，并且主要是引入一些现代经济学常用的视角展开说明。

1. 定价权和汇率传导

在前面的基准分析中，我们实际假定是生产者货币定价（PCP）而没有考虑消费者货币定价（LCP），因而存在汇率的换算问题，也只有在这种情况下才有了标准的宏观经济政策协调工具。在两国模型中我们虽然假定贸易品之间存在替代，但是出口方都有定价权。

对于外国而言，在生产率提升以后，以生产者货币定价的价格出现下降。在汇率不变（也就是货币政策不变）的情况下，出口产品折算成本国货币标价以后就会出现下降，汇率对价格实现了完全传导。但是在现实中，外国作为生产率提升的发起国，往往本身就具有初始的优势，厂商和产品具有较强的市场势力，因而常常可以采取生产者货币定价，而且可以保证完全的汇率传递。

相反，对于本国而言，情况就正好相反。面对外国的生产率冲击，本国出口产品在外国市场上无力进行价格竞争，可能就会采用消费者货币定价，为了维持市场占有率降低价格加成。由于在我们的基准模型中并没有考虑到价格加成和企业利润，只能简单假定如果本国采用LCP定价，那么出口额就会下降，出口量就能够得到维持，从而产出不会因此受到影响。但是国际收支可能会相应地出现恶化。不过，在本国的出口产品可能被完全挤出外国市场的情况下，采用LCP定价就可能维持一定的出口，从而使得国际收支得到一些改善。

当两国同时采取货币扩张以便追求双赢的政策协调情景下，外国处于降价的有利地位，可以实现汇率的完全传递，而本国出口产品在国外市场上即使没有贬值，也要通过LCP将销售价格降到具有竞争力的水平上。

2. 黏性价格下的汇率超调：短期均衡与长期均衡

如果考虑到价格黏性问题，也就是价格调整滞后于汇率调整的情况，那么正如汇率超调所解释的那样，汇率的波动会超过理论上的长期均衡水平。

这是因为由于价格黏性，本国和外国进出口商品价格的短期调整都无法完成。这不仅是一个时滞的问题，而且更重要的是两国之间国际收支的失衡将在货币政策扩张以后叠加上本国国际收支失衡的压力，这意味着在短期内本国货币不是因为扩张力度低于外国而出现升值，而是出现贬值。显然，本国货币的贬值有利于恢复本国的国际收支平衡，降低外国进口贸易品在本国市场的竞争力，使得国际协调在短期内有利于本国。

但是，随着时间的推移，当价格黏性的效应逐渐消失以后会再度恶化本国的经济状况。

3. 金融传导的渠道

一般认为，由于金融市场上的变动主要是通过预期完成的，因而相比商品市场可以更快地实现传递和调整。由于我们在分析中没有考虑投资以及与投资相关的金融问题，因而金融市场的传导就主要体现在货币政策出现变化以后的汇率调整，从而与商品市场的黏性价格假说共同为汇率超调奠定了前提和基础。

总之，通过引入一些更现实的情景，我们可以进一步丰富对宏观经济政策国际协调的认识。

第七章

宏观经济政策国际协调的挑战：
一些尚未纳入模型的问题

不论是从直觉上还是从理论分析的逻辑上，经济政策国际协调都应该是有益的，因而是值得倡导的政策取向。不过比较令人意外和尴尬的是，迄今为止的纯理论研究还在努力想办法证明国际经济政策协调的收益是比较大的，因而是值得追求的。金本位时代单纯依靠市场机制的自发协调已经被证实是难以维持的，但是在美日贸易摩擦的协调中，虽然日本方面也在不断妥协和让步，可是我们还是可以看到背后对协调博弈的各种考量。这意味着对于日本来说协调多少又是一种被迫的行为。即使对于欧盟和欧元区来说，虽然经济一体化程度最高，进行政策协调的基础最好，而且政策协调得到了制度的保障，但是最终的效果似乎也不是共赢，甚至没有出现最优货币区内生性理论所预期的趋同结果。

这些都使得宏观经济政策国际协调的理论与实践面临挑战。

第一节 为什么宏观经济政策协调
谈的多而见的少

对政策协调收益的研究是在 NOEM 框架中展开的。从居民部门看，福利最大化就是在消费的正效用和劳动的负效用之间进行权衡取舍，而这又会受到工资和价格的影响。从政策决策者看，使用货币政策刺激产出就会付出金融稳定或通货膨胀的代价，所以就必然面对价格稳定（汇率稳定）与国际收支稳定或产出缺口之间的权衡取舍。在开放经济条件下，要实现居民部门的福利最大化，政策决策者就必须将跨境效应内部化到国内效应中。如果在政策决策中没有全球视角，不考虑政策协调，那么跨境效应就意味着将会造成帕累托无效率的结果。特别是当外部性为负的时候，协调和制定宏观经济政策就变得非常重要。如果在进行政策决策的时候要最大化的仅仅是本国的福利水平[①]，政策就只能达到纳什均衡的结果。忽略溢出效应所达到的均衡状态常常就是帕累托非效率的。

外国政策的扰动对本国的影响是一阶的，而这个影响传导到本国后造成的变化再反过来给外国造成的反馈则是二阶的。各国能否达成一个协调协议和与此相关的福利收益（或成本分担）的分配方案就取决于讨价还价，而且对于每一个国家来说，它们的收益都必须比在内向视野下制定政策获得的福利更高。

对于大国来说，它们所获得的潜在收益可能是受到局限的。因为对于它们而言，由于自身对世界水平影响太大，合作以后全球的价格水平就与它们非合作的封闭状态下差距不大[②]。类似地，大国所受到的小国溢出的影响意味着在综合考虑了国内乘数和国际传导乘数后的权衡结果与只考虑国内乘数影响的结果相差不大[③]。所以，对于大国来说，协调的潜在收益是相当有限的。当然，由于大国具有更强的议价能力，所以它们也可能在协调中获得总收益中的较大

[①] 当然，有时还要考虑相对于外国的本国的相对福利的对比的变化。
[②] 由此我们也可以想到，即使在两国模型中，两国规模相仿，容易达成合作的条件是两国的价格水平差距比较大。
[③] 所以，大国一般不会在意小国政策的变化，但是会关注其他大国政策变化所造成的影响。反过来，小国会关注大国政策变化的影响，而且由于小国对大国没有影响力，没有谈判筹码，抵御或隔离能力较弱，所以常常只能充当追随者的角色。这样，真正的协调就常常是在两个势均力敌的国家之间展开的。

份额①。

假设在两国模型中,本国采取宽松货币政策来降低产出缺口,但是与此同时,这也提高了通货膨胀风险预期或金融稳定的风险。宽松的货币政策也给外国带来了两种影响:对外国出口的正效应以及通过汇率升值对外国产出的负效应。如果负效应是主要的影响,本国的决策者就会忽略过度刺激产生的外部性。如果采取合作策略,将本国的溢出效应内部化,货币扩张程度就没有纳什均衡状态那么高,国内的产出缺口就可能不会完全得到弥补,当然金融稳定的风险也就不会太高。从力度上看,外币相对本币升值造成国外产出下降以后再给本国出口带来的紧缩效应是二阶的,而本国货币扩张给本国产出的刺激则是一阶的。

尽管每个国家在合作状态下的福利水平都会更高,但是因为这种均衡的维持需要其他国家遵守协调的政策,而背叛的诱惑也足够大:一个国家食言就将获得一阶收益。Ostry 和 Ghosh(2016)提出了六种可能的原因来说明为什么除了短暂的危机协调,我们很难看到真正成功的国际协调。

第一,政策决策者相信溢出效应很小,消除它也不足以抵偿协调的成本。事实上,在主要经济体宏观经济政策的多国计量经济模型中虽然都包含了跨境传导效应,但随着国家规模的变化,传导效应也明显不同,甚至传导效应的方向和符号都不相同。而且不同模型之间的估计差异很大,但是平均而言传导效应非常小。对协调收益的共识甚至比传导效应的共识差异还要大。

第二,只有当政策决策者意识到政策目标太多而手中的政策工具不足,必须通过政策目标的权衡取舍才能达到居民部门福利最大化时,宏观经济政策的国际协调才可能出现。这在技术上就要求决策者手上的政策工具数量至少要等于政策目标的数量。例如,如果

---

① 这一点也是非常重要的。所以我们不能说大国完全没有协调动力,这也是为什么 TPP4 出现的原因。只要有协调需求,在大国与小国的谈判中,虽然大国议价权力大,但是小国参与谈判和协调也总比单纯追随,没有谈判要好。

决策者只关心产出而完全不关心汇率、通货膨胀或金融稳定的风险，那么他的决策就很简单，也就不需要协调。尽管政策决策者通常会有很多的政策目标，但在实践中他们常会忽略某些政策目标以减轻由于政策工具少所造成的矛盾、压力和决策难度[①]。对政策目标进行权衡取舍可能为解释为什么我们在现实中很少看到持续的政策协调提供了一个线索。一般来说，当面对金融危机的冲击时，不仅可供选择的政策工具在减少，比如货币政策的零利率下限，同时公共债务以及财政赤字也压缩了财政政策空间，而危机中需要关注的政策目标数量却在增加，最典型的就是对金融稳定的关注度也提高了，结果在危机中才常常出现政策协调。

第三，对协调必要性的认知一般可以理解为是从纳什政策中转变过来的[②]，都是从放松最初的纳什均衡假定开始展开的，并且随后发现转向全球最优的合作政策的福利收益更大。那么协调可以提高福利收益主要是在国内和国外之间，以及在当期和下一期之间，协调政策可以为国内决策者提供一种回报。协调就可以通过顺差国放松本国约束来实现全球需求的扩张。但是，如果政策决策者不相信协调将会最终使本国从外国获得回报，那么在国内就不会有为了推动全球需求的扩张而实施宽松的国内货币政策的政策协调。

第四，外部冲击或危机冲击必须足够强大，使得经济明显偏离原有的路径，需要通过采取适当的政策使经济维持原有的增长路径并回到原来的均衡状态，但与此同时，这些政策可能与国内原有的一些政策或者与其他国家的一些政策又存在一些冲突，此时宏观经济政策的国际协调才会出现。如果国际金融危机造成的扭曲不是很明显，试图将经济拉回原有路径的积极主动政策的收益也是可以忽略的。一些文献对协调收益的估计在程度上与多边自由贸易的收益

---

① 这的确是非常现实的，比如在衰退到来的时候，为了稳定增长和就业，政府常常暂时不顾通货膨胀和财政赤字的压力，或者说这是因为在衰退中通货膨胀压力可能已经消失了，赤字预算方案也就容易得到批准。

② 现实的起点中，纳什均衡都应该是一种理想状态，也是研究中自然的基准状态。

相近，即使不是很大，但也是难以忽视的，也是值得追求的。

第五，协调的收益主要是会增加一些小国的福利。因此，经济上更重要的国家（也就是现在所说的系统重要性国家）相对来说可能对协调没有什么兴趣。这个结论我们在 Hamada（1976）中已经看到了。Sachs 和 McKibbin（1985）也认为，在 20 世纪 80 年代早期工业化国家之间的政策协调可能降低了全球的利率水平，而主要的受益者却是那些重债的发展中国家。但是，从全球角度看，所有这些小国加总的福利确实不容忽视。因此新兴市场国家对发达国家货币政策协调造成的资本回流不满，也会推动全球建立一套规则来替代实际的协调，以防止大国的政策对小国产生比较明显的负溢出。这种博弈显然在短期内难有成效。

第六，应该承认的是，我们对经济运行状态、政策传导机制以及政策效应方面的认识还存在着太多的不确定性。一般来说，负溢出的不确定性或波动性越大，则得自政策协调的收益也就越大。这本来对于协调是一个好事，但是由于这种不确定性提升了协调的收益，反过来又使得它们很难在协调中进行讨价还价，也难以持久地维持协议[①]。协调的收益如何在协调各方中间分配，成本如何在他们之间分担，由于上面提到的不确定性又是很难精确写入协议的。各国政府可以对协调效应估算中所使用的模型作为讨价还价的工具去刻意调整它们的收益水平，而这样的异议或者刻意的调整就足以使得协调谈判流产。

因此，关于溢出和多边传导的规模（也包括方向或符号）的不同看法始终是货币政策协调争论的核心。聚焦于非常有限的宏观经济目标而忽略不同政策目标之间的权衡取舍也成为影响协调的一个关键障碍，谈判的妥协空间就会被大大压缩了。因此作为国际机构，IMF 的监控（surveillance）和研究、对政策目标权衡取舍意义

[①] 协调的实质是控制负溢出，但是由于各国的经济结构不同，传导机制和模型逻辑不同，所以很难确认某一个具体国家得自协调的收益。这一点对于理解协调本身的效应、协调的意义和收益、协调谈判的模糊性是至关重要的。

的解释以及约束大国到小国的不利溢出就是非常重要的。

第二节 宏观经济政策国际协调的障碍究竟是什么？

尽管对宏观经济政策国际协调的议论很多，成功的例子却很少。为什么会出现这种情况？Ostry 和 Ghosh（2016）认为最重要的原因就是国家规模的不对称，各国对经济形势和政策跨境传导效应的判断不一致，决策者常常认识不到他们面对的是各种目标的权衡。但是，对于协调的一个最有力的质疑是协调的收益不高。宏观经济政策国际协调的收益在程度上可能非常接近对贸易自由化收益的估计，因此是值得追求的。他们指出，协调的不确定性和对协调的质疑才是开展协调所面临的主要障碍。一个中立的判断对于沟通不同国家决策者之间的分歧可能是必要的。当协调面临困难的时候，多边机构发挥抑制负溢出的作用就是非常必要的。

尽管需要进行政策协调的情况很多，协调成功的案例实际是很少的。即使被认为是相对成功的案例也远不尽如人意，比如1978年的波恩峰会、1985年的广场协议和1987年的卢浮宫协议等。一般来说，相对成功的协调都发生在世界经济崩溃的边缘，比如，1987年股灾以后G7联合降息和提供流动性以及2008年全球金融危机时G20联合财政扩张。但是在正常情况下，各国在决策时主要还是以国内的单边视角而不是国际的多边视角为基础。

因此，我们现在面临的真正问题是为什么会出现这种情况？或者说为什么潜在的得自协调的福利收益被放弃了？真正的阻力是什么？

对政策协调的最新文献是建立在福利分析基础之上的，而且所有的决策者都会面临不同目标之间的权衡取舍。例如，货币刺激会提高产出但是也带来了通货膨胀或金融稳定的风险，而从全球的角度看，要达到全球最优的结果就需要各国不仅考虑到国内的情况，也要考虑到跨境效应对别国的影响。由于各国的政策决策一般是分别独立作出的，如果没有政策协调，那么跨境效应造成的外部性就意味着可能出现全球福利改进帕累托无效率的结果[1]。当外部性为正的时候，从全球视野进行政策协调的需求就不大。但是当外部性为负的时候，从全球视野进行政策协调就变得非常重要了。

如果一个国家单边地采取协调性的合作政策，那么给外国带来的福利收益是一阶的，而本国承担的损失则是二阶的[2]。相反，如果各国都采取协调性的合作政策，那么在合作均衡中，每个国家获得的一阶收益就都会超过它们的二阶损失，因而每个国家都会得到净收益[3]。因此，在这种各国都采取合作立场的情况下，协调性的合作政策并不会违背自身国家利益最大化的原则。但是要取得这种结果，不仅要求各国都采取合作立场，而且必须严格遵守执行，才能够同时改善或提升各国的国民福利。

但是，为什么我们还是看不到更多的政策协调实践呢？

Ostry 和 Ghosh（2016）认为最主要的原因有三个方面：

第一，决策者经常不会在不同目标之间进行权衡取舍，他们往往拒绝改变政策目标的原因是没有意识到在不同的目标之间进行权衡取舍可能最终还会提升总体的福利水平。如果决策者不知道在政策目标之间进行灵活的取舍，只过度关注一个政策目标（如缩小产出缺口）而短视地忽略其他目标（如金融稳定风险），就得不到这个收益。因此，指出政策目标之间的权衡以及超越决策者的视野去评估政策结果就变得非常重要。

---

[1] 尽管帕累托效率本身是正和的概念，但还是会涉及相对收益的零和博弈。而且实际上从全球视角看，从各国福利最大化的角度来分析，要取得全球福利总和最大化可能是以某些国家（绝对福利或相对福利）的损失为代价的。

[2] 这里主要是指相对收益和相对损失，因为本国的政策如果造成了外国的增长，那么外国增长也会通过进口的增加给本国带来收益，只是这个收益是二阶的，因而在相对福利的意义上是得不偿失的。

[3] 当然，如果考虑到国家的大小以及在博弈中的领导者地位，那么不论是从相对福利还是从绝对福利的角度看，结论又会发生变化。

第二，对经济形势和政策的跨境传递效用的不同看法，也就是所谓的"模型的不确定性"或"模型的不认同性"。这种不确定性可能降低也可能提高协调的潜在收益，但是不论是降低还是调高了收益，都会增加达成和此后维持协调协议的难度。

第三，国家规模的不对称性。也就是说，那些加入到协调协议中的小国实际上可以搭便车。一般的两国模型实际上都假定两国规模差距不大，甚至都是对等的规模。因为只有这样才能够进行博弈，才能够相互影响。对于小型开放经济来说，它们没有影响力和博弈的筹码，只有充当追随者。在这个意义上，协调本质上是大国关系的一部分。

Eichengreen（2011）则是反过来从宏观经济政策国际协调历史的长视角中总结了国际合作最可能出现的四种情况：

（1）在技术中心更容易出现合作，比如中央银行互换，信贷或审慎监管，特别是在远离引人注目且高度政治化的货币和财政政策之外的一些领域，国际协调是相对容易达成的。这是因为在这些技术中心的人大多受过相似的训练，在有着类似专业背景的专家之间更容易在一致的分析框架内进行讨论，因而也更容易达成共识。总体而言，技术专家之间就具体问题的争论相对来说更容易在相同的专业角度、原理和方法的基础上达成共识。

（2）历史经验表明，当存在制度化安排的时候，或者存在一些决策程序和历史先例的时候，明确了什么是适当政策决策并且这些制度化安排本身就具有降低交易成本的作用，就更容易促使协议的达成，合作也就更容易发生。在这里，对制度的一个定义就是一系列固定（durable）的规则和对预期、利益和行为形式的认定（understanding）。

（3）当政策协调不是引导改变政策，而是直接或间接地使得已有的一系列政策和行为得以延续的时候，国际经济政策的协调就更容易出现。这是因为建立一种体制会有沉淀成本，会天然地形成路径依赖和惯性。因此，大多数成功的国际经济政策协调都是体制维护型的。

（4）国家之间在货币、宏观经济和金融合作领域存在广泛的礼让情景下，政策协调就更容易出现。反之，如果在其他问题上两国存在冲突，或者即使在经济和金融技术政策方面，两国一直处于或明或暗的博弈状态，那么往往也难以达成协议。

Eichengreen（2011）进一步认为，由于存在很多异质性的参与者，寻找合作解并达成协议就比较困难。制度可以有利于设定议程、议价结构、触发协调程序和明确政策协调的焦点问题，从而有利于协调并达成协议。因此，IMF执董会相对就会更容易依据IMF条款，而不是一次新的广场协议式的谈判达成合作协议。体制维护型合作的谈判常常发生在危机时刻。只有在出现危机的时候国际体制才面临协调的现实压力，国际相互依存才变得明显，各国才有可能进行合作。另外，只要金融和贸易处于开放状态，各国就会面临溢出风险，合作就是半强制的。1931年金本位崩溃以后的情况也是很好的例子。Eichengreen（1984）就详细分析了1922年日内瓦合作的失败、金本位的失败和1929年、1933年大危机的爆发，以及1936年三国货币同盟的出现。

按照这些假说，他由此提出的问题是，国际协调的前景比过去是不是更光明了？因为公共治理应该越来越技术化，经济决策的科学和技术基础越来越强，协调的范围应该更广。各国中央银行、政府和国际机构也雇用了越来越多的技术人才和科学人才。另外，两次世界大战之间的国际合作没有国际机构的支持，而现在国际机构已经很多了，大国参与也多了。在欧洲，在亚洲出现了各种国家集团，委员会、理事会和区域性国际组织。大国之间也没有公开的军事冲突。这些都是有利于达成国际协调协议的因素。从G7到G20的扩展当然是好事，是进步，但是议题和参与协调国家的扩展也带来了问题，例如，在理念上出现了大陆学派和盎格鲁萨克森学派之分，在各国的银行体制、企业融资结构、出口结构等方面也存在很大的差异。

第三节 协调概念的界定和对协调的理解：究竟什么是协调，协调的本质特征

在第一章中我们已经说到，协调的词源是顺序、安排或命令或布置和指定，因此协调的原意就应该是一种思维和行动标准和谐的秩序，而不是处于冲突或对立的状态。

一 将宏观经济政策国际协调的目标当作公共产品的难度

在我们回顾的研究文献中都隐含着的一个重要的问题，即如何看待国际宏观经济政策协调的目标。然而，这些分析实际却都是从一个假定出发的，即各国的宏观经济政策决策首先考虑的是国内经济形势的需要。如果将各国加总的福利最大化作为协调目标就明显偏离了现实。

按照一般的理解，或者说在理想的状况下，国际经济政策协调应该是各国的经济政策相互配合，追求一个全球最优的结果。在这个意义上说，加强货币政策的国际协调，不但有助于汇率的稳定和各国对外均衡目标的实现，还能增强世界经济的稳定性和福利水平，提高世界经济运行的效率。但是，相比国际经济学的成熟程度，世界经济学的概念虽然早已提出，但是在学科体系上还很不完善。这其中的一个主要原因可能就在于后者研究的是全球性问题而前者研究的只是国家之间的问题，或者说后者研究的是一个多边框架下的全球治理问题，而前者研究的则仅仅是一个双边关系问题。

显然，相比一个全球性的多边问题而言，一个国际间的双边问题相对更容易处理。

对于包括国际经济政策协调在内的全球经济治理问题来说，就是一个如何形成各国的集体行动以共同应对全球性经济挑战的问题。在这个意义上说，世界经济学，或者说全球经济治理就是要实现全球经济的最优化，这是研究世界经济学的本意，也决定了世界

经济学研究的难度。

要达成全球治理的集体行动,就是要在各国之间达成共识和一致同意,而这首先就意味着各国就全球治理的目标达成了共识和一致同意。但是问题在于,相比各国各自追求自身利益最大化的情形,要实现全球经济的最优化,如何协调不对称的成本与收益,是全球治理不可回避的一个课题,也是推动全球治理行动的难点所在。在这里,合作就是非常必要的。例如,各国在理论上都认同全球气候变暖的危害,但是处于不同发展阶段的各国对于这个问题的认识和取舍很可能是不一样的,它们的目标次序和有限程度也是不同的,因此它们愿意为此付出的成本也是不一样的。结果,有关全球减排的谈判总是一波三折,难以达到预期的目标。

与应对全球气候变暖的挑战相类似,作为全球经济治理一个重要组成部分的国际经济政策协调也面临更大的问题和困境。

二 协调的含义究竟是什么?

尽管 Blanchard、Ostry 和 Ghosh (2013) 曾形容说,国际政策协调就像尼斯湖的怪物,谈论的多而见到的少。但是不可否认的是,我们还是可以在现实中找到经济政策国际协调的案例,试图达成宏观经济政策国际协调的努力案例则更多一些。其实,如果没有人拍到模糊而富有争议的尼斯湖水怪的照片,尼斯湖水怪也不会成为一个经久不衰的话题。国际经济政策协调也一样。当然,这也取决于我们如何定义协调,或者说将各国什么样的政策变动归入协调的范畴。可以明确的是,大家坐在一起研究、讨论,讨价还价以后按照既定的方案去执行叫协调(协商协调),那么各自分别审时度势,然后不约而同采取的规避冲突,至少是维持表面秩序的政策决策是不是也可以认定为协调(自主协调)呢?

为此,我们有必要将国际经济政策协调局限在一个相当有限的意义上,局限在一定的范围内和一定的共识中。

首先,寻找这个合理限度的逻辑起点是,由于在现实中不存在世界政府，不存在一种机制化的制度安排或决策机制，所以国际经济政策协调常常需要各方的一致同意才是可能的。这就意味着真正的国际经济政策协调常常可能只会出现在危机中，因为只有在危机中（小行星撞地球就是这样一种极端的危机，而金融危机或全球性衰退则是这种危机更常见的表现形式），同舟共济、共渡难关才常常成为现实的必要，此时一致同意也才是可能的。或者说在这个时候，各方不再需要对绝对或相对合作剩余分配的计算和考量，合作的必要性已经是如此清晰以致不合作将遭遇无法承受的重大损失。

其次，由于在现实中不存在世界政府，且各国的政策决策依据的主要是国内经济形势，所以国际协调一定是各方基于自身成本与收益的考量，而不会是在主观上就以全球加总的福利水平最大化或世界经济最优增长为目标进行权衡的结果。虽然在各国的国际经济政策协调目标函数中总是将国家利益赋予最大的权重，但是在决策时也可能会融入一些国际考虑，因而表现为一个相机抉择的过程。当然，这种不确定性将增大协调的难度。

最后，考虑到现实中各国经济在规模和结构，因而在敏感性与脆弱性方面的差距，政策国际协调最初常常是因为某个大国政策自主变化造成外溢效应引起的，其他国家为了应对这种外溢效应而被动地进行政策调节进行抵御。由于各国受到的影响不同，其政策调节的强度可能就是不同的，而且由于结构的问题，各国所受到的冲击也是不对称的，政策调节的方向甚至都是不同的。因此，要达成宏观经济政策的国际协调是有一定难度的。

在最理想的状况下，政策协调首先应该体现在具有政策溢出效应的大国在制定政策时就自律地将自身政策的负外部性降低到最低；其次是其他受到负溢出影响的大国为了避免出现冲突的局面，在制定应对他国负溢出的政策时，也会自律地将这种应对政策可能带来的负溢出通过各种措施降低到最小，或者通过谈判和沟通取得外国的谅解和容忍，甚至受到这种负溢出影响的国家自律地不再采取应对政策。换言之，在不对称的国际经济关系中处于主动和强势的一方在政策决策中自律地控制负溢出，而对于相对弱势或被动一方不是不对自身遭遇的负溢出做出应对，而是在控制这种溢出对自身不利影响的同时，控制这种应对政策的反向溢出，或在其他受此影响的国家主动容忍或经过沟通后加以容忍。

更常见的国际经济政策协调形式可能是政策交流。信息交流可以加深各方的相互理解，特别是让彼此了解各自的经济结构以及面临溢出效应时可能受到冲击的方向和程度，从而对政策进行适当的调整，避免冲突，进行合作博弈。在政策交流过程中，国际组织也发挥了越来越大的作用，可以进行相对公正的第三方政策效果模拟，以警示冲突损失，彰显协调与合作的必要性。

在关于什么是协调的问题上，Branson、Frankel 和 Goldstein（1988）就明确指出，国际经济政策协调不是国际经济政策合作。协调是基于共同的数据基础和交换政策意图变化的信息，其核心还是要通过信息交流和建立在彼此了解的基础上通过政策调整来避免冲突；而合作，特别是在国际金融危机期间，其本质特征则涉及中期目标的改变①。毫无疑问，这将引起政策的巨大变化。政策协调也可以引申为在国家之间达成的协议，最终以避免冲突为目标②。从理论上说，协调的本质是一个国家将另一个国家经济政策的国际溢出外部性内部化的过程。合作则涉及各国为了达到共同的目标而调整各自的政策目标。在这个意义上，协调与合作的区别就在于前者是以避免冲突为目标，而后者则是协调目标本身③。

Dobson（1991）认为，各国的经济关系一般用处于冲突和一体化之间的光谱线来表示。冲突意味着零和与相互伤害，比的是谁遭

---

① 其实，按照基欧汉的定义，改变行为目标就已经超越了合作，变成了和谐。
② 同样，按照基欧汉的定义，合作就是一种管理冲突的手段，但是他并没有给出协调的定义，或者合作与协调的差别。
③ 当然，从避免冲突的角度讲，协调也是一种广义的合作，但是从狭义的合作定义来看，就需要改变自己的目标函数。如此，合作就是自觉的和自愿的，就没有搭便车的问题。但是无疑这种合作定义显然是一种理想化状态的定义。让一个主体自觉自愿地改变目标函数显然是非常困难的。

受的损失更大，一体化则是各国将很大一部分的自主权让渡给一个超国家的机构，比如，欧洲中央银行，实施共同的政策，比如欧元区的货币政策。这个光谱线的中点意味着各国的政策都是彼此独立的。而在一体化和政策独立之间，就是各种政策协调与合作状态。不过，多布森并没有对政策协调和合作的异同做出具体区分。

米歇尔·阿提斯和西尔维娅·奥斯特里区分了"合作"（cooperation）、"协调"（coordination）和"磋商"（negotiation）等概念[1]。他们认为磋商是一种低级的合作形式，而协调则是一种高级的合作形式。合作的外延最大，可以描述介于二者之间的形式。基思·皮尔比姆则将"货币政策协调"区分为由低到高的三个层次：信息交流、相互一致的政策和联合行动[2]。戴维·寇里认为，国际经济政策协调是指各国充分考虑国际经济联系，有意以互利的方式调整各自经济政策[3]。

《新帕尔格雷夫货币和金融大辞典》（纽曼等，2000）指出："'国际经济政策协调'是国际合作的一种高级形式。它是指因认识国际经济相互依赖性而对本国政策做出调整。这种调整通常以明确的协议为支撑。这些协议限制或决定了某些政策工具。协调超出了各国之间系统地交流——国际组织通常为中介——关于政策行动和目标的信息这一范围，尽管这种交流是协调的先决条件且本身就可能导致国家政策制定和执行的国际化改进。即当各国意识到经济相互依存性的重要性，以明确的国际协议为中介来调整本国的政策手段，通过政策协调来弱化本国政策的溢出效应或外部性，使每个国家都能够更加接近其自身偏好的目标。"

不管采取什么样的定义，宏观经济政策国际协调应该是互利的，至少是降低政策负溢出效应的。协调的产生是因为开放经济条

---

[1] 转引自谭毅《国际货币合作研究》，中山大学出版社2005年版。
[2] 基思·皮尔比姆：《国际金融（第4版）》，注洋主译，机械工业出版社2015年版。
[3] 戴维·寇里主编：《国际货币经济学前沿问题》，赵锡军，应惟伟译，中国税务出版社2000年版，第144页。

件下政策的溢出效应，因此，在封闭经济条件下，各国政策的国际协调就没有必要了。在协调的过程中，信息交流本身并不能使各国货币当局就宏观经济政策问题达成一致意见，但是可以使得各国货币当局更容易洞悉经济中主要的不确定性和伙伴国的主要政策目标，避免彼此间的误判和潜在的政策冲突。因此是政策协调的基础和起点。国际政策协调意味着各国政府当局追求彼此相容的政策目标，并且为避免彼此冲突而调整本国经济政策工具、政策实施的力度和采取政策的时机。联合行动则意味着双方不仅要就目标达成一致，而且要采取相互协调的行动。最后，协调的主体是政府或货币当局，而且达成协调常常会有共同的明确承诺。但是这并不是协调的必要条件。协调可以分为协议协调和非协议协调，后者又包括主动协调和被动协调。

三　协调作为经济学理念的形成

按照 Hamada（1976）以及 Obstfeld 和 Rogoff（2002）等文献的基本思路，如果包括劳动力市场在内的所有市场都是完全竞争的，信息充分流动的，所有的价格都是完全弹性的，所有的参与者都是理性的，并且调整成本可以忽略不计，那么就没有必要进行国际协调。从这个角度来看，政策协调的必要性来自市场的不完全性，而减少市场的不完全性，又能够降低政策干预和政策协调的必要性。

在世界市场上，垄断者（通常是大国）是市场价格制定者，但是它们的决策显然是以自己的效用函数为依据，以它们的利益最大化为目标进行价格操纵。此时，小国依据自由竞争框架制定的政策就会失效。例如，紧货币和宽财政的政策组合是一个货币升值和反通胀的政策战略，但是在浮动汇率下，它的贸易伙伴国就难以实现自己的反通货膨胀目标。相应地，在资本流动、浮动汇率和存在名义工资黏性的条件下，本国的货币扩张导致实际汇率贬值和产出与就业扩张，国外相应收缩。国际经济政策协调就是要避免这种以邻为壑的行为。因此，不论是各国为了应对大国政策的负外部性，或者为了实现全球最优的目标而进行的政策磋商和调整就都属于政策协调的范畴。政策协调就应该是将政策外部性内部化的一种过程和机制[①]，是一种对自由竞争状态下市场机制的调整和干预。这样，不论是从最初假设的市场失灵还是运行过程本身，都不能再使用自由竞争的分析。

存在公共物品是背离竞争性模型的另一个原因。如果存在 N 种货币，就只能有 N−1 种独立汇率目标。这至少说明不是所有的货币都能够独立确定它的经常项目盈余目标。如果都进行独立决策，在自由竞争的条件下，就不可避免都会在政策制定中击鼓传花[②]，而这种政策外部性的传递不会自然产生协调。在这样的经济体系中就会形成不断变化的汇率、利率和收入变动，进而影响各国的经济形势，最终也无法达到稳定均衡。如果在这个过程中出现汇率的大幅度波动，还可能造成贸易和资本管制，就会偏离全球最优的结果。这意味着在某种程度上的汇率稳定以及开放的国际贸易和国际金融体系必须被看成是一种公共产品。

如果我们发现自由市场可能偏离最优，而追求最优就应该将汇率波动作为公共产品进行管理，那么政策协调就是一种合理的干预了。为此，我们首先应该明确一个波动的阈值，然后再使用各种办法进行波动管理。所有重视这种公共产品管理的国家就应该通过建立汇率稳定或价格波动的目标区间来决定是否提供这种公共产品的供给。公共产品本身的性质决定了只要主要公共产品的供给者或使用者是单独决策的，那么公共产品的供给就一定是不足的，而通过政策协调来模拟自由竞争的市场均衡只能以帕累托最优为目标。

[①] 在这个意义上说，政策协调的本质就是控制负外部性的溢出，也就是防止以邻为壑。当然这主要是从溢出国的角度来看的。

[②] Blanchard、Ostry 和 Ghosh（2013）使用"德国学校"来形容各国政策在相互依存的条件下决策相互影响，击鼓传花的过程。在德国，学生用的教材不是自己买的，而是学校发的。一套教材在上一届学生使用后由学校收回，再发给下一届学生使用，依次类推。因此学生没有主动权，只能被动的接受。在 N 种货币的世界中，只能有 N−1 个货币是独立的，如果这 N 种货币都独立制定政策，N 个货币的体系就不可能保持稳定而将处于一种无解的状态。

如果在自由市场状态的竞争存在明显的政策负溢出,国际经济政策协调就可能出现了。因为此时各国政府按照封闭经济条件作出的独立政策选择就难以达到它们预期的政策目标了。任何独立行动的国家必须让自己的扩张政策不仅要能抵抗国内衰退的趋势,而且还要防止外部平衡恶化带来的不利影响。这种情况可能偏离传统的独立决策过程,而这也正是政策协调的范围。相反,各国的协调扩张能够减轻这种外部约束,使各国能够达到预期的目标。此外,国际经济政策协调还可以使得政府在政策决策过程中借助国际压力来应对国内持反对意见的压力集团。

世界经济的发展也使得国际经济政策协调变得更加现实:第一,当前世界经济比1950年、1960年和1970年时更加开放了,不仅是进出口在GDP中的比重增加了,而且国际资本市场的一体化程度也越来越高了。随着政策溢出效应的增强,对于世界上不少国家而言,政策独立决策的代价就更高了;第二,经验研究表明,浮动汇率的隔离作用比1973年其刚被引入时预期得要小,并且这个结论正在成为一种共识。

但是,合作也并不必然是有益的。因为国内的政策目标和政策工具可能因为开放经济的引入而出现一些矛盾的政策效应。例如,如果一个国家的决策者采取了扩张性的通胀政策,与此同时又会造成货币贬值,进一步加剧国内的通货膨胀。而此时,如果所有国家彼此协调宏观经济政策,都追求刺激性,都通胀政策,那么各国就不会担心贬值带来的新问题。在这种情况下,政策协调通过弱化国际收支的约束实际上放松了通货膨胀纪律。结果,政策协调就可能带来一个潜在的风险,即稳定实际汇率的努力可能造成各国的通货膨胀,而这本来是可以避免的。

第四节　超越模型：协调的前提和需要
　　　　解决的一些具体问题

前面我们试图从理论上去理解什么是宏观经济政策国际协调的内涵和本质特征，这些对于我们从理论上理解政策的国际协调无疑是重要的，但是如果要将政策协调应用到现实政策，则还必须面对一些现实的前提和约束条件。

一　不确定性、协调与协调终止

经济状态的不确定性（如对产出缺口和对外部冲击对潜在产出影响的估算）和政策效应的不确定性（如时滞的不确定性和具体到某种经济结构中的效力）等通常被认为是影响政策决策有效性的重要阻碍。在国际经济政策协调中这种不确定性尤其明显，因为相比政策的国内效应，跨境传导溢出效应的不确定性更大[1]。协调和非协调之间的政策差异可能是根本性的，或者说协调的收益可能就是相对大的[2]。经济学家常常相信只要有世界各国的经济计量学模型就可以在确定情况下确认政策的国际协调的效果。但是在实践中，由于各国经济行为的不确定性和它们之间互动的不确定性，即使能够取得协调收益，也会和预期有较大的差异。

即使没有不确定性，类似的问题可能依然存在，只是表现形式可能不同。例如，两个国家的政策制定者可能对实际经济模型看法不同。一个国家为了达到协调的结果，或者说为了在协调中实现本国福利的最大化，可能也需要进行讨价还价。从理论上说，全球最

---

[1]　当然，这种不确定性可能又是来自被忽略的跨境效应。例如，非常规的货币政策工具造成了非常大的正的或负的跨境效应。在这种情况下，政策工具通过增加国外产出波动性所引起来的负跨境效应就成了影响政策效力本身的不确定性。

[2]　不过一般来说，由于宏观经济政策对国内的影响属于直接效应，而对国外造成影响后再反馈到国内属于间接效应，所以除了极其特殊的情况，这种问题可能并不突出。事实上，国际协调更多的是指国内政策需要对外部冲击做出反应的情况。

优的帕累托锋面本身就代表了不同的政策组合，如何从这些组合中选择出对自己最有利的组合显然也需要进行讨价还价。为了说服对方接受对自己有利的方案，就会形成一种激励，也就是用错误的模型去解释政策效应以便在谈判中欺骗对方，让自己国家呈现出正在遭受负溢出，即使实际上它们承受的溢出很小或者是正的。由于这个欺骗的技术性较强，虽然理论上存在这种动机，但是要指出这些问题就需要较高的专业技术手段。显然，这种激励就变成了达成合作协议的一个可怕的障碍。

即使有可能达成政策协调的协议，不确定性也有可能使得合作难以维持下去。虽然双方都能够从合作中受益，这种均衡也具有内在的脆弱性：因为在其他参与方遵守协议的情况下，每一方都有激励去改变或违背协议，从转换到非合作政策中获益。由于双方都有激励去背弃协议，如果没有对背叛的惩罚，那么协调合作就会立即崩溃。在没有国际制裁的情况下，如果只依靠信用惩罚，至少在某一段时间（惩罚期）各方会拒绝与背叛方再次合作。在重复博弈中，这样的惩罚会增强维持合作协议的动机，让政策制定者扩展博弈的时间眼界。当政策博弈者意识到不论是当前得自协调的收益是值得追求的，还是未来在遭受可能冲击时进行政策协调，都有助于防止当前协调中的背叛。

在现实中，政策必须基于决策者对当前和未来经济状态和协调收益的估计，而这些在当时都是不可观察的。这样，在货币政策博弈中，一个国家的政策决策者倾向于通过宣称他们的经济正在走向衰退而且宽松的货币政策作用有限，以此证明需要比实际更大的宽松，以便在协调方案的谈判中获得更多的收益。为了避免这种欺骗，欺骗的预期成本（惩罚可以带来实际福利损失和触发惩罚的可能性）必须足以抵消欺骗的预期收益（偏离正常预测的政策可能获得的额外福利收益）。因此，防止欺骗和背叛就必须至少在边际上，保证欺骗的预期成本必须大于通过刻意歪曲正常预测而获得的额外收益。

第七章 宏观经济政策国际协调的挑战：一些尚未纳入模型的问题 / 275

即使通过设计恰当的欺骗惩罚的触发机制，最终没有哪一方将采取欺骗或背叛的策略，外部冲击本身的不确定形式也可能触发惩罚机制而中止协调合作。由于外部冲击的宏观经济后果是预测的，在决策时是看不到的，各国政策决策者对每个国家预测的有偏程度在决策时也是估算的，因而从本国公布的对随机冲击给宏观经济带来冲击的估算结果中很难确定各国可能的欺骗程度。所以，为了与激励相容，当不确定性上升的时候，背叛合作的触发机制就应该调整得宽松一点，不要对预期结果有一点偏离就触发对背叛的惩罚。触发机制设置的过于敏感就意味着协调很可能因为判断某一方出现了背叛并启动惩罚而中止。而此时，可能并没有哪一方实际采取了欺骗或背叛的策略。由此可见，预测的不确定性会造成协调终止。

事实上，触发机制也的确很难调整得那么准确以消除或避免所有可能的欺骗，并且在真正的背叛出现以前都不会触发惩罚机制。事实上，政策决策者常常在面临严重冲击时将冲击估算得严重一些，同时对未来损失的折现少一点，而且也不能过高估计这种人为的偏误对政策协调合作诚意的影响。由于世界经济总会受到非预期的外部冲击，而且之前对经济的预测也总是与实际不同，所以我们难以确定他们的预测误差是有意还是无意。考虑到这些问题以后，特别是当一些国家合作经验不足或者是在高度不确定时期讨论协调合作的时候，一些国家可能就选择不合作。即使它们合作了，由于上述种种原因，合作也很可能很快就因为触发了惩罚机制而终止。

对经济状态和溢出的性质有意扭曲的可能性是国际政策协调在现实中的一种有说服力的解释。例如，1979年石油价格冲击使得在伦敦和波恩峰会中促成政策协调的努力中止，直到广场协议中再次协调经济政策，都涉及了这些问题。这样的争议可能也提供了足够的理由引入一个中性评估方来沟通与平衡对溢出效应估算的不同结果，并且为那些没有参与到协调谈判进程，但是受到溢出影响的国家（如没有加入到协调谈判中的小国）提供一个可资借鉴的应对方案。

二 规则协调还是相机抉择？单目标协调还是多目标协调？还是汇率！

如果我们承认宏观经济政策的国际协调是一种公共产品，是一种对自由市场机制的政府联合干预，那么我们就有必要明确协调的策略，即如何协调？协调到什么程度？为此就要评估各种协调机制的优劣，包括是采取规则协调①还是相机抉择？是单指标协调还是多指标协调，等等。这些实际上是隐含在有关宏观经济政策国际协调分析基准模型背后的假定和前提。我们在前面的文献回顾和分析中尽管都自觉或不自觉的涉及这些问题，但是在这里还是有必要再进行一般性的论述，以便深化我们对政策协调的认识。

作为一种旨在抵御负外部性冲击的国际间联合干预，从学理和以往的文献上看，宏观经济政策国际协调的核心首先就在于汇率的干预。在这个意义上说，国际协调的基础与核心是单目标的协调。我们的分析也就首先由此展开。

在金本位时代，只要各国实行自由黄金政策，那么在物价—金币流动机制的作用下，固定汇率就维持了一种自发的国际均衡过程，通过汇率变动正外部性或负外部性的自由传递使得某个国家的失衡得到平衡，进而世界各国也都实现均衡。在这个过程中，虽然看不到主动和刻意的政策协调，但是恰恰是各国遵守既定的政策，比如自由黄金政策以及建立在货币法定含金量不变基础上的固定汇率政策，保证失衡之后恢复均衡的机制和过程，因此可以视为各国政府遵守政策规则，实现各国经济的市场自发协调过程。或者说，这个时代的宏观经济政策的国际协调就是各国遵守既定的金本位规则。

尽管从理论上说，黄金流出国（流入国）可能会面临国内黄金存量殆尽（攀升）的情况，但是这种情况在现实中却是很难出现

---

① 准确地说，是在遵循既定规则的条件下，听任市场机制的作用和政策溢出效应，从而在出现政策冲击以后在各国之间自动实现新的均衡。显然，如果说这是一种协调，不如说是一种听任市场机制作用的自发协调，或者说是一种不协调。

的。这是因为随着国内黄金存量的下降（上升），国内的价格水平也会大幅度下降（上升），从而提升（降低）国内产品的出口竞争力，扭转贸易逆差（顺差）和黄金流出（流入）的局面。但是，问题就在于各国政府对通货紧缩（膨胀）的容忍是有限度的。在达到均衡水平以前，一旦汇率波动的幅度超出了政府的容忍限度，那么干预就是必然的，而干预的手段之一就是通过改变货币含金量调整汇率水平，或者说是通过货币贬值而不是通货紧缩来提升本国产品的出口竞争力。此时，国际经济政策的协调就从遵循规则的自发协调过渡到主动的相机抉择。而一旦一个国家实行了货币贬值，自然也使得贸易伙伴国面临的新的协调选择，其也必须采取相机抉择的行动才能抵御外国贬值所带来的外部性冲击，以便确保实现自身的政策目标。

管理浮动汇率制度，尽管在1985年9月的广场协议后得到进一步的演化，但是更接近一种相机抉择而不是单纯的规则协调。事实上，即使在布雷顿森林体系中，国际货币基金组织也并不是恪守金本位时代的固定汇率信条。鉴于历史经验，在创设布雷顿森林体系时的共同希望是不要再把布雷顿森林体系建成一种像金本位那样刻板的体系，而是想使这一体系比金本位制能给予各国更多的自由，以便实行各自的宏观政策（主要是货币政策和财政政策），顺利的实现其国内目标。为了协调国内平衡和国外平衡之间的矛盾，参与国还确定了应对国际收支不平衡的办法，即在出现"根本不平衡"的情况下，可以调整汇率。也就是说，如果一个国家的国际收支逆差确实很严重并且持续已久，那么，经过基金组织和其他有关机构同意，可以实行货币贬值（甚至可以申请基金组织在资金上予以支持或对资本流动进行管制）。在这个意义上，与其说固定汇率是一种各国都需要遵守的均衡规则，不如说是一种防止竞争性贬值的手段，而防止竞争性贬值，限制宏观经济政策的负外部性则恰恰是宏观经济政策国际协调的核心所在。无独有偶，欧洲货币机制中的网格评价（Parity Grid）和偏离指标、汇率目标区建议以及当名义汇率威胁到了目标区的浮动区间时规定的协调触发机制也是出于类似的考虑。尽管这些汇率制度安排看上去都像是在禁止官方进行外汇市场干预以便实现完全浮动，但实际上都可以视为相机抉择受到限制的汇率制度，只是相机抉择需要获得认可。

相机抉择当然只是一种特例，遵循的规则还是政策协调的基础。这里主要有四点理由：第一，最值得推荐的政策协调方式是要消除任何对协调的过度需求，而不是在世界经济中增加对政策协调的供给，是减少对协调的需求，就是要让市场机制发挥作用，尽量避免政策协调对市场运行的干预。而减少对政策协调需求的方法就是应用简单的政策规则，或者如 Obstfeld 和 Rogoff（2002）所说的那样，通过协调干预来抵消既有的扭曲，模拟出无扭曲情景下的帕累托最优。第二，规则应该被视为一种对经济政策制定者实施的市场纪律。如果在政策协调中强调相机抉择，它们就将使用政策工具来达到自己的目的。而国际经济关系本质上是零和的，达到自己的目的就必然损害别国的利益，所以一个协调可能会引起另一个协调，从而成为一个漫长的甚至是无穷尽的过程。第三，规则可以被视为增强政府信誉及其政策行为可信度的手段，从而实现非正式的政策沟通与协调预期，最终降低协调的成本和协商的难度。第四，规则可以防止相机抉择，进而防止由于缺乏全球宏观经济运行知识而作出错误决策的可能。

而在另一方面，拥护相机抉择方法的原因主要包括：第一，规则协调在实践中远没有像理论中那样实现自动的调整。例如，物价—金币流动机制在金本位的历史上就常常受到当局对黄金流动限制或政策对冲的影响。第二，规则是宏观经济政策行为的纪律，但是前提是违反规则将受到足够的惩罚。第三，人们可以从规则中获得政策可预见性的好处，而此后随着结构性因素的变化，规则也理应进行相应的调整，从而事实上增加了相机抉择的含义。第四，规则可以消除微调的风险，但同时也增加了政策因缺乏环境适应性而出现的失效风险。没有一种政策协调的规则可以永恒不变。

支持单一目标协调的理由也有两种：一是可以避免过度的政策协调，给各国保留一些自主的政策组合空间。例如，如果汇率是主要协调目标，货币政策就将受到直接的限制，而其他政策受到的限制就相对少一些，从而可以丰富备选的政策篮子。反之，如果把更多的政策目标置于国际协调之下，那么就可能最终引起更多的政策限制，导致各国当局使用更独立的、不受到协调影响的政策工具。二是维护单一指标就是发出未来政策路径的信号给市场。例如，货币当局承诺维持一种给定区间的固定汇率，那么汇率的变动就给市场对货币政策预期提供了一种明确的指引。而多目标协调中就可能存在冲突，不仅导致政府的政策绩效不高，而且在客观上增加了政策决策者相机抉择的范围，使它们可能进行侧重和选择。另外，单一目标的协调框架在恢复政策信誉方面具有重要的优势。

当然，依靠单一政策指标也会带来一些风险。其中最明显的一个可能就是单一目标会忽略那些没有纳入政策协调范围，需要进行其他的协调实现其他的政策目标。例如，在固定汇率制度下或汇率目标区制度下，只关注货币政策的协调而忽视财政政策的协调，最终也会威胁到固定汇率或共同货币区的稳定。欧元区的主权债务危机就是一个典型的例子。

单目标协调与多目标协调虽然各有优势，但也不能彼此偏废。

单一指标的协调在这里如果就是指单一的汇率协调，就可能忽略财政扩张造成货币偏离目标区的可能，甚至会因此放纵而恶化。所以，从宏观经济政策篮子可能的组合看，单一指标可能会给政策组合释放出错误信号，激励使用其他的政策对协调的政策进行对冲。

与此相反，多指标协调一般就不会出现类似的情况。因为在多目标协调体制下，财政政策和货币政策的问题都得到直接监控。如果政策协调的目的是指向汇率问题，使用多目标协调框架，源于货币政策和财政政策组合的原因就都会得到重视。

在此还必须明确两点：第一，汇率目标必须与公布的货币政策和财政政策相容，否则试图给市场提供一个中期汇率预期的锚就很可能是徒劳的。欧洲债务危机已经证明了这一点。第二，政府协调多重政策目标的信誉也取决于它们在运用政策工具的技能和决心方面所面临的制约，包括能否严格遵守财政纪律以及在外汇市场进行对冲干预的能力。也就是说，在给市场提供一个未来政策路径的信号时，政府不仅要表现出应有的能力，而且还要表现出信誉。与此相关的一个问题是，在多目标协调框架下，对其他政策工具的限制可能会使政府在协调货币政策方面所承受的负担，即同时维持内部平衡和外部平衡的负担越来越重。在这种情况下，任何可以强化多目标的政策协调的信誉都可能受到质疑，并且可能在市场参与者心中产生这样一个疑问：货币政策究竟是用来服务内部平衡还是外部平衡的？或者说货币政策在什么情况下会从为内部平衡服务转变为宏观政策的国际协调服务[①]？

进一步讲，多目标的政策协调至少在四种方面存在相对优势：第一，它们被用来应对政策与目标之间，以及各种政策与各种目标之间，乃至国家之间可能的不一致性，也就是说使得各国在政策协调中获得一些灵活性空间，至少为各国在多目标之间进行优先次序的选择提供了可能；第二，在各国获得一定的政策组合灵活性情况下，各国的偏好选择就可以作为一种监控框架来确定短期政策行为是不是与之前公布的中期计划和目标相一致；第三，多个指标可以被用来评估国内政策及其绩效对诸如外部收支头寸和汇率等变量的综合影响，有助于评估这些影响是否可持续；第四，这些指标也可以用来评价当前经济形势和政策选项，从而避免陷入要不要协调和

[①] 在 2008 年的金融危机中，美联储出人意料救助贝尔斯登，是不是偏离了原有的货币政策职能？从稳定物价转移到了金融稳定？而在此后的雷曼危机中为什么又袖手旁观？其依据又是什么？到了金融危机全面爆发以后，为什么又进行了长达七年之久的量化宽松，而且在此期间，从钉住通货膨胀到钉住失业率，从 CPI 到 PCE 的转变，从推动复苏到推动更强劲的复苏，以及令人捉摸不定的主要经济指标预期和昙花一现的埃文斯规则，货币政策规则为什么又出现了连续的变化？从物价稳定再次转换到刺激增长？

如何协调的争论。

实际上，在宏观经济政策的国际协调中使用多目标框架是从20世纪70年代就开始受到重视的协调方法和理念。早在1972—1974年，国际货币基金组织成立了20国委员会研究改革国际货币制度问题时就开始研究什么样的指标可以用来分配国际收支失衡的调整负担[①]。后来进入到浮动汇率时期，由于人们一度错误地认为不需要国际协调而终止了研究。但是在广场协议期间，指标体系又复活了，包括GNP和国内需求增长、通胀、失业、贸易和经常账户头寸、货币条件、财政平衡、汇率以及国际储备等一系列具体的指标。在21世纪初的国际经济失衡中和在2008年国际金融危机的冲击面前，国际经济政策协调的政策工具和目标又出现了扩展，引入了结构性改革问题。

三　协调的规模、深度和时机

国际经济政策协调作为一种国家间的集体行动与合作，要达到预期的目的，就必须要防止出现搭便车的行为。按照奥尔森的理论，要防止出现搭便车的问题，协调的范围就是一个至关重要的因素，而背后一个更核心的问题就是政策协调的范围和深度。如果认为需要协调的国家很多，那么需要协调的问题也就会有很多，就可能增加政策协调中讨价还价的空间和可能性。显然，不论是从技术

---

① 这个20国委员会与后来的G20完全没有关系。进入20世纪70年代以后，随着布雷顿森林体系的问题日益明显。1971年发达国家俱乐部的十国集团自行作出的重新调整货币汇率的决定，使绝大多数发展中国家处于不利地位。因此，在1972年5月第三届联合国贸易和发展会议上通过了设立"二十国集团"的决议，规定其中发展中国家至少占九个席位。同年9月国际货币基金组织在智利首都圣地亚哥正式成立了二十委员会。其成员除十国集团的成员外，还增加了澳大利亚和九个发展中国家。这九个发展中国家是印度、巴西、摩洛哥、埃塞俄比亚、阿根廷、墨西哥、扎伊尔、印度尼西亚和伊拉克，其任务是负责拟订有关改革货币体系的方案。二十国委员会的建立打破了发达资本主义国家对国际金融领域的长期垄断局面。1974年6月，二十国委员会在通过了一个有12条内容的临时性货币改革方案，即《国际货币制度改革大纲》，并建议二十委员会结束后，另成立临时委员会，继续对有关国际货币制度的改革进行研讨。1974年7月设立了国际货币临时委员会，代替"二十国委员会"。

上看还是从博弈角度来说，达成这样的结果是非常困难的。

参与协调谈判的群体究竟应该有多大，主要取决于三个因素：第一，由于协调根源于国内政策的外部性，所以协调的范围就不仅应该包括那些具有最大政策外部性的国家，也就是通常经济总量规模较大，因而影响较大的主要工业化国家，还应该包括那些容易受到政策外部性影响的国家，即主要的发展中国家，通常也是开放程度较大的国家；第二，随着参与讨价还价成员数目的增加，谈判成本和冲突也会增加，因此一般主要是小范围协调；第三，小范围协调达成的协议可能具有明确的国家指向，使某个参与谈判的国家受益，从而有效避免了搭便车行为，甚至使得没有坐在谈判桌上国家的利益可能受损。因此，如何确定参与协调会议的国家就变得十分重要。也就是说，某些国家可能被排除在外，其利益也就可能被忽视甚至被出卖。当然，参与协调谈判的国家的确也应该具有广泛的代表性，不仅要包括大型工业化国家，也要包括小型工业化国家和发展中国家，以便为评估协调协议提供系统性的视角。当然，从行政效率的角度考虑，参与协调谈判的国家数量不应该太多。

主张协调范围应该缩小的理由是考虑到讨价还价成本将随着纳入讨价还价问题的扩展而急剧增加。即使达成了这样的协议，在政策落实的过程中，由于所涉及的行政程序增加，也可能使得执行协议的前景变得黯淡。即使财政部长通过讨价还价达成了协议，但是财政政策最终要由立法机构负责，就会增加不确定性和爽约的借口。相比之下，由于货币政策是由中央银行独立决策，情况则好些。

政策协调的深度则是指在一些具体的政策领域，如对财政政策和结构政策共同的认知程度。由于各国的经济结构各不相同，所以在协调过程中，各国不仅要了解外国政策在外国和国内的传导机制和效应的差异，还要了解其溢出效应对本国和在其他受到溢出影响国家的传导过程并进行力度评估。这就要求参与政策协调的专家不仅对本国国内的情况需要有深入的了解，还要对外国（包括溢出国和其他受到溢出影响的国家）的情况有同样深入的了解。显然，这是非常困难的，即使是国际机构要做到这一点也相当不易。结果，参与协调的各方就难免只能从政策对本国的影响为主要依据来提出协调建议。这样，n个国家就可能有n个方案，比汇率决定的n-1问题还要复杂，更难于协调。

从协调政策的角度来看，协调并不意味着在不同国家要使用相同的政策工具，相反，因为不同国家需要针对它们具体的结构问题和传导机制，为了达到相同的协调目标而需要采取的政策可能恰恰需要使用不同的政策工具。例如，为了增加国内总需求，在一些国家可能需要破除阻碍劳动力流动的障碍，或提高工资的市场化水平，而在另一些国家却可能需要刺激私人投资，或者改革分配制度。在这个意义上说，政策协调不一定就是协调政策本身，而是要协调政策的目标和效果。

另一个重要的问题是什么时候协调。真正的协调不应该也不可能是碎片化的，而应该将各方面的政策纳入一个统一的框架才能实现有效的协调，并且由于政策的时滞问题，协调也必须是持久的和连续的。然而现实的情况是，各国对外部冲击关注和考虑的角度还是有明显的问题和差异，具体来说就是较少考虑本国政策的溢出效应，而主要考虑的是外部负面冲击对本国政策的影响。另外，协调还常常在危机中才能成为共识，仅仅是一种应急式的措施。

一般来说，至少三个原因使得经济政策的国际协调必须成为日常政策决策中的常规内容：首先，讨价还价的跨期博弈特点会提高讨价还价结果的成本；其次，正如Kydland和Prescott（1977）以及Calvo（1978）从博弈论角度展开的分析那样，日常反复的讨价还价、协调和执行会强化声誉，也会将讨价还价的跨期博弈因素纳入视野，所以有助于保证稳定的协调机制。相反，碎片化的协调常常会面临背叛的风险。特别是由于存在时间不一致性的问题，背叛的诱惑时时出现。有效的政策协调必须经过市场信誉的制约才能保证协调的最终效果像预期的那样有效；最后，协调必须有常规的议程,这样各方的协调技能才能更加熟练,也才能使谈判各方更充分了解各国的经济结构和传导机制。如果仅仅是危机协调,那么协调就往往难以避免流产的结果。

四 协调的一些技术性障碍和解决方案

从政策协调的技术角度看所存在的协调障碍,尽管我们在前面也已经有所涉及,但是在这里我们还有必要进行说明。

首先,各国经济结构的差异造成了备选政策工具的不同,增加了整合到统一政策协调分析框架的难度①。而且在国际谈判中明确政策协调的目标本身就充满了争议和困难。例如,当汇率稳定作为国际经济政策协调的目标区间时,除了要将各国的汇率政策和货币政策纳入到协调框架之内,还要根据各国的具体情况研究约束政策协调效果的问题并采取相应的政策,比如要让货币政策发挥预期的作用,就必须进行结构性改革等。

其次,不同国家之间的政策变动对政策目标的影响方面存在非常大的差异。这样,在指导宏观经济政策国际协调并保证协调目标得以实现的框架中,各国的模型可能就不再是同质性的,政策协调的行为方程甚至也不是各国模型的简单加总或连接,可能由于存在新的互动关系而变得更加复杂,甚至难于执行。例如,在把汇率稳定作为协调目标的时候,不同国家可能需要分别在贸易政策、财政政策、资本流动政策和货币政策方面同时进行调整。如果一个协调目标同时涉及多个决定变量,那么每一个决定变量的调整压力就会得到分解,调整幅度可能不大,在国内就可能得到有效的执行。但是如果调整主要取决于某一个因素,比如,贸易差额,那么很显然

---

① 从理论上说,经济政策的国际协调可以仅仅为各国列出政策目标,从而保证预期的效果,而将如何达到政策目标的手段和途径交由更了解自身经济结构、传导和模型的各国政府自己去解决。但是只要经济政策的国际协调是一种国家间的博弈,那么现实中的情况一定就是在国际间失去对各国落实协调情况和过程的监控,而各国即使提交了符合各自特点、经过论证的政策方案,最后也一定以政策失败为由来规避协调给自己带来的损失。所以,这种协调方式几乎就没有出现过。现实中的协调方式一定是直接给各国规定可监控的指标。

贸易政策就要承担全部的协调压力，需要进行比较大的调整，在国内将得到相关利益集团的抵制，就会增加调整的难度。这样，不仅达成国际协调的方案更加困难，而且执行协调的方案也面临更大挑战。

再次，在大多数国家不断提高经济的开放水平的同时，各国之间在相互依赖程度上的差异也越来越大。按照基欧汉和奈的分析，在敏感性和脆弱性方面的差距越来越明显。大国，相比小国来说就更不易受到其他国家政策的影响，因而在国际经济政策协调谈判中处于更强势的地位，也就拥有更大的权力。国际经济政策的协调不是一个利他的事情，甚至并不是像一般所宣称的那样是互利的。在某种程度上，大国相比小国受到的溢出效应更少，受到的溢出回馈效应的困扰也更小，因此受到政策协调激励的程度就比较低，在协调中妥协的成本更大，谈判中的立场也就更强硬。小国则恰恰相反。

最后，宏观经济政策的国际协调谈判一般是在国内讨价还价之后才展开的。也就是说，一个国家的经济政策首先是在国内确定以后才会拿到国际协调的谈判桌上。这也是符合逻辑的过程，而在国内达成经济增长和通胀的政策目标以后，留给在国际层面进行讨价还价的余地肯定就非常有限了。

五　风险、时变因素与不确定性的影响

从理论上说，造成这种情况的原因可能包括三个方面：模型没有考虑不确定性、由于政策制定者的偏好不同使得协调难以有效、协调模型中可能出现的时间不一致性[①]。Ghosh（1986）认为宏观经济政策国际协调的收益是模型不确定性的减函数。因此在实践中，尽管存在大量的理论预测模型，政策协调的收益可能却是比较

---

① 对这个问题更详细的研究参见 Ostry 和 Ghosh（2013）以及 Hattaraiy 和 Mallickz（2015）等文献。

小的。但是也不能低估政策协调的作用。

宏观经济政策国际协调的收益本来就相对较小，如果误设联立模型，收益甚至可能是负的。但即使如此，也不能成为反对政策协调的理由。这是因为：第一，将不协调的最优解与协调的最优解进行比较可能没有现实中次优的不协调解与次优的协调解进行比较那么具有普遍意义和现实意义。对于世界经济来说，实施贬值和保护主义以后的结果可能比不实施贬值和保护主义以后的结果更糟糕。所以，即使协调不能达到完全理想的预期结果，次优的协调相对次优的不协调比最优的协调相对最优的不协调可能就具有更高的收益。第二，有时候政策协调的收益是观察不到的，因为在协调发生以后，在时变假定下，不协调的损失就只能靠估算，而且在事实上也难以避免低层次协调，比如各国交流政策信息。因此，不协调的损失可能已经包括了低层次协调的收益，更可能还包括了宏观经济政策之外的结构政策，如就业和教育等政策造成的收益。因而不协调的损失可能被低估。第三，评估合作收益要确定基准情况，而我们在前面已经提到，在宏观经济政策的协调方案确定以后需要对国内政策进行调整，所以基准情况就会发生变化，协调的收益就可能打折扣。第四，对协调收益的经验估计一般是采取单次博弈模型的思路，不会考虑政府声誉问题。尽管从短期看，严格执行协调方案可能会给国内经济造成影响，但是如果从多次博弈的角度看，在加入政府声誉因素以后，协调的收益就会更高。第五，如果考虑模型的不确定性，或者在制定政策协调方案时模型设定有错误，就可能会降低协调的收益。不过在现实中，政策决策者一般会将模型的不确定因素考虑在内，对模型收益的评估会更谨慎（Ghosh 和 Masson, 1988），留有余地。

因此，考虑到上述因素以后，宏观经济政策的国际协调很可能不仅是可行的和必要的，而且是有意义的，收益也是不容忽视的。

第五节 不对称协调：对宏观经济政策国际协调的再认识

前面我们已经提到过，国际经济的一个特点就是不对称，或者说历史发展的不平衡性。我们在这里所说的不平衡性不仅包括自然禀赋等经济外生变量的不平衡性，而且包括由于国际竞争力等经济内生变量而形成敏感性和脆弱性方面的差距。强国可能不仅仅是因为国家大和资源丰富形成自主性和独立性，更可能是因为科技发达和制度优势而在世界经济中形成主导性和影响力。大国不一定是强国，但是在国际关系中，强国一定是在相互依赖中权力更大的一方。

这种不对称也就成为宏观经济政策国际协调中举足轻重的影响，也是不可忽视的一个重要特点。

一 宏观经济政策协调的不对称性

就宏观经济政策的国际协调而言，强国的重要性或者说强国的权力表现在宏观经济政策的溢出效应方面常常是大国对小国的溢出，而小国往往又没有有效的制约手段。

1. 宏观经济政策国际协调中的不对称性

Baum（1986）最早研究了大型经济体与小型经济体之间互为外生变量，通过货币政策与财政政策相互影响的不对称相互依赖关系。在这种情况下，大型经济体的最优策略就是在政策决策中不考虑对小型经济体的影响。这是因为由于经济规模的问题，大型经济体可以免疫小型经济体的反馈性影响。相反，大型经济体政策的溢出效应却可能有助于也可能损害小型经济体的稳定。Marquez 和 Pauly（1987）从另一个角度展开的实证研究和理论推论却表明，在通过政策协调推进全球复苏的过程中，发展中经济体受益是显著的。他们估计了北方、南方与 OPEC 国家之间进行政策协调的收益。通过对三个区域的世界经济计量模型进行最优控制分析，发现通过宏观经济政策的国际协调来实现全球性的复苏是可行的，但是不是所有区域的收益都是相等的，并且这种变化是有利于南方国家的。

Hsiao 和 Hsiao（1995）使用一个简单的不对称蒙代尔—弗莱明—多恩布施静态模型展开的研究表明，当美国（或日本）像一个决定性参与者（斯塔博格领导者）那样按照小型开放经济体预期的反应函数行动时，政策协调的收益与纳什均衡时是一样的。小国在与大国的合作中有微弱的损失，而大国不论是与小国合作还是不合作，其收益都是无差异的。这可能解释了为什么在发达国家之间积极的政策协调成功的很少，并且在发达国家和发展中国家之间还没有出现过政策协调。Alesina 和 Wacziarg（1999）针对欧洲一体化的情景，建立了一个有关货币政策的政治经济模型，提出了经济一体化需要建立欧洲机制化的机构在全欧洲的范围内来执行统一的政策。但是当一些大国在经济一体化中享有规模优势时，它们对欧盟的需要就下降了。经济一体化的不断加强也就降低了它们对政治一体化的需要，因为大国事实上已经进一步强化了它们的事实权力而没有必要通过程序复杂、耗时漫长的政治一体化来达到同样的目的。为此，他们提出了一个在不同规模的成员国家政府之间最优配置优先权的模型。所谓优先权的最优配置方案就是保证集权政策收益大于一体化政策成本的一种保证机制。以这个模型为基准，他们分析了在欧洲配置政治优先权的制度刺激，并且最终认为欧洲在这些问题上已经走得很远了。

总的来说，大多数研究得到的一个普遍结论是，对于大型国家来说，宏观经济政策国际协调的收益相对较小，如果再考虑到模型误设的可能性，收益甚至可能是负的。但是，从强国的责任以及权力的合法性角度看，对强国来说，它们可以采取现实主义的态度，不重视宏观经济政策的国际协调，却不能反对政策协调。而在现实世界中，强国应该以更主动的态度积极参与到宏观经济政策的国际协调中。

二 不对称条件下的抉择

如果说国际贸易和资本流动会将各国经济在一定程度上联系起来，在理论上可以使各国经济政策具有溢出效应。但是在由此推导出国际经济政策协调的结论之前，我们还需要明确一个重要的前提条件，即不能忽略各国之间不对称效应的影响以及应对。

正如最优货币区内生性理论所揭示的那样，诸如全球价值链等产业内甚至产品内贸易的发展，使得各国经济的联动性增强，这就意味着各国之间经济波动协同性的上升。为了应对宏观经济冲击，各国之间的宏观经济政策在意图和作用方向上应该是一致的。在这种情况下，宏观经济政策溢出所造成的外部性应该与其他国家宏观经济政策的目标是一致的。因为当危机来临的时候，各国所面临的冲击是一样的，自然需要相同的政策加以应对。例如，当面临金融危机的冲击，各国消费和进口下降，造成了 GVC 相关国家的紧缩和衰退，那么各国都应该推出刺激性货币政策，力图增加各国的货币供给，降低利率水平。在这种情况下，应该就没有哪个国家有理由实行紧缩性的货币政策，也就不应该出现各国的宏观经济政策出现矛盾而需要协调的情况。例如，在 2008 年的全球金融危机期间，几乎所有国家都主动推出了扩张性的货币政策。在这种情况下，宏观经济政策的协调应该是自然出现的。即使没有人或国际机构进行呼吁，国际经济政策在客观上也是协调的[①]。

不过真正的问题在于，诸如全球价值链等产业内甚至产品内贸易的发展的确使得各国经济的联动性增强，但是这并不能保证各国经济基本面结构的趋同。而恰恰是由于各国经济结构的这种差异，使得随后依然会出现增长形势、复苏以及政策走向的分化。

[①] 显然，这种自然出现的协调并不是我们研究的重点。值得我们研究的国际经济政策的协调是存在协调的必要，但是在各国又存在政策目标冲突的情况下，如何达成协调？

对此，我们从两个角度展开分析。

第一，是各国经济在危机以后的增长形势与复苏速度不同，导致经济政策再次分化。即使各国在危机时都面临相同的外部冲击，在危机到来的时候即使各国都需要相同的政策加以应对，但是依然存在两种需要宏观经济政策协调的情况：一种情况是由于各国经济基本面的基础不同，经济结构不同，因此对宏观经济政策的传导速度、力度和最终效果也不同。在危机发生以后，即使各国都实行协调一致的宏观经济政策，经济复苏的速度也不相同；另一种情况是即使各国依据自身的具体情况，实行了不同的宏观政策，实际复苏速度也很难完全一致。这是两种不同的情况。

就第一种情况来说，在2008年全球金融危机以后，在美国推出了大规模的经济刺激和财政救助计划以后，不少国家纷纷跟进类似的政策。但是，由于危机前各国的宏观经济形势和所处的周期阶段各不相同，虽然这些类似的政策使得各国抗过了危机的冲击，这些超常规政策在危机冲击以后带来的不同影响和不同的后遗症，使得各国政策的持续时间和愿望是不同的。特别是考虑到常常是由于一个主导大国在危机发生以后率先采取了超常规的宏观经济政策之后其他国家才相继跟进，而主导大国在率先采取应对危机冲击的超常规宏观经济政策时候是以本国的经济形势、条件和结构特征为基础，几乎不会考虑到对其他国家的溢出效应以及它们跟进的适用性，所以其他国家贸然也好，不得已也罢，跟进主导国家的危机应对政策虽然在短期内可以取得协调收益，但是这些政策的后遗症给各国带来的影响却是不同的，还会影响到此后的中期稳定和增长前景。

就第二种情况而言，由于2008年金融危机很快在欧洲引发了一连串的债务危机[1]，不仅愈演愈烈，而且大有成为威胁欧洲经济

---

[1] 危机在欧洲引发债务危机本身至少就说明在此前欧洲与美国在当时经济中面临的潜在问题和经济结构方面的差异，因此单纯地跟进和追求政策协调一致的做法本身就不一定是可取的。

稳定增长最主要挑战的势头。这种情况使得欧洲的危机应对政策迅速转向，从经济刺激转向了以财政整顿为目标的紧缩政策。在经过了五年多直接致力于降低财政赤字的努力以后，由于受到经济增长乏力的制约，政策效果并不明显。最终还是回到了以刺激增长为目标的危机解决模式。但是此时，欧洲与美国在增长形势和政策方面的分化就变得越来越严重[①]。

上面这两种情况都说明，即使是以政策协调作为分析起点，协调之后也依然会出现经济基本面指标的分化。也就是说政策协调不是一次性的，而是一个长期性的任务需求。

第二，诸如全球价值链等产业内甚至产品内贸易的发展会使得各国经济的联动性，从而各国之间经济波动的协同性上升，但是这还只是一种逻辑结论，且需要严格的假设条件。在现实中，各国的规模不同，使得各国经济在面临相同外部冲击的情况下国内经济所受到的影响不同。例如，由于美国经济在世界经济中占有很大的比重，美国的进口在全球进口中也占有很大的比重，美国是不少国家重要的贸易伙伴，使得各国与美国的贸易成为影响世界其他国家贸易和经济增长形势的主要因素。对那些出口依存度甚至超过100%的一些小国来说，美国直接或间接的影响就更加明显。但是反过来，美国的进口在其GDP中所占的比重则只有20%左右，外国供给和需求的变化还不至于成为影响美国经济的重要因素。这种不对称性不仅存在于美国与其他国家之间，在其他国家之间也同样存在。因此，当全球面临一个相同的危机冲击时，对各国经济的影响程度是不同的，各国对于相同冲击的反应也是不同的。各国所采取的政策即使方向是一致的，所需要的政策强度也是不同的。

总之，国际贸易和国际资本流动固然会提高各国经济的联动性，但是联动性的增强并自然，也并不必然造成政策协调程度的提

[①] 有关在2008年金融危机给欧元区一体化带来的波动影响及其异质性效应的分析，可以参见拙作《论欧元区的波动发展：冲击的异质性影响与趋同的理论逻辑》，载《欧洲研究》2021年第1期，第1—27页。

高,差异总是存在的。毫无疑问,这种差异会增强国际经济政策协调的难度。

外部冲击异质性下的博弈

在第一章第六节的框架中加入外部冲击异质性的考虑,我们虽然依然可以假设本国和外国(用星号表示)相互依赖,即各国政策的结果 y 不仅取决于本国的政策 x,也取决于外国的政策 x^*,但是两国经济对外部冲击的反应模型不同时,即存在:

$$y = f(x, x^*) \text{ 和 } y^* = f^*(x^*, x)$$

此时,博弈的情景可能就出现了变化(见表7—1):

表7—1　　　　　　　　反应函数不同的两国模型

国家 A	国家 B	
	不贬值(合作)	贬值(不合作)
不贬值(合作)	(-4, -2)	(-14, 0)
贬值(不合作)	(0, -7)	(-10, -5)

在这种情况下,A 国对外部冲击的反应程度可能比较剧烈,也就是说,面临同样的冲击,A 国的反应在正反两种情况下都可能是原来情景的两倍,这样在原来的基准情景下,使得 A 国的策略和纳什均衡发生了变化,合作不贬值的选项不再存在,不合作贬值的概率大大上升。这种情景就相当于在 2008 年全球金融危机发生以后,美国受到金融危机的直接打击,遭受的冲击最为明显,因而率先开启了量化宽松的货币政策,同时呼吁世界各国采用财政扩张。

规模不对称情景下的博弈

我们还可以设想另一种不对称的情景,即当 A 国的规模是 B 国的两倍,从而在两国采取相同政策的情况下,A 国的政策溢出效应也是 B 国的两倍,那么原来的基准情景下,博弈的支付矩阵就变成

(见表 7—2)：

表 7—2　　　　　　　　不对称的两国模型（A = 2B）

国家 A	国家 B	
	不贬值（合作）	贬值（不合作）
不贬值（合作）	(−2, −2)	(−4.5, 0)
贬值（不合作）	(0, −12)	(−5, −5)

在这种情况下，B 国作为小国实际上在冲击来临时面对的绝对水平上的损失更严重，贬值不合作遭受的损失都是明显的，只能呼吁 A 国采取不贬值的合作策略。这种情景就是从金融危机以后世界各国都纷纷呼吁美国慎重采用量化宽松货币政策的原因。

从我们上面的分析来看，不论是从经济基本面结构造成协调一致的政策在传导和效果方面的差异外，还是从各国规模和结构不对称使得各国对相同外部冲击的敏感性和脆弱性不同，从而给各国经济带来的影响不同，进而所需要的政策强度也不相同这两个角度看，全球化并不会自然带来国际经济政策协调的结果。事实上，在经过 2008 年国际经济危机的冲击以后，国际宏观经济政策协调问题依然存在。但是，至少是在为了避免各国之间的货币战和贸易战的意义上，避免各国之间的相互伤害而降低各国绝对福利水平的意义上，为了避免各种保护主义，在维持市场秩序和原则的意义上，依然有必要进行国际经济政策协调。

三　不对称协调中的效用转移与利益调整

尽管斯蒂格利茨早就针对全球化及其不满呼吁，要让全球化发挥作用就必须重视全球治理。但是直到近几年，由于全球治理的缺失，使得全球化中出现的收益分配问题没有得到有效的缓解，最终激活了民粹主义的反全球化进程。但是，正如斯蒂格利茨所说的那样，放弃全球化既不是可行的，也不是人们所希望的。全球化已经带来了巨大的利润，尤其是贸易机会。因此，难题不在于全球化，甚至可以说全球化本身并无好坏之分，而在于它的治理方式。当前的世界经济体系可以说是没有全球政府的全球治理，现在迫切需要改变管理国际经济秩序规则，需要重新考虑在国际层面中如何进行治理。全球化应该而且能够被重塑，而在其得到重塑并恰当公正地运行时，便有可能维持持续的和稳定的状态，因为此时全球化增长的成果能够被更公正、更平等的分享。

其实，这些也同样适用于国际经济政策的国际协调。

随着全球化的不断推进，国际经济政策的协调收益也越来越明显，本来也应该成为促进国际协调的动力，但是不对称的国际协调及其不对称的谈判权力和谈判结果，使得国际协调有名无实。不过与全球化不同的是，国际协调的缺失可能造成国际经济冲突和对立，甚至可能造成贸易战、汇率战和货币战，最终两败俱伤。所以，即使不能达成理想的国际经济政策协调，最低层次的国际经济政策协调也是必要的，至少能够提前进行政策变化的沟通。当然，为了更有效地推动宏观经济政策的国际协调和全球治理，在国际机构主导下的政策协调，旨在最终达到政策协调收益再分配的机制对于一种真正的宏观经济政策国际协调是非常必要的机制。

当然，这里不仅涉及如何使政策协调的收益变成可转移的效用，或者如何度量、换算以便实现各种形式的补偿就成了必要的技术前提。另外，由什么机构来执行这种补偿也是一个难题。再者，仅仅关注国际宏观经济政策协调的绝对收益是不够的，还必须考虑到各国在政策协调中相对收益的变化。由于相对收益的零和性质，这种对国际宏观经济政策协调收益考量的相对视角更成了国际宏观经济政策协调的难点。

四　小国的现实选择：为什么真正的协调是尼斯湖怪物

在对协调不对称收益的转移和分配条件尚无法得到满足的现实世界中，强国（大国）与弱国（小国）对宏观经济政策国际协调的态度以及在宏观经济政策国际协调中的地位就都是不对称的。

我们在这里所谓的大国，不论是因为它们GDP占全球的份额，或是它们贸易占全球的份额，导致它们政策的溢出效应非常显著，因而也可以称为主导国家。在另一方面，由于体量巨大，吸收和抗冲击能力强，世界其他国家的政策溢出对它们影响非常有限。所谓强国在这里是指虽然它们在GDP和贸易额的体量上可能没有显著的优势，但是却可能由于出口需求的价格弹性低而进口需求的价格弹性高导致它们的政策外部性明显，并且对外部冲击的免疫能力更强。尽管强国不一定是大国，但是不论是对大国还是对强国来说，它们在国际经济相互依赖关系中的脆弱性和敏感性都较低，其政策对世界其他国家的溢出效应明显，而其他国家政策对他们的影响则非常有限。如果大国同时又是强国，则其对国际经济政策协调的主导性就会更强。当然这样的国家在全球一定是少之又少的。但是不论是大国还是强国，它们的经济相互依赖的特点决定了它们参与国际经济协调的需求并不强烈，可能仅仅是出于显示霸权合理性或霸权护持的需要而参与到国际经济政策的协调中来。因此，它们在谈判中的底线高，也不易进行妥协，处于强势地位。与大国相比，强国主要表现为对国际溢出效应的免疫，而在主导性方面则相对不明显。

小国和弱国的情况和特点则正好相反。特别是小国，不仅受到外部冲击的影响很大，而且自身的溢出反馈效应也不明显，因此在国际经济互动和相互依赖中一般处于外围位置。弱国也不一定是小国，仅仅是指它们出口需求的价格弹性高而进口需求的价格弹性低导致它们的政策外部性弱，并且对外部冲击的免疫能力更弱。因此一般来说，不论是小国还是弱国，它们参与国际经济协调的需求强烈，在谈判中的底线低，也更容易进行妥协，处于弱势地位。

在这种情况下，所谓的国际经济政策协调实际上可能距离真正的平等协商与协调的本意就有了一定的距离。协调与其说是主导国家与外围国家之间的谈判和协调，不如说是外围国家主动要求进行协调。仅对协调的需求而言，主导国家则相对超脱，更不如说是外围国家呼吁和请求主导国家在政策决策时考虑到其政策的外部性并主动进行自律性调整。显然，这很可能是不现实的。因此，国际经济政策协调甚至不如说是小国和弱国在谈判不对称的情况下，将宏观经济政策的国际协调作为一种倡议的协调，而在现实中的协调常常是小国和弱国不得已地跟进大国和强国。在这个意义上，协调主要是小国和弱国自身如何适应大国和强国政策变化的问题，是不得已地跟进。1986年美日协调本质就是大国与小国的协调模式。而2008年全球金融危机以来，美国肆无忌惮地实行量化宽松，之后又自顾自地进行量宽缩减和加息，都可以看出宏观经济政策国际协调的这些天然局限。

参考文献

Ahmed S, Zlate A., 2014, Capital Flows to Emerging Market Economies: A Brave New World. *Journal of International Money and Finance*, Vol. 48 (1), pp. 221 – 248.

Aizenman J, Chinn M D, Ito H., 2016, Monetary Policy Spillovers and the Trilemma in the New Normal: Periphery Country Sensitivity to Core Country Conditions. *Journal of International Money and Finance*, Vol. 68, pp. 298 – 330.

Alesina, Alberto., and Romain Wacziarg, 1999, "Is Europe Going too Far?", *Carnegie-Rochester Conference Series on Public Policy*, Vol. 51, pp. 1 – 42.

Alesina, Alberto., Ignazio Angeloni and Federico Etro 2005, "International Unions", *The American Economic Review*, Vol. 95, No. 3 (Jun., 2005), pp. 602 – 615.

Alessandria G., J. Kaboski and V. Midrigan 2011, "US Trade and Inventory Dynamics", *American Economic Review Papers and Proceedings*, Vol. 101 (3), pp. 303 – 307.

Alessandria, G.; J. Kaboski and V. Midrigan 2010, "The Great Trade Collapse of 2008 – 2009: An Inventory Adjustment?" *IMF Economic Review*, Vol. 58 (2), pp. 254 – 294.

Altomonte, C.; F. Di Mauro; G. Ottaviano; A. Rungi and V. Vicard 2012, "Global Value Chains during the Great Trade Collapse: A Bullwhip Effect?", *ECB Working Paper Series*, No. 1412.

AngeloniI, Ehrmann M., 2003, "Monetary Transmission in the Euro Area: Early Evidence", *Economic Policy*, Vol. 18 (37), pp. 469 –501.

Antweiler, W. and Trefler, D. 1997, "Increasing Returns and All That: A View from Trade", *American Economic Review*, Vol. 92, (March), pp. 93 –119.

Atkeson, Andrew, and Ariel Burstein 2008, "Pricing-to-Market, Trade Costs, and International Relative Prices", *American Economic Review*, Vol. 98 (5), pp. 1998 –2031.

Aziz, Jahangir and Li, Xiangming, 2008, "China's Changing Trade Elasticity", *China & World Economy*, Vol. 16, No. 3, pp. 1 –21.

Baer, Werner., Tiago Cavalcanti, Peri Silva 2002, "Economic Integration without Policy Coordination: The Case of Mercosur", *Emerging Market Review*, No. 3, pp. 269 –291.

Balaza Egert et al., 2004, "Inflation Differentials in Europe: Past Experience and Future Prospects", *Monetary Policy and the Economy*, May, pp. 47 –72.

Barhoumi K., 2006, "Differences in Long Run Exchange Rate Passthrough into Import Prices in Developing Countries: An Empirical Investigation", *Economic Modeling*, Vol. 23 (6), pp. 926 –951.

Barrell, Ray., Karen Dury, Ian Hurst 2003, "International Monetary Policy Coordination: An Evaluation Using a Large Econometric Model", *Economic Modeling*, Vol. 20, pp. 507 –527.

Baum, Christopher F. 1986, "Coordination of Large Macroeconomies' Policies and the Stability of Small Economies", *Journal of Economic Dynamics and Control*, Vol. 10, pp. 21 –25.

Beck G W, Hubrich K, Marcellino M., 2009, "Regional Inflation Dynamics within and across European Countries and a Comparison with the US", *Economic Policy*, Vol. 24, Issue 57, pp. 141 –184.

Bems, R., S. Johnson and K. M. Yi, 2011, "Vertical Linkages and the Collapse of Global Trade", *American Economic Review Papers and Proceedings*, Vol. 101 (3), pp. 308 – 312.

Benigno, Altissimo F., P, Palenzzuela D R., 2005, "Long-run Determinants of Inflation Differentials in a Monetary Union", *NBER Working Paper*, No. 11473.

Benigno, Pierpaolo, 2001, "Optimal Monetary Policy in a Currency Area", *CEPR Discussion Papers*, 2755, C. E. P. R.

Benigno, G., Benigno, P., 2003, Price stability in open economies. *Review of Economic Studies*, Vol. 70 (4), pp. 743 – 764.

Bergin, Paul R. and Giancarlo Corsetti, 2013, International Competitiveness and Monetary Policy: Strategic Policy and Coordination with a Production Relocation Externality, *NBER Working Paper*, No. 19356, August.

Bergsten, C. Fred and Russell A. Green ed., 2016, *International Monetary Cooperation: Lessons from the Plaza Accord After Thirty Years*, PIIE, Washington, DC, April.

Bhagwati, Jagdish and Vivek Dehejia, 1994, "Freer Trade and Wages of the Unskilled-Is Marx Striking Again?", in Jagdish Bhagwati and Marvin Kosters eds. *Trade and Wages*. Washington, D. C.: American Enterprise Institute.

Bhattarai, Keshab Raj and Sushanta K. Mallick, 2015. "Macroeconomic policy coordination in the global economy: VAR and BVAR – DSGE analyses", *Economic Modeling* 8610.

Blanchard Olivierand Giovanni Dell 2013, "Ariccia: Rethinking Macro Policy II: Getting Granular", *IMF Staff Discussion Notes*, Vol. 13 (003), January.

Blanchard, Ostry and Ghosh, 2013, "International Policy Coordination: The Loch Ness Monster", https://blogs.imf.org/2013/12/

15/international-policy-coordination-the-loch-ness-monster/, in IMF Blog.

Boughton, J., 1989 "Policy Assignment Strategies With Somewhat Flexible Exchange Rates", In *Blueprints for Exchange Rate Management*, M. Miller, R. Portes, and B. Eichengreen, Eds. New York: Academic Press.

Branson, William H., Jacob A. Frenkel, and Morris Goldstein, editors, 1988, *International Policy Coordination and Exchange Rate Fluctuations*, University of Chicago Press, October 27 – 29.

Burstein, A., C. Kurz and L. Tesar, 2008, "Trade, Production Sharing, and the International Transmission of Business Cycles", *Journal of Monetary Economics*, Vol. 55, pp. 775 – 795.

Burstein, Ariel T., Joao C. Neves, and Sergio Rebelo., 2003, "Distribution costs and real exchange rate dynamics during exchange-rate-based stabilizations", *Journal of monetary Economics*, Vol. 50. 6, pp. 1189 – 1214.

Calvo, G. A., 1983. "Staggered prices in a utility maximizing framework", *Journal of Monetary Economics*, Vol. 12, pp. 383 – 398.

Camarero, Mariam., Cecilio Tamarit, 1995, "A rationale for macroeconomic policy coordination: Evidence based on the Spanish peseta", European Journal of Political Economy, Vol. 11, pp. 65 – 82.

Campa J M, Goldberg L S., 2005, "Exchange rate pass-through into import prices". *Review of Economics and Statistics*, Vol. 87 (4), pp. 679 – 690.

Canzoneri, M., Henderson, D., 1991. *Monetary Policy in Interdependent Economies: A Game Theoretic Approach*, MIT Press, Cambridge, Massachusetts.

Canzoneri, Matthew B., Robert E. Cumby, Behzad T. Diba, 2005, "The need for international policy coordination: what's old, what's new, what's yet to come?", *Journal of International Economics*, Vol. 66, pp. 363 – 384.

Canzoneri, Matthew, Cumby, Robert, Diba, Behzad, 2003, "Recent developments in the macroeconomic stabilization literature: is price stability a good stabilization strategy?", In: Sumra, Altug, Chadha, Jagjit, Nolan, Charles Eds., *Dynamic Macroeconomic Analysis: Theory and Policy in General Equilibrium*, Cambridge University Press, Cambridge.

Canzoneri, Matthew, Cumby, Robert, Diba, Behzad, 2004, "The cost of nominal inertia in NNS models", *Working paper*, Georgetown University.

Canzoneri, Matthew, Edison, Hali, 1990, "A new interpretation of the coordination problem and its empirical significance", In: Hooper, Peter, et al., Eds., *Monetary Aggregates and Financial Sector Behavior in Interdependent Economies*. Board of Governors of the Federal Reserve System, pp. 299 – 433.

Canzoneri, Matthew, Gray, JoAnna, 1985, "Monetary policy games and the consequences of non-cooperative behavior", *International Economic Review*, Vol. 26, pp. 547 – 564.

Canzoneri, Matthew, Minford, Patrick, 1988, "When international policy coordination matters: an empirical analysis", *Applied Economics*, Vol. 20, pp. 1137 – 1154.

Carabenciov, I, C Freedman, R Garcia-Saltos, D Laxton, O Kamenik and P Manchev, 2013, "GPM6: the global projection model with 6 regions", *IMF Working Papers*, WP/13/87.

Cheung, C. and S. Guichard, 2009, "Understanding the World Trade Collapse", *OECD Economics Department Working Papers*, No. 729.

Chinn, M., 2010, "Supply Capacity, Vertical Specialization and Trade Costs: The Implications for Aggregate US Trade Flow Equations", Mimeo.

Choudhri E U, Hakura D S., 2006, "Exchange rate pass-through to domestic prices: does the inflationary environment matter?", *Journal of International Money and Finance*, Vol. 25 (4), pp. 614 – 639.

Christiano, L, M Eichenbaum and C Evans, 2005, "Nominal rigidities and the dynamic effects of a shock to monetary policy", *Journal of Political Economy*, Vol. 113, No. 1, pp. 1 – 45.

Christodoulakis, Nicos., Anthony Garratt and David Currie, 1996, "Target Zones and Alternative Proposals for G3 Policy Coordination: An Empirical Evaluation Using GEM", *Journal of Macroeconomics*, Vol. 18, No. 1, pp. 49 – 68.

Cobden, Richard. The Political Writings of Richard Cobden, London: T. Fischer Unwin, 1903, p. 225. in Dale C. Copeland, "Economic Interdependence and War", *International Security*, Vol. 20, No. 4, 1996, pp. 5 – 41.

Coenen, Günter., Giovanni Lombardo, Frank Smets, and Roland Straub, 2001, *International Transmission and Monetary Policy Cooperation*, in *International Dimensions of Monetary Policy*, Edited by Jordi Gali and Mark Gertler, The University of Chicago Press, pp. 157 – 198.

Cohen, Daniel, 1989, "Monetary and Fiscal Policy in an Open Economy with or without Policy Coordination", *European Economic Review*, Vol. 33, pp. 303 – 309.

Cohen, Daniel and Charles Wyplosz, 1995, "Price and Trade Effect of Exchange Rate Fluctuations and the Design of Policy Coordination", *Journal of International Money and Finance*, Vol. 14, No. 3, pp. 331 – 347.

Cooper, Richard N., 1967, "National Economic Policy in an Interdependent World Economy", *The Yale Law Journal*, Vol. 76, No. 7 (Jun.), pp. 1273 – 1298.

Cooper, Richard N., 1968, *The Economics of Interdependence: Eco-*

nomic Policy in the Atlantic Community, McGraw – Hill.

Cooper, Richard N., 1985, "International Economic Cooperation: Is It Desirable? Is It Likely?", *Bulletin of the American Academy of Arts and Sciences*, Vol. 39, No. 2 (Nov.), pp. 11 –35.

Cooper, William H., 1993, *Japan – U. S. Trade: The Structural Impediments Initiative*, https://digital.library.unt.edu/ark:/67531/metacrs77/m1/1/high_ res_ d/93 – 341e_ 1993Mar15. txt.

Corden W. M., 1985, "Macroeconomic Policy Interaction under Flexible Exchange Rates: A Two – Country Model", *Economica*, New Series, 52: 205, Feb. pp. 9 –23.

Corsetti, Giancarlo, and Luca Dedola, 2005, "A macroeconomic model of international price discrimination", *Journal of International Economics*, Vol. 67. 1, pp. 129 –155.

Corsetti, Giancarlo, Pesenti, Paolo, 2001a, "Welfare and macroeconomic interdependence", *Quarterly Journal of Economics*, Vol. 116, pp. 421 –446.

Corsetti, Giancarlo, Pesenti, Paolo, 2001b, "International dimensions of optimal monetary policy", *Federal Reserve Bank of New York Staff Report*, No. 124.

Corsetti, Giancarlo., Paolo Pesenti, 2005, "International dimensions of optimal monetary policy", *Journal of Monetary Economics*, Vol. 52, pp. 281 –305.

Corsetti, Giancarlo., Paolo Pesenti, Nouriel Roubini, Cedric Tille, 2000, "Competitive devaluations: toward a welfare-based approach", *Journal of International Economics*, Vol. 51, pp. 217 –241.

Dedola, Luca., Peter Karadi, Giovanni Lombardo, 2013, "Global implications of national unconventional policies", *Journal of Monetary Economics*, Vol. 60, pp. 66 –85.

Devereux, M. B., Engel, C., 2003, Monetary policy in the open economy revisited: price setting and exchange rate flexibility. *Review of Economic Studies*, Vol. 70, pp. 765 – 783.

Devereux, M. B., Engel, C., Storgaard, P. E., 2004, Endogenous exchange rate pass-through when nominal prices are set in advance, *Journal of International Economics*, Vol. 63, pp. 263 – 291.

Dobson, Wendy, 1991, *Economic Policy Coordination: Requiem or Prologue?*, Washington: Institue for International Economies.

Dornbusch Rudiger, 1976a, "Expectations and Exchange Rate Dynamics", *Journal of Political Economics*, Vol. 84, pp. 1161 – 1176.

Dornbusch Rudiger, 1976b, "Exchange Rate Expectations and Monetary Policy", *Journal of International Economics*, Vol. 6, pp. 231 – 244.

Dornbusch Rudiger, 1976c, "The Theory of Flexible Exchange Rate Regimes and Macroeconomic Policy", *The Scandinavian Jounal of Economics*, Vol. 6, pp. 255 – 275.

Dornbusch, R. 1973, "Currency Depreciation, Hoarding, and Relative Prices", *Journal of Political Economy*, Vol. 81, No. 4 (July/August), pp. 893 – 915.

Duarte M, Wolman A., 2008, "Fiscal Policy and Regional Inflation in a Currency Union", *Journal of International Economics*, Vol. 7, No. 2, pp. 384 – 401.

Eaton, J., S. Kortum, B. Neiman and J. Romalis, 2011, "Trade and the Global Recession", *NBER Working Paper*, No. 16666.

Egert, Balozs, 2007, "Real Convergence, Price Level Convergence and Inflation Differentials in Europe", *CESifo Working paper*, No. 2127.

Eichengreen, Barry and Jeffrey Sachs, 1985, Exchange Rates and Economic Recovery in the 1930s, *The Journal of Economic History*, Vol. 45, No. 4 (Dec.), pp. 925 – 946.

Eichengreen, Barry, 2011, "International Policy Coordination: The Long View", *NBER working Paper Series*, 17665, December.

Eichengreen, Barry, 2013, "Does the Federal Reserve Care about the Rest of the World?", *The Journal of Economic Perspectives*, Vol. 27, No. 4 (Fall), pp. 87 – 103.

Eichengreen, Barry., 1984, "International Policy Coordination in Historical Perspective: A View from the Interwar Years", *NBER Working Paper Series*, Working Paper No. 1440, September.

Eichengreen, Barry., and Jeffrey Sachs, 1985, "Exchange Rates and Economic Recovery in the 1930s", *The Journal of Economic History*, Vol. 45, No. 4, pp. 925 – 946.

Eichengreen, Barry., and Jeffrey Sachs, 1986, "Competitive Devaluation and the Great Depression: A Theoretical Reassessment", *Economics Letters*, Vol. 22, pp. 67 – 71.

Engel, C. and J. Wang, 2011, "International Trade in Durable Goods: Understanding Volatility, Cyclicality and Elasticities", *Journal of International Economics*, Vol. 83, pp. 37 – 52.

Engel, Charles M., 2004, "On the relationship between pass-through and sticky nominal prices", *Working Papers* 112004, Hong Kong Institute for Monetary Research.

Engel, Charles, 2015, "International Coordination of Central Bank Policy", *NBER Working Paper*, No. 20952.

Fatàs, A. and I. Mihov, 2013, "Policy Volatility, Institutions, and Economic Growth", *The Review of Economics and Statistics*, MIT Press, Vol. 95 (2), pages 362 – 376, May.

Feenstra R C. 1998, "Integration of trade and disintegration of production in the global economy", *The Journal of Economic Perspectives*, Vol. 12, issue 4, pp. 31 – 50.

Feldstein, Martin S., 2011, "The Euro and European Economic Conditions", *NBER Working Paper*, 17617.

Ferre, Montserrat, 2008, "Fiscal policy coordination in the EMU",

Journal of Policy Modeling, Vol. 30, pp. 221 – 235.

Fischer, Stanley. 1987, "International Macroeconomic Policy Coordination", *NBER Working Paper*, No. 2244.

Frankel J A, Rockett K E. , 1988, "International Macroeconomic Policy Coordination When Policymakers Do Not Agree on the True Model", *American Economic Review*, Vol. 78 (3), pp. 318 – 340.

Frankel J, Parsley D, Wei S J. , 2012, "Slow pass-through around the world: a new import for developing countries?", *Open Economies Review*, Vol. 23 (2), pp. 213 – 251.

Frankel, Jeffrey A. , 1986, "The Sources of Disagreement among International Macro Models and Implications for Policy Cooderation", *NBER Working Paper*, No. 1925.

Frankel, Jeffrey. , Sergio L. Schmukler, Luis Serve, 2004, "Global transmission of interest rates: monetary independence and currency regime", *Journal of International Money and Finance*, Vol. 23, pp. 701 – 733.

Freund, C. , 2009, "The Trade Response to Global Downturns: Historical Evidence", *World Bank Policy Research Working Paper*, No. 5015.

Freund, C. ; C. Hong and S. J. Wei, 2012 "China's Trade Response to Exchange Rate", Mimeo, 2012.

Friedman, M. 1953, "The case for flexible exchange rates", In: *Essays in Positive Economics*. University of Chicago Press, Chicago, IL, pp. 157 – 203.

Gali, Jordi, and Tommaso Monacelli, 2000, "Optimal Monetary Policy and Exchange Rate Volatility in a Small Open Economy", mimeo, Boston College, May.

Galor, Oded. , 1986, "Global Dynamic Inefficiency in the Absence of International Policy Coordination: A North-South Case", *Journal of International Economics*, Vol. 21, pp. 137 – 149.

Gangnes, B.; A. Ma and A. Van Assche, 2011, "China's Exports in a World of Increasing Oil Prices", *Multinational Business Review*, Vol. 19 (2), pp. 133 – 151.

Gangnes, Byron, Alyson C. Ma and Ari Van Assche, 2012, "Global Value Chains and the Transmission of Business Cycle Shocks", *ADB Economics Working Paper Series*, No. 329, June.

Georgiadis G., 2015, "Examining Asymmetries in the Transmission of Monetary Policy in the Euro Area: Evidence From a Mixed Cross-section Global Var Model", *European Economic Review*, Vol. 75, No. C, pp. 195 – 215.

Ghosh, A., Masson, P., 1988, "International policy coordination in a world with model uncertainty", *IMF Staff Paper*, Vol. 35, pp. 230 – 258.

Ghosh, A., Masson, P., 1991a, "Model uncertainty, learning, and the gains from coordination", American Economic Review, Vol. 81 (June), pp. 465 – 479.

Ghosh, Atish R., 1986, "International Policy Coordination in an Uncertain World", *Economics Letters*, Vol. 21 (1986), pp. 271 – 276.

Ghosh, Atish R., 1991b, "Does model International uncertainty really preclude policy coordination?", *Journal of International Economics*, Vol. 31, pp. 325 – 340.

Giannone D, Reichlin L, 2006, "Trends and Cycles in the Euro Area: How Much Heterogeneity and Should We Worry about It?", *European Central Bank Working Paper*, No. 595.

Goldberg, Linda S and Jose Manuel Campa, 2010, "The Sensitivity of the CPI to Exchange Rates: Distribution Margins, Imported Inputs, and Trade Exposure", *Review of Economics and Statistics*, May, Vol. 92 (2), pp. 392 – 407.

Goldberg, P. K. and M. M. Knetter, 1997, "Goods Prices and Exchange Rates: What Have We Learned?", *Journal of Economic Literature*,

Vol. 35 (3), pp. 1243 – 1272.

Goldstain, Morris. , Jacob A. Frenkel and Paul Masson, 1988, "International Cooperation of Economic Policies: Scope, Methods, and Effects", *NBER Working Paper*, No. 2670.

Gopinath, Gita, Oleg Itskhoki, and Roberto Rigobon, 2010, "Currency choice and exchange rate pass-through", *American Economic Review*, Vol. 100.1, pp. 304 – 36.

Goto, Junichi and Koichi Hamada, 1998, "Economic Integration and the Welfare of Those Who Are Left Behind: An Incentive-Theoretic Approach", *Journal of the Japanese and International Economics*, No. 12, pp. 25 – 48.

Hallett, A. J. Hughes, 1992, "Target Zones and International Policy coordination: The Contrast between the Necessary and Sufficient Conditions for Success", *European Economic Review*, Vol. 36, pp. 893 – 914.

Hallett, A. J. Hughes, 1994, "On the imperfect substitutability of policy regimes: Exchange rate targeting vs policy coordination", *Economics Letters*, Vol. 44, pp. 159 – 164.

Hamada, Koichi. 1974, "Alternative exchange rate systems and the interdependence of monetary policies", In: Aliber, Robert Ed., *National Monetary Policies and the International Financial System*, University of Chicago Press, Chicago.

Hamada, Koichi, 1979, "Macroeconomic Strategy and Coordination Under Alternative Exchange Rates", in Rudiger Dornbusch and Jacob A. Frenkel, eds., *International Economic Policy: Theory and Evidence*, Baltimore: The Johns Hopkins University Press, pp. 292 – 324.

Hamada, Koichi, 1976, "A Strategic Analysis of Monetary Interdependence", *Journal of Political Economy*, Vol. 84, No. 4, Part1, pp. 677 – 700.

Hamada, Koichi, and Makoto Sakurai, 1978, "International Transmission of Stagflation under Fixed and Flexible Exchange Rates", *Journal of Political Economy*, Vol. 86, No. 5, pp. 877 – 895.

Harry G. Johnson. 1958, "Demand Theory Further Revised or Goods Are Goods", May, *Economica*, Vol. 25. No. 98, p. 149.

Heathcote, Jonathan & Perri, Fabrizio, 2004, "Financial globalization and real regionalization", *Journal of Economic Theory*, Vol. 119 (1), pages 207 – 243, November.

Herzog, Bodo, 2006, "Coordination of fiscal and monetary policy in CIS-countries: A theory of optimum fiscal area?", *Research in International Business and Finance*, Vol. 20, pp. 256 – 274.

Houthakker, Hendrik S & Magee, Stephen P, 1969, "Income and Price Elasticities in World Trade", *The Review of Economics and Statistics*, Vol. 51 (2), pp. 111 – 125.

Hsiao, Frank S. T. and Mei-Chu W. Hsiao, 1995, "International Policy Coordination with a Dominant Player: The case of the United States, Japan, Taiwan and Korea", *Journal of Asian Economics*, Vol. 6, No. 1, pp. 29 – 52.

Hummels, D., J. Ishiib, and K. Yi., 2001, "The Nature and Growth of Vertical Specialization in world Trade", *Journal of International Economics*, Vol. 54, pp. 75 – 96.

Ilzetzki, Ethan, and Keyu Jin, 2021, "The Puzzling Change in the Transmission of U. S. Macroeconomic Policy Shocks", *Journal of International Economics*, Vol. 30, pp. 1 – 28.

IMF, 2013, *Multilateral Policy Issues Report: 2013 Spillover Report*, *IMF Policy Paper*.

IMF, 2013b, *World Economic Outlook*, Chapter 3: Dancing Together? Spillovers, Common Shocks, and the Role of Financial and Trade Linkages.

Johnson, H. G. 1972, "The Monetary Approach to Balance-of-Payments

Theory", *Journal of Financial and Quantitative Analysis*, Vol. 7, No. 2 (March), pp. 1555 – 1572.

Johnson, Robert, 2014, "Five Facts about Value-Added Exports and Implications for Macroeconomics and Trade Research", *Journal of Economic Perspectives.* Vol. 28, No. 2 (Spring), pp. 119 – 142.

Klein M W, Shambaugh J C., 2013, "Rounding the Corners of the Policy Trilemma: Sources of Monetary Policy Autonomy", *IMES Discussion Paper*, Vol. 7 (4), pp. 33 – 66.

Knetter, Michael M., 1994, "Is export price adjustment asymmetric?: evaluating the market share and marketing bottlenecks hypotheses", *Journal of International Money and Finance*, Vol. 13 (1), pp. 55 – 70.

Koopman, R., W. Powers, Z. Wang and S. Wei, 2011, "Give Credit Where Credit is Due: Tracing Value-added in Global Production Chains", *NBER Working Paper*, No. 16426.

Koopman, R., Z. Wang, and S. Wei, 2008, "How Much of Chinese Export is Really Made in China? Assessing Domestic Value-Added When Processing Trade is Pervasive", *NBER Working Paper*, 14109.

Koopman, Robert, Zhi Wang and Shang-jin Wei, 2012b, "Estimating domestic content in exports when processing trade is pervasive", *Journal of Development Economics*, Vol. 99, No. 1, pp. 178 – 189.

Koopman, Robert, Wang, Zhi, and Wei, Shang-Jin, 2012a, "Tracing Value-Added and Double Counting in Gross Exports", *NBER Working Paper*, No. 18579.

Krugman P, Cooper R N, Srinivasan T N. 1995, "Growing world trade: causes and consequences", *Brookings Papers on Economic Activity*, No. 1, pp. 327 – 377.

Krugman, Paul, 1988, "Differences In Income Elasticities and Trends in Real Exchange Rates", *NBER Working Papers*, 2761.

Krugman, Paul. 1988, "Exchange Rate and International Adjustment",

Japan and the World Economy, No. 1, pp. 63 – 87.

Kydland F. E and E. C. Prescott. 1977, "Rules rather than discretion: the Inconsistency of Optimal Plans", *Journal of Political Economy*, Vol. 85, No. 3, pp. 473 – 491.

Leamer, Edward E. 1996, "Effort, Wages and the International Division of Labor", *NBER Working Papers*, 5803.

Lee J. Evaluating, 2009, "Monetary Policy of the Euro Area with Cross – country Heterogeneity: Evidence From a New Keynesian Model", *Economic Systems*, Vol. 33, No. 4, pp. 325 – 343.

Lejour, A., Rojas – Romagosa, H. and Veenendaal, P., 2012, "The origins of value in global production chains", *Final Report for DG Trade*, European Commission, May.

Levine, Paul and Andrew Brociner., 1994, "Fiscal policy coordination and EMU: A dynamic game approach", *Journal of Economic Dynamics and Control*, Vol. 18, pp. 699 – 729.

Lewis, Karen K., 1989, "On Occasional Monetary Policy Coordinations that Fix the Exchange Rate", *Journal of International Economics*, Vol. 26, pp. 139 – 155.

Liu, Zheng and Evi Pappa, 2008, "Gains from international monetary policy coordination: Does it pay to be different?", *Journal of Economic Dynamics & Control*, Vol. 32, pp. 2085 – 2117.

Lubik, Thomas and Schorfheide, Frank, 2006, "A Bayesian Look at the New Open Economy Macroeconomics", *NBER Macroeconomics Annual 2005*, Vol. 20, pp. 313 – 382.

Lucas, Robert, 2003, "Macroeconomic priorities", *American Economic Review*, Vol. 93, pp. 1 – 14.

Marquez, Jaime. and Peter Pauly, 1987, "International Policy Coordination and Growth prospects of Developing Countries: An Optimal Control Application", *Journal of Development Economics*, Vol. 25, pp. 89 – 104.

McKibbin, Warwick, 1997, "Empirical evidence on international economic policy coordination", In: Fratianni, M., Salvatore, D., Von Hagen, J. Eds., *Macroeconomic Policy in Open Economies*, *Handbook of Comparative Economic Policies*, Vol. 5. Greenwood Press, Westport, pp. 148 – 176.

McKinnon, R. I., 1974, "A New Tripartite Agreement or a Limping Dollar Standard?", In *Essays in International Finance*, Princeton, N. J. : Princeton Univ. Press.

Menon J., 1995, "Exchange rate pass – through", *Journal of Economic Surveys*, Vol. 9 (2), pp. 197 – 231.

Meyer, Laurence H., Brian M. Doyle, Joseph E. Gagnon and Dale W. Henderson, 2002, "International Cooperation of Macroeconomic Policy: Still Alive in the New Millennium?", Board of Governors of the Federal Reserve System, *International Finance Discussion Papers*, No. 723, April.

Mundell, R. A., 1972, "Monetary Theory: Inflation, Interest, and Growth in the World Economy", *Pacific Palisades*, Calif. : Goodyear.

Mundell, Robert, 2013, "International policy coordination and transmission", *Journal of Policy Modeling*, Vol. 35, pp. 459 – 462.

Mundell, Robert, 2013, "International policy coordination and transmission", *Journal of Policy Modeling*, Vol. 35, pp. 459 – 462.

Mussa, Michael, 1979, "Macroeconomic interdependence and the exchange rate regime", In: Dornbusch, Rudiger, Frenkel, Jacob Eds., *International Economic Policy*, Johns Hopkins University Press, Baltimore, pp. 160 – 204.

Ng, E., 2010, "Production Fragmentation and Business Cycle Comovements", *Journal of International Economics*, Vol. 82, Issue1, pp. 1 – 14.

Obstfeld, Maurice and Kenneth Rogoff, 1995, "Exchange rate dynamics redux", *Journal of Political Economy*, Vol. 103, pp. 624 – 660.

Obstfeld, Maurice and Kenneth Rogoff, 2000, "The Six Major Puzzles in International Macroeconomics: Is There a Common Cause?", *NBER Macroeconomics Annual*, Vol. 15, pp. 339 – 390.

Obstfeld, Maurice and Kenneth Rogoff, 2002, "Global Implications of Self – Oriented National Monetary Rules", *The Quarterly Journal of Economics*, Vol. 117, No. 2 (May), pp. 503 – 535.

Obstfeld, Maurice, and Kenneth Rogoff, 1998, "Risk and Exchange Rates", *NBER Working Paper*, No. 6694.

Obstfeld, Maurice, and Kenneth Rogoff, 2000b, "Do we Really Need a New International Monetary Compact?", *NBER Working Paper*, No. 7864.

Obstfeld, Maurice, 2015, "Trilemmas and Trade – Offs: Living with Financial Globalisation", *Social Science Electronic Publishing*, Vol. 20.

Obstfeld, M., Rogoff, K., 2000a, "New directions for stochastic open economy models", *Journal of International Economics*, Vol. 50 (1), pp. 117 – 153.

OECD, 1999, *EMU: Facts, Challenges and Policies*, Paris.

Ostry, Jonathan D., and Atish R. Ghosh, 2016, "On the obstacles to international policy coordination", *Journal of International Money and Finance*, Vol. 67, pp. 25 – 40.

Ostry, Jonathan D., and Atish R. Ghosh, 2013, "Obstacles to International Policy Coordination, and How to Overcome Them", *IMF Stuff Discussion Note*, SDN/13/11.

Oudiz, Gilles, and Jeffrey Sachs, 1984, "Macroeconomic Policy Coordination among the Industrial Countries", *Brookings Papers on Economic Activity*, No. 1, pp. 1 – 64.

Persson, Torsten, and Guido Tabellini, 1995, "Double-Edged Incentives: Institutions and Policy Coordination", in *Handbook of International Economics*, Vol. 3, Gene Grossman and Kenneth Rogoff, eds., Amsterdam.

Persson, Torsten, and Guido Tabellini, 2000, *Political Economics: Explaining Economic Policy*, Cambridge, MA., MIT Press.

Renate Ohr, 2009, "European Monetary Union at Ten: Had the German Maastricht Critics Been Wrong?" *Discussion Paper Series*, No. 141, May, University of Goettingen, Germany.

Rey H., 2013, "Dilemma not trilemma: the global financial cycle and monetary policy independence", *NBER Working Paper*, No. 21162.

Rogers J H., 2007, "Monetary Union, Price Level Convergence and Inflation: How Close is Europe to the USA", Journal of Monetary Economics, Vol. 54, No. 3, pp. 785-796.

Rogoff, K., 1985, "Can international monetary cooperation be counterproductive?", *Journal of International Economics*, Vol. 18, pp. 199-217.

Romer, C., Romer, D., 2010, "The macroeconomic effects of tax changes: estimates based on a new measure of fiscal shocks", *American Economic Review*, Vol. 100 (3), pp. 763-801.

Rose, Andrew K., 2014, "Surprising similarities: Recent monetary regimes of small economies", *Journal of International Money and Finance*, Vol. 49, pp. 5-27.

Rosecrance, Richard, 1986, *The Rise of the Trading State: Commerce and Conquest in the Modern World*, New York: Basic Books, pp. 13-14, pp. 24-25.

Sachs, J., McKibbin, W., 1985, "Macroeconomic policies in the OECD and LDC external adjustment", *NBER Working Paper*, No. 1534.

Sachs, Jeffrey, 1983, "International Policy Cooderination in a Dynamic

Macroeconomic Model", *NBER Working Paper*, No. 1166.

Sachs, W. J., Ishii, N., McKibbin, 1985, "The economic policy mix, policy cooperation and protectionism: some aspects of macroeconomic interdependence among the United States, Japan, and other OECD countries", *Journal of Policy Model*, Vol. 7, pp. 533 – 572.

Samuelson, Paul A., 2004, "Where Ricardo and Mill rebut and confirm arguments of mainstream economists supporting globalization", *Journal of Economic Perspectives*, Vol. 18, No. 3, pp. 135 – 146.

Sanchez, Marcelo, 2009, "Why is Severices Inflation Higher than Goods Inflation in the Euro Area?", *ECB Working Paper*, January 16.

Schneider, Gerald., Gônther G. Schulze, 2003, "Trade and Armed Conflict: The Domestic Foundations of Commercial Liberalism", http://www.uni-konstanz.de/···/CSchneider/downloads/papers/Trade%20and%20armed%20conflict%20March%2003%202005.pdf.

Shishido, Shuntaro., Hironori Fujiwara, Akio Kohno, Yuji Kurokawa, Satoshi Matsuura, and Hajime Wago, 1980, "A Model for the Coordination of Recovery Policies in the OECD Region", *Journal of Policy Modeling*, Vol. 2, No. 1, pp. 35 – 55.

Simmons, Beth, 2003, "Pax Mercatoria and the Theory of the State", in Edward D. Mansfield and Brian M. Pollins ed., *Economic Interdependence and International Conflict: New Perspective on an Enduring Debate*, Ann Arbor: the University of Michigan Press, pp. 31 – 43.

Smets, F and R Wouters, 2007, "Shocks and frictions in US business cycles: a Bayesian DSGE approach", *American Economic Review*, Vol. 97, No. 3, pp. 506 – 606.

Sohmen, Egon, 1961, *Flexible Exchange Rates: Theory and Controversy*, University of Chicago Press, Chicago.

Stock, James H., and Mark W. Watson, 2003, "Forecasting Output and Inflation: The Role of Asset Prices", February, *Journal of Eco-*

nomic Literature, Vol. 41 (3), pp. 788 – 829.

Tabellini, Guido, 1990, "Domestic Politics and the International Coordination of fiscal Policies", *Journal of International Economics*, Vol. 28, pp. 245 – 265.

Taylor, J and V Wieland, 2012, "Surprising comparative properties of monetary models: results from a new model data base", *Review of Economics and Statistics*, Vol. 94, No. 3, August, pp. 800 – 816.

Taylor, J., 1985, "International coordination in the design of macroeconomic policy rules", *European Economic Review*, vol 28, pp 53 – 81.

Taylor, J., 1993, *Macroeconomic policy in a world economy: from econometric design to practical operation*, WW Norton, New York.

Taylor, John B., 1984, "Internatioanl Cooperation in the Design of Macroeconomic Policy Rules", *NBER Working Paper*, No. 1506.

Taylor, John B., 2000, "Low inflation, pass – through, and the pricing power of firms", *European Economic Review*, Vol. 44.7, pp. 1389 – 1408.

Tchakarov, Ivan, 2002, "The gains from international monetary cooperation revisited", *Working Paper*, University of California, Davis.

Timmer M P, Erumban A A, Los B., 2014, "Slicing up global value chains", *The Journal of Economic Perspectives*, Vol. 28 (2), pp. 99 – 118.

Timmer, M P, A Erumban, B Los, R Stehrer and G de Vries, 2012a, "New measures of European Competitiveness: A Global Value Chain Perspective", *WIOD Working Paper*, No. 9.

Timmer, M P., 2012b, "The World Input – Output Database (WIOD): Contents, Sources and Methods", *WIOD Working Paper*, No. 10.

Timmer, Marcel, Abdul A. Erumban, Bart Los, Robert Stehrer, and Gaaitzen de Vries, 2012c, "Slicing Up Global Value Chains",

WIOD Working Paper, No. 12.

Tirelli, Patrizio, 1990, "Simple Rules for Policy Coordination: An Evaluation of Alternative Proposals", *Journal of Policy Modeling*, Vol. 14 (1), pp. 1 – 11.

Tobin, James, 1987, "Agenda for international coordination of macroeconomic policies", In P. B. Kenen, ed., *International monetary cooperation: Essays in honor of Henry C. Wallich*, Essays in International Finance, No. 169 (December), pp. 61 – 69. Princeton: International Finance Section, Princeton University. 转引自 William H. Branson, Jacob A. Frenkel, and Morris Goldstein, 1990, *International Policy Coordination and Exchange Rate Fluctuations*, University of Chicago Press。

Wickens M., 2007, "Is the Euro Sustainable?" *CEPR Discussion Papers*, No. 6337.

Williamson, John, 1987, "Exchange Rate Flexibility, Target Zones, and Policy Coordination", *World Development*, Vol. 15, No. 12, pp. 1437 – 1443.

Zacher, MarkW., and Richard A. Matthew, 1995, "Liberal International Theory: Common Threads, Divergent Strands", in Charles W. Kegley, ed., *Controversies in International Relations Theory: Realism and the Neoliberal Challenge*, New York: St. Martin's, pp. 107 – 150.

阿克塞尔罗德：《合作的进化》，吴坚忠译，上海世纪出版公司2007年版。

奥尔森：《集体行动的逻辑》，陈郁等译，格致出版社2011年版。

保罗·R. 克鲁格曼、茅瑞斯·奥伯斯法尔德、马克·J. 梅丽兹：《国际经济学：理论与政策》，丁凯等译，中国人民大学出版社2021年版。

保罗·克鲁格曼：《欧元区的致命缺陷》，《中国物流与采购》2010年第5期。

保罗·沃尔克与行天丰雄：《时运变迁》，于杰译，中信出版集团股份有限公司2018年12月第2版。

船桥洋一：《管理美元》，于杰译，中信出版集团股份有限公司2018年3月第1版。

戴维·寇里主编：《国际货币经济学前沿问题》，赵锡军，应惟伟译，中国税务出版社2000年版。

道格拉斯·欧文：《贸易的冲突》，余江、刁琳琳、陆殷莉译，中信出版集团2019年版。

高锦：《欧元区核心国与边缘国分化及对我国"一带一路"战略的启示》，《现代经济探讨》2015年第4期。

宫崎勇：《日本经济政策亲历者实录》，孙晓燕译，中信出版社2009年第一版。

何悦、孙根紧：《货币一体化政策的时空分异研究：基于欧元区国家异质性的实证分析》，《浙江工商大学学报》2018年第3期。

黑田东彦：《日本汇率政策失败所带来的教训：以"尼克松冲击"和"广场协议"为例》，王宇译，《国际经济评论》2004年第1—2期。

基欧汉：《霸权之后：世界政治经济中的合作与纷争》，苏长和、信强、何曜译，上海世纪出版集团，上海人民出版社2012年版。

基思·皮尔比姆：《国际金融（第4版）》，汪洋主译，机械工业出版社2015年版。

贾文华、季哲忱：《欧元区深化与扩大的阻力：经济因素还是政治认同？》，《国际论坛》2019年第1期。

瞿红艳：《统一货币政策与区域经济发展的不均衡性：欧元区的实践及其对我国的启示》，《经济体之改革》2011年第3期。

康德：《永久和平论》，何兆武译，上海世纪出版集团2005年版。

科勒德克，格泽高滋·W、玛尔塔·普斯图拉：《欧元区扩大的决定性因素与影响》，史聪一译，《欧洲研究》2018年第3期。

李慧中、沈雨沁：《欧元区成员国通胀差异成因研究》，《财经研究》2012 年第 9 期。

《李嘉图著作和通信集（第一卷）：政治经济学及赋税原理》，郭大力、王亚南译，商务印书馆 1962 年版。

李昕：《统一货币能否"内生"经济一体化？——基于欧元区的实验研究》，《经济学动态》2014 年第 2 期。

米德：《国际经济政策理论—国际收支》，石士钧等译，商务印书馆 1990 年版。

纽曼、米尔盖特、伊特韦尔：《新帕尔格雷夫货币金融大辞典》，胡坚等译，经济科学出版社 2000 年版。

彭慕兰、史蒂文·托皮克：《贸易打造的世界》，黄中宪、吴莉苇译，上海人民出版社 2018 年版。

斯蒂格利茨：《欧元危机：共同货币阴影下的欧洲》，蔡笑等译，机械工业出版社 2018 年版。

斯蒂格利茨：《全球化及其不满》，李杨、章添香译，机械工业出版社 2010 年版。

孙杰：《论欧元区的波动发展：冲击的异质性影响与趋同的理论逻辑》，《欧洲研究》2021 年第 1 期。

孙杰：《日美贸易摩擦再评估：从广场协议到结构性改革》，《江苏社会科学》2020 年第 2 期。

谭毅：《国际货币合作研究》，中山大学出版社 2005 年版。

特里芬：《美元与黄金危机》，陈尚霖、雷达译，商务印书馆 1997 年版。

王玉柱：《欧元区及德国汇率错位问题研究》，《世界经济研究》2015 年第 4 期。

徐坡岭、贾春梅：《欧元区经济增长分化的原因与发生机制：通货膨胀视角》，《国外理论动态》2018 年第 1 期。

亚当·斯密：《国富论》，郭大力、王亚南译，上海三联书店 2011 年版。

杨晓龙、姜冉：《欧元区货币一体化财政扩张效应及其宏观影响因素研究》,《经济师》2014年第6期。

姚大庆:《对欧元区共同边界效应的检验:兼论欧元区是否满足最优货币区的条件》,《世界经济研究》2012年第5期。

姚大庆:《欧元汇率波动对欧元区进出口贸易影响的异质性及其原因研究》,《世界经济研究》2013年第5期。

赵娜、刘桓:《欧元区货币政策的产业非对称效应分析:基于VAR模型的实证分析》,《中国物价》2016年第5期。

邹宗森、刘庆林、张永亮:《成员国异质性与欧洲央行的货币政策困境》,《财经科学》2016年第7期。